（2020 年6月15 日現在）

カナダ

（オタワ）

アメリカ

（ワシントン）

●———マーシャル諸島
　　　（マジュロ）

ウル 。
　　。

ン諸島

　　　　　　　　キリバス
　　　　●←――（タラワ）

　　　　サモア
　　　　（アピア）
　　　　　　●

フィジー諸島
　　　　　。
　　　。
　。
（スバ）
　　●

トンガ
（ヌクアロファ）
　　●

ツバル
（フナフティ）
　　●

ーランド
　　　●
（ウェリントン）

コロナが生んだ米中「新冷戦」変質する国際関係

年報［アジアの安全保障2020-2021］

西原正 監修
平和・安全保障研究所 編

朝雲新聞社

PHOTO TOPICS

護衛艦「かが」の格納庫で、日米の隊員約500人を前に訓示する安倍首相（壇上・演台前）と
トランプ米大統領。壇上左端はメラニア夫人、同右端は昭恵夫人（2019年5月28日、海自
横須賀基地で）＝防衛省提供

G20大阪サミットの機会に、通算26回目となる日露首脳会談を行った安倍首相（右）とロシア
のプーチン大統領（2019年6月29日、大阪市内のホテルで）＝官邸HPから

日印初の2プラス2を前に写真撮影に応じる(左から)茂木外相、河野防衛相、インドのシン国防相、ジャイシャンカル外相(2019年11月30日、ニューデリーで)＝防衛省提供

中国の魏鳳和国防相(手前中央)のエスコートで人民解放軍の儀仗隊を巡閲する河野防衛相(その右)＝2019年12月18日、北京で＝防衛省提供

大型クルーズ船「ダイヤモンド・プリンセス」(後方)から乗客の患者を病院に搬送するため、岸壁に停車して準備に当たる自衛隊富士病院の救急車(2020年2月10日、横浜港の大黒ふ頭で)＝防衛省提供

ドイツのアンネグレート・クランプ＝カレンバウアー国防相(右から2人目)と会談する河野防衛相(左端)＝2020年2月15日、独ミュンヘン市内のホテルで(防衛省提供)

目　次

Photo Topics

第1部 展望と焦点

第2部 アジアの安全保障環境（2019年4月〜2020年3月）

第1部

展望と焦点

新型コロナウイルスが変えた
インド太平洋環境

西原正

平和・安全保障研究所理事長

新型コロナウイルスの衝撃と激化する米中対立

2019年12月に中国湖北省武漢市で発生した新型コロナウイルスは、中国で8万人以上の感染者を出し、アジア、ヨーロッパ、中東、米国など世界中で、20年3月31日現在約50万人の感染者そして2万人以上の死者をもたらした。これらの数字は当分の間、増え続けるであろう。この「武漢ウイルス」は今後とも世界各地で猛威を振るいそうで、いつ終息するのか見通しが立たない。03年の重症急性呼吸器症候群（SARS）、12年以降の中東呼吸器症候群（MERS）よりもはるかに大きなパンデミックとなっている。

新型コロナウイルスが関係国に与えている経済的打撃は計り知れない。多くの国が生産活動の急激な減退、サプライチェーンの破断、消費生活の落ち込み、中小企業の倒産など、社会不安を増大させる事態になっている。

米国は、中国に対して、新型コロナウイルスの真の感染源を「隠蔽」していること、2カ月間の発症隠蔽により感染の爆発的拡大を招いたこと、海外の感染国に医療チームや大量のマスクを送り（マスク外交）、戦略的に有利な地位を築こうとしていることなどを強く批判した。またトランプ大統領は、WHO（世界保健機関）が「中国中心主義」だと非難し、WHOへの拠出金を停止した。

米中は世界的危機に直面して協力して解決策を見つけるのではなく、逆に対立を激化させている。ASEAN諸国は米中対立の激化を冷たく見る傾向にある。こうした状況は国際社会の構造的変動とともに、超大国間関係の変化をもたらし、

インド太平洋地域の安全保障環境に大きな影響を与えそうである。

19年末までは、米中には貿易戦争とともに外交、軍事、経済、技術などの広い分野での競合があった。さらに米国は香港人権法やウイグル人権法を制定して中国の覇権的統一を牽制した。しかし当面は両国とも感染拡大阻止と経済再建競争に精力を注ぐことになりそうである。その過程で、米国を始め主要国は中国の工業生産と消費への依存度を下げることによってサプライチェーンの見直しの方向に進むのではないだろうか。このグローバル経済の再編は日米企業のASEAN諸国などへの移転を促し、中国の経済力の減退を生み、国際関係の構造的変化に繋がる可能性がある。しかし逆に、中国がいち早く経済再建に進み、国際政治をリードする立場に立つかもしれない。

すでに米国が新型コロナウイルスと戦っている時に、中国は20年1・2月に空母「遼寧」をハワイ沖西300キロメートルまで航行させたり、中国海軍を尖閣諸島の領海および接続水域にて頻繁に航行させたりした。さらに海空軍は台湾領域に接近して、蔡英文総統の再選を牽制した。4月には自国領と主張する南シナ海の西沙および南沙諸島に行政区を設定した。この間、4月に太平洋に展開していた米空母4隻から新型コロナウイルス感染者が出て即戦力の限界を一時期露呈した。

ここに米中の力関係の変化の可能性がある。米国の軍事力は依然として中国よりも優れているが、米国の軍事力の優位性が低下しそうである。過去数年を見ても、インド太平洋地域における中国の軍事力の増強ペースは著しい。中国海軍が第一列島線を破って太平洋に出るのは容易だと考えられるようになっている。

米中の友邦国との関係

<協調性に欠ける米陣営>

トランプ大統領は17年の就任以来、米側の同盟国・友好国との関係を強固にするための努力を特にしてこなかった。このことが、東アジア・太平洋地域での米国の地位（影響力）の低下を招いている。ASEAN諸国は、トランプ氏が彼らの地域にほとんど顔を出さないばかりか、毎年の東アジアサミットも欠席続きであることを憂慮している。

トランプ政権下での米韓関係は特に難しい。トランプ氏は文在寅・韓国大統領が米朝非核化交渉の初期の段階で仲介役を果たしたことを多としたが、その後は文氏をむしろ避けている。19年6月30日にトランプ氏が板門店で金正恩朝鮮労働党委員長に電撃的に会うことになったときにも、文氏の役割はなかった。

　これとあわせて、在韓米軍の平時、戦時における役割に関しての米韓の期待の相違、および対北朝鮮経済制裁に関する米韓の見解の相違などが、米韓関係を複雑にしている。それに加えて、トランプ大統領は在韓米軍の駐留経費に対する韓国側負担の大幅増額を要求している。米韓は、新型コロナウイルスの感染者が両軍に出たため、20年3月に予定されていた合同訓練を中止した。19年も北朝鮮の非核化を促すため合同訓練を中止しており、2年続く合同訓練の中止で戦力の低下が懸念される。

　米韓関係に比べて、日米関係は緊密な安倍・トランプ関係のもと良好であり、二人は両国関係や国際問題に関して、頻繁に政策調整を行ってきた。19年5月には、トランプ大統領夫妻は新天皇陛下の最初の国賓として訪日した。しかし両国間の立場の相違も見逃せない。トランプ大統領は在日米軍の駐留経費増額を要求しており、日本側と決着がついていない。

　より重要な問題は、米国が軍事、先端科学技術などの分野で中国と厳しい覇権競争にあるときに、安倍政権は日中友好を強調し、習近平国家主席を国賓として日本に招くこととしたことである。新型コロナウイルスの影響で4月訪日は延期されたが、この件はいずれ再度日中の外交スケジュールに上ることになる。新型コロナウイルス問題などで米中関係が厳しい時、習氏の東京招請は日米関係に緊張の種をまくかもしれない。

　日韓関係の冷却化も日米韓にとっての安全保障環境を不利にしている。日韓は元徴用工への賠償問題で厳しい見解の不一致があったうえに、19年7月1日の日本政府による韓国への輸出管理厳格化の発表で、韓国側は8月23日、日韓軍事情報包括保護協定（GSOMIA）破棄を通告して報復した。結局米国の強い説得で、韓国は協定破棄延期を決めたが、日韓関係は悪化した。加えて、新型コロナの感染拡大阻止のため、20年3月7日に日本が韓国、中国からの入国を制限し

たため、韓国は直ちに日本に同じ入国制限を布いて報復した。日米韓の安全保障協力は一層難しくなった。

　これから見ると、東アジアでは米台関係が最も良好と言えそうである。トランプ大統領は就任以来台湾との関係強化に努めてきた。その結果、台湾関係法に基づく武器売却、米病院船の台湾寄港のほか、台湾旅行法制定による米要人の訪台を可能にした。19年3月には中国の戦闘機が台湾海峡の中間線より台湾側の空域を飛行した。米国の艦艇もしばしば台湾海峡を通過していたが、19年3月および20年4月に海峡中間線の中国側を通航した。

　20年1月11日に台湾で行われた総統選挙で、当初は劣勢と見られた台湾独立派の蔡英文現職総統（民進党）が圧倒的多数支持で勝利した。習氏が説く「一国二制度」が香港では名ばかりであることを見た台湾の有権者は、中国との関係強化を説いた野党の韓国瑜氏（国民党）を支持しなかった。

＜続く中露協調＞

　17年頃から中露は相互の友好度を深めている。ロシアは、当初中国の「一帯一路」構想に懐疑的であったが、同年2月に中国が主宰した「一帯一路」国際協力サミットフォーラムにプーチン大統領が出席した。

　ロシアは18年に中国と初めて本格的な合同軍事演習を行い、翌年7月に中国と軍事協力協定を締結した。そして同月中露が合同で戦略爆撃機4機を東シナ海および日本海の竹島上空に飛来させた。プーチン大統領は19年10月ソチの演説で対中関係に触れ、「前例のない高い水準の信頼と協力が進んでいる。これは、多面的な戦略的パートナーシップが完全である点で同盟関係だ」と述べた。

　しかしロシアは南北朝鮮との交流を深めながら、中国の朝鮮半島への影響力を牽制している。同様に、ロシアは、インドとの友好関係を進めて中国を牽制し、パキスタンに接近してインドを牽制するという、ロシア外交の伝統的な狡猾さを発揮している。

　一方、中国は北東アジアでは、米中いずれに傾くべきかに迷う韓国に振り回されがちであった。韓国が16年に米国の高高度ミサイル防衛システム（THAAD）

を配備したことに対して、中国は自国民の韓国観光自粛などの経済制裁を加えた上、17年12月習近平国家主席は、国賓として招いた文在寅大統領を冷遇した。

しかし18年12月に北京で中韓国防政策実務会議が開かれ、これを契機に国防交流が再開された。19年12月、文氏は北京での日中韓首脳会談に出席した。ただ経済制裁による韓国経済への打撃は19年も続いた。

18年10月25日、安倍首相が日本の首相としては7年ぶりに訪中した。それ以降、習近平国家主席は安倍政権と良好な関係を築いてきた。さらに19年12月にも日中韓首脳会議で安倍氏は訪中した。米国が厳しい対中貿易戦争を繰り広げる中で、安倍氏が中国との友好関係を促進することは、日米同盟を弱くするものであるが、中国にとってはきわめて有利な展開であった。

中国は17年にオーストラリアとの関係を悪化させて以来、貿易や投資も後退した。在豪中国大使館が議会議員に資金を供与して南シナ海問題での親中発言を促したり、中国人留学生を監視したり、オーストラリア社会への著しい浸透を進めたりしたため、反中感情が一気に強くなったためである。

インドも、中国がパキスタンに接近し、カシミールのパキスタン支配地域を経由してインド洋沿岸のグワダル港までの3,000キロメートルの「中国パキスタン経済回廊（CPEC）」を建設する計画に抗議している。また中国によるチベット‐カトマンズ（ネパール）間鉄道建設がバングラデシュ、スリランカに延びて「真珠の首飾り」を強化することを懸念していると言われる。同時にインド洋に進出している中国海軍もインドのシーレーンにとっての脅威である。

全体的にみて、19年には米中間の勢力均衡は中国側に有利に働いた。20年初めの新型コロナウイルスは双方に大きな被害を与えたが、中国が一足早く被害を収拾した点で、ここでも米中間のバランスは中国に有利になったと言えそうだ。

「一帯一路」構想（BRI）と自由で開かれたインド太平洋（FOIP）：競合する構想

中国が主導する「一帯一路」構想（BRI）は、19年4月27日に北京で第2回「一帯一路」国際協力サミットフォーラムを開いた。37カ国の政府首脳や国家元首が参加した会議で、習近平国家主席は、640億ドルの事業を進めるにあたって市

場原理を適用し、参加者に多額の債務を負わせるつもりはないと述べた。これ
は、これまで弱小国に多額の債務を負わせて、返済が不能の場合に港湾などの
長期使用権を手にしてしまう中国のやり方（債務の罠）への批判に応えたもので
あった。

　BRIに関しては、会議の参加国数の多さから見て魅力的な構想であると見られ
ていることが分かるが、その将来に関しては厳しい見方もある。新型コロナウイ
ルスは、ヨーロッパの中で最初にBRIに参加を決めたイタリアを始め、ヨーロッパ
の多くの国に大きな打撃を与え、多くの感染者と死者を出したが、中国がその救
済に医療機器や大量のマスクを送っていることに関して、中国はヨーロッパ諸国
を自国の影響下に置き、「一帯一路」事業を拡大する戦略的意図を持っている
と猜疑心で見る向きも多い。

　他方、日米豪印が主導する「自由で開かれたインド太平洋（FOIP）」構想は骨
格が固まっていない。19年6月1日に米国防総省が公表した「インド太平洋戦略
報告書」は増大する中国の脅威への対応を主目的にしたものになっており、同年
9月27日にニューヨークで開かれた4カ国外相会議はこの線で確認し合った。た
だASEAN首脳会議は6月23日に発表した「インド太平洋アウトルック」で地域に
おける自らの中心性を基本にしたインド太平洋を進め、かつ米中いずれの勢力に
も偏らないFOIP、および東アジアサミット（EAS）をインド太平洋構想の中心に
置くことを主張しており、日米豪印4カ国とは立場を異にした。

　19年9月、ASEAN海軍は米海軍とタイで初めての合同演習を行ったが、これ
は前年に中国海軍と行った合同演習とのバランスをとるためであった。また同年
11月にバンコクで行った拡大ASEAN国防相会議でも南シナ海における中国と
ASEANとの間の行動規範（COC）の早期合意を強調したのも、中国の南シナ
海の軍事化を牽制するものであった。

　インド太平洋構想に関する日本の立場は一貫性を欠いていた。日本は一方で
19年9月に日米印3国の合同海軍演習を佐世保で主催したが、他方で安倍首相
が同年11月4日の日本ASEAN首脳会議で、ASEANとの戦略的パートナーシッ
プを確認し、ASEANの中心性と政治的不偏性を支持するとして、米豪印と異な

る立場をとった。さらに安倍氏は12月に訪中した際、「一帯一路」構想の中で第三国への開発協力を中国と共同で行うことに合意し、習近平氏は「一帯一路をともに建設することは中日協力の新たなプラットフォームだ」と述べたのである。

　中国が主導する「一帯一路」構想も、経済協力を主目的として広域経済圏の設立を表明しているが、あわせて軍事基地を増やしてきた。二つの構想にはこのように自由主義陣営と権威主義陣営の競合の要素があることは否定できない。

　この二つの異質な地域協力体が今後どのように発展するかは予測し難い。新型コロナウイルスによって経済発展に大きな打撃を受けた日米豪印と中国がそれぞれ自国の経済再建を越えて地域の経済発展と安全保障にどれだけ迅速に貢献できるかが重要な鍵となりそうだ。日米豪印グループとしては、自らの中心性を強調するASEANと協働体制を作ることが緊要であろう。

自由民主主義の危機と権威主義体制の台頭

細谷雄一

慶應義塾大学教授／平和・安全保障研究所研究委員

「自由主義はもう古い」

2019年6月、大阪G20サミットを直前に控えるなかで、ロシアのプーチン大統領は『フィナンシャル・タイムズ』紙とのインタビューに応じて、人々が移民や開かれた国境、多文化主義に背を向けるようになった結果、「自由主義はもはやイデオロギーとしての力を失った」と語った[1]。

この頃、権威主義体制の台頭、あるいは勝利がしばしば語られていた。たとえば、『フォーリン・アフェアーズ』誌では、「権威主義体制の現在」と題して、その表紙にプーチン大統領、トルコのエルドアン大統領、ハンガリーのオルバン大統領、フィリピンのドゥテルテ大統領、さらにはその中央に中国の習近平国家主席の写真を掲げて、特集を組んでいる。編集長のギデオン・ローズは、その巻頭言で次のように説明している。「歴史における時代は、指導者の類型によって特徴づけることができる。それは、1920年代の萌芽期の民主主義者、1930年代および40年代の独裁者、1950年代および60年代の反植民地主義の民族主義者、1970年代の長老政治家、1980年代および90年代に再び現れた萌芽期の民主主義者。そして現在、われわれは独裁者の時代に回帰した[2]」。

実際に、たとえば民主主義や自由主義の推移を監視してきた国際NGOフリーダム・ハウスの民主主義についての年次報告書によれば、全体的な傾向として民主主義の顕著な後退が見られるとして、次のように指摘している。「冷戦後秩序における民主主義を支持するというコンセンサスが、大国間競争や、自己利益の追求に押し戻されるようになるなかで、それらの諸国の政治家たちはそのような外見を繕うための努力さえしないようになってきた[3]」。さらに重要なこととしてこの報告書によれば、「驚くべきことに29ヵ国で民主主義が崩壊している」ので

あり、「1995年のこの年次報告書を刊行するようになってから、民主主義諸国の数は最も少なくなっている」という[4]。

「民主主義の後退」から「民主主義の死」へ

このような傾向は、以前からしばしば指摘されていた。アメリカにおける民主主義研究の代表的な政治学者であるラリー・ダイアモンドは、すでに16年に刊行した論文の中で、世界が民主主義の後退期に入ったことを指摘した[5]。この年の6月23日に、イギリスではEU加盟を問う国民投票において、民主主義の規範を擁護する上で重要な役割を担ってきたEUからの離脱を決定した。また、同年11月8日のアメリカ大統領選挙では、権威主義的な指導者を賞賛して、民主主義的な制度をしばしば批判をしてきたトランプ氏が、当初の予想を覆して勝利を収めた。他方で、急速に経済成長を続け、また科学技術の分野での優位な地位を構築しつつあった中国の指導者たちは、しばしば民主主義的な制度の欠陥を攻撃し、中国共産主義体制の効率性と制度的な優位性を賛美していた。

「民主主義の後退」は政治学における検討のみならず、現実の政治においても見られた。香港における自治と民主主義が、北京政府の圧力で失われていくことを恐れた香港の抗議運動は、19年6月19日には「103万人デモ」へと発展した。結局、林鄭月娥香港行政長官は、9月4日にデモの原因となった「逃亡犯条例」の撤回を決定するが、それでも北京政府の圧力が消えることはなかった。香港政治に詳しい倉田徹立教大学教授によれば、「権威主義的な政府と、西欧型の自由な社会が共存してきた香港の『一国二制度』は、米中貿易戦争の下で、修復不能の対立になってしまった」という[6]。「一国二制度」の下にある香港は、経済的に中国大陸部への依存が大きいために、そのような「権威主義的な政府」と「西欧型の自由な社会」との狭間で大きな葛藤を経験することになる。

香港のみならず、世界のさまざまな地域で中国政府の圧力が増大しつつあるなかで、アメリカのペンス副大統領は、19年10月24日の演説の中で次のように厳しく中国を批判した。「私たちが提起した多くの課題で、中国の行動はますます攻撃的かつ不安定になっている」。さらには、中国が「かつてない監視国家を構

築している」として、アフリカや中東諸国などに中国国内と類似した監視技術を輸出していることを批判した[7]。アメリカ政府は、トランプ政権成立後、次第に中国に対して強硬な政策を示すようになっていった[8]。

　その後、20年になって新型コロナウイルスの感染拡大の機会に乗じて、中国政府は香港に対する統制を強めていき、「国家安全法」の適用を決定した。それに対して、ポンペオ米国務長官は、「もはや香港では自治は失われた」と述べ、「一国二制度」下の香港で中国政府の統制が強まることへの強い懸念を表明した[9]。中国の圧力の下で香港では「民主主義の後退」が見られ、「権威主義的な政府」の性質が強まっていった。

　政治学者は近年、世界におけるそのような動向に注目して、民主主義の後退や終焉に関する研究を公刊するようになった。たとえば、ハーバード大学教授のスティーブン・レビツキーとダニエル・ジブラットは、軍事クーデターなどの暴力的手段ではなくて、選挙を通じてさえも民主主義が後退していく「民主主義の死」について、次のように論じている。「いま、民主主義はこのように死んでいく。今日の世界では、ファシズム、共産主義、あるいは軍事政権などによるあからさまな独裁はほぼ姿を消した。軍事クーデターやそのほかの暴力的な権力の奪取はきわめてまれであり、ほとんどの国では通常通り選挙が行われている。それでも、民主主義は別の過程を経て死んでいく。冷戦後の民主主義の崩壊のほとんどは、将軍や軍人ではなく、選挙で選ばれた政治家が率いる政権そのものによって惹き起こされてきた[10]」。

　このようにして、冷戦終結期にアメリカの政治学者であるフランシス・フクヤマが「歴史の終わり」と題する論文の中で示した、自由民主主義の勝利という理念は、今や大きく揺らぎつつある。ダイアモンドがかつて述べた「民主主義の後退」の時代から、民主主義体制が崩壊に向かう「民主主義の死」の時代へと移行しつつあるという指摘も、そのようななかで提示されている。それは同時に、中国やロシア、ハンガリーなどのような、権威主義体制の勝利として語られることもある。そのことは、戦後に民主主義国家として再出発して、アメリカや欧州諸国のような民主主義諸国との提携を重要な外交の柱として維持してきた日本の外

交にとっても、少なからぬ影響を及ぼす可能性がある。

「シャープパワー」と「デジタル・レーニン主義」

　民主主義体制が後退あるいは崩壊し、権威主義体制が勢力を拡大する国際的な背景として、中国が「一帯一路」構想を通じてテクノロジーを輸出して、途上国政府などが技術的に国民を監視することを可能とするような社会を構築していることが指摘できる。さらに重要な点として、そのような先端技術やサイバー空間を利用して、中国政府やロシア政府が開放的な自由民主主義諸国に対してサイバー攻撃などの手法で影響力を行使していることだ。全米民主主義基金（NED）副会長のクリストファー・ウォーカーは、そのような中国やロシアの自由民主主義国への影響力の浸透について、「シャープパワー」と呼んだ。

　ウォーカーは、「シャープパワー」について、「あからさまな強制力という意味でのハードパワーでもなければ、ソフトパワーでもない。むしろ、権威主義国家が影響力を行使するために近年磨きをかけてきたテクニックなのである」と説明する[11]。さらには、中国の政治体制を政治モデルとしてプロパガンダするために、「中国政府は、民主主義体制がなくとも経済成長した成功例として自らを描こうとすることが多い」のである。それを主張するために「民主主義は非効率で混乱を招くものであり、また経済成長するには貧弱なものであると、暗に批判を込めつつ、共産党一党体制を維持し推進しようとしているのである[12]」。

　シャープパワーの特質は、「権威主義体制にとって好ましい状況をつくり上げようとしている」ことであり、また「民主主義の持つ開放性につけ込んでいること」である[13]。また、ウォーカーは、「中国やロシアの指導者は、明らかに自分たちが民主主義国家とのゼロサム的な競争に関わっていると考えている」のであり、「これはソフトパワーの通説的な理解に真っ向から反するものである」とも述べている。そのような「ゼロサム」的な思考に基づいて民主主義体制の欠陥を露呈させていくことは、反対に権威主義体制の利点を宣伝することにもつながる。

　そのような中国による「シャープパワー」の行使については、高度な情報技術を用いてそれを実践していることが注目されている。いわば、ハイテク分野で中国

が覇権を確立するとすれば、そのことがよりいっそう権威主義体制の強化に繋がりかねないという懸念である。この点については、ドイツのトーリア大学のセバスチャン・ハイルマン教授が、「デジタル・レーニン主義」という言葉を用いて注目された。ハイルマンによれば、中国によるデジタル技術の活用は、「政府に都合の悪い内容の検閲という次元から、オンラインで流れる情報を当局が形作り、党が魅力的に映るよう、巧みに操作する体制へ。さらに、ビッグデータを用いて国民一人一人、各企業の行動もあまねく監視下に置き、制御する制度を作り上げました」という[14]。そして、ハイルマンは、「このデジタル技術を基盤に習氏が再構築した権威主義的統治の考え方を『デジタル・レーニン主義』と呼ぶことにしました」という。

　テクノロジーの進歩が、必ずしも民主主義を強化することに繋がっていないことを指摘するのは、ハイルマンだけではない。イギリス人ジャーナリストのジェイミー・バートレットもまた、次のように指摘する。「テクノロジーが進歩した結果、拒みようもない恩恵とこれまで以上の個人の自由は得られた。だが、それと引き換えに、政治システムを機能させる根源的な要素の多くが蝕まれていくのを私たちは許してしまった。その要素とは、政府の支配力、議会主権、経済的平等、市民社会、正しい情報を判断できる市民の存在である[15]」。バートレットは、民主主義とテクノロジーは「水と油の関係にある」と述べ、デジタル・テクノロジーの浸透が、民主主義の侵食と、権威主義体制の強化へ繋がる懸念を指摘する[16]。

リベラルな国際秩序の後退

　このような自由主義や民主主義の後退、そして権威主義や独裁者の台頭は、国際安全保障にも大きな影響を与えている。すなわち、第二次世界大戦後に自由民主主義諸国によって形成されたリベラルな国際秩序が、現在動揺し、衰退しつつあるという言説が、さまざまなかたちで表出しているのだ。そのことはまた、例えば、インド太平洋地域におけるアメリカの軍事的関与の後退の可能性と、その「力の空白」を埋めようとする中国の海洋進出、さらには「一帯一路」構想を通じたユーラシア大陸における広域的な中国の影響力の浸透などといった

状況に帰結している。

　プリンストン大学のアーロン・フリードバーク教授によると、「リベラルな『国際秩序』は、その初期の理論家や支持者が思い描いたように、国内政治におけるリベラル・デモクラシーと同様の原理を、類似した方法で国際政治において具現化することを目指すものである[17]」。そのように考えるならば、すでに述べたように世界的に自由主義や民主主義の規範が侵食され、民主主義が後退していくことで、リベラルな国際秩序も大きな危機に直面することになる。そしてフリードバーグは、「中露はより抑圧的かつ攻撃的となり、リベラルな国際秩序に公然と挑戦する姿勢を示し始めている」と警鐘を鳴らしている[18]。

　このように近年、中国が「一帯一路」構想を通じて自らの影響力をユーラシア大陸からアフリカ大陸へ向けて拡大しつつある中で、自由民主主義体制の問題点が露呈されて、むしろ権威主義体制の優位性が頻繁に指摘されるようになっていた。プーチン大統領の冒頭での発言は、そのような傾向を背景にしたものである。いわば、現在の世界では、自由民主主義体制と権威主義体制との間で、体制間競争が行われているというべきであろう。それはまた、自由民主主義体制の指導的な役割を長年担ってきたアメリカと、権威主義体制の利点を説き自由民主主義の懸念を繰り返し指摘する中国との間の、グローバルな米中対立を支える構造的な要因ともなっている。だとすれば、米中対立はすでに、貿易や地政学的な対立を超えて、より大きなイデオロギー的な対立、さらには体制間競争の論理と緊密に結びついていることにも目を向けねばならない。

新型コロナウイルスの衝撃

　はたして、このような近年の権威主義体制の強靱化と、民主主義の後退は、新型コロナウイルスの感染拡大により、どのような方向へと進んでいくのだろうか。中国の武漢で発生した新型コロナウイルスによる感染症は、中国人観光客やグローバル企業の従業員の国際移動などにより世界へと拡大していった。他方で、武漢の都市封鎖などの強硬な措置により感染拡大の阻止に成功した中国政府は、欧米諸国などでの感染が少しずつ拡大し始めるなかで、権威主義体制の優

位性を世界に向けて宣伝し始めていた。

　20年2月23日に、習近平国家主席は大規模な全国テレビ会議での演説の中で、次のように述べた。すなわち、「実践が証明する通り、党中央の判断は正確で、その措置はタイムリーで効果的で、成果を収めた。このことは、中国共産党の指導と中国の特色ある社会主義制度が明らかに優生であることを改めて示すものである[19]」。またそれを受けて、世界保健機関（WHO）のテドロス事務局長は、習氏に対して、「中国の素早さ、中国の規模、中国の効率性は中国の体制の強みだ」と、感染拡大抑止に向けた共産主義体制の利点を賞賛した。中国政府はこのような、「政治の安定を第一」に置いて、「人民の生命財産が最も重要だ」という論理を活用して、中国国内での統制の強化へと動いていき、その影響は香港における「国家安全法」導入の必要性の主張へと帰結した。

　他方で、欧米諸国では20年2月末頃から次第に感染拡大が始まり、3月になると感染者数と重症者数、死者数が急増し、感染爆発と医療崩壊という危機に直面した。そしてアメリカは最大の感染者数と死者数を示すようになり、20年5月28日には死者数が10万人に到達した。そのような状況を受けて、戦略史を研究するハル・ブランズ教授は、「多くの人が予期した以上、コロナウイルスが世界中の民主主義を損なうと想定するならば、そのことはアメリカおよびアメリカが指導してきた国際秩序にとってさらなる決定的な打撃をもたらすであろう」と述べている[20]。またポルトガルの欧州担当相を経験した外交評論家のブルーノ・マサーエスは、中国が世界中に支援物資を送り、経済支援を行うことで影響力が拡大することを予想し、それが第二次世界大戦後の「マーシャル・プランとアメリカの世界秩序の始まりの再現のようなもの」になる可能性を指摘している[21]。

　とはいえ、アジア専門家の中では、むしろコロナ危機が中国にとっての大きな困難に帰結すると予想する論者も多い。たとえば、元米国務次官補のダニエル・ラッセルは、そもそも武漢での感染拡大を初動で防止できなかったことに注目して、「都合の悪いことは中央にあげないという、行き過ぎた強権体制の弱さが明らかになった」と指摘し、さらには次のように論じている。「1986年の旧ソ連では、チェルノブイリ原発事故を隠蔽しようとした指導部に人々がさらに不信を深

め、体制崩壊へのダメ押しになった。あとから歴史をふり返ると、コロナ危機が中国共産党にとっての『チェルノブイリ事故』だったと、想い起こされることになる可能性も否定できないだろう[21]」。

　新型コロナウイルスの感染拡大は、現在のところ、欧米諸国や東アジア諸国ではおおよそ収束へと向かいつつある様相だが、第二波が出現してさらなる困難と犠牲をもたらすことも想定されている。そのような今後のパンデミックの推移が、不可避的にグローバルな地政学や、パワーバランスに大きな影響を与えるであろう。やはりそこで注目されるのは、米中両国の戦略と行動である。さまざまな可能性を考慮に入れて、柔軟かつ迅速にそのような変化に対応することが、いかなる諸国も求められるだろう。

(1)「［FT］プーチン氏単独会見『自由主義もう古い』」『日本経済新聞』、2019年6月28日。

(2) Gideon Rose, "Autocracy Now", *Foreign Affairs*, September/October 2019, p.8.

(3) Zselyke Csaky, "Dropping the Democratic Façade", in Freedom House(ed.), *Nations in Transit 2020: Dropping the Democratic Façade*,(Freedom House: Washington, D.C., 2020),p.1.

(4) *Ibid.*

(5) Larry Diamond, "Facing Up to the Democratic Recission", *Journal of Democracy*, Vo.26, No.3(January 2016),pp.141-155.「民主主義の後退」については、川中豪、「民主主義の後退―発展途上国における政治危機」、川中豪編、『後退する民主主義、強化される権威主義―最良の政治制度とは何か』(ミネルヴァ書房、2018年)、1-13頁。

(6) 倉田徹、「香港デモ　暴力の論理―米中を巻き添えにする『絶望の戦術』とは」『外交』57号、2019年9月・10月号、19頁。

(7)『日本経済新聞』、2019年10月25日。

(8) 佐橋亮、「秩序をめぐる東アジアの国際政治」、佐橋亮編、『冷戦後の東アジア秩序―秩序形成をめぐる各国の構想』(勁草書房、2020年)、280-3頁及び、同「解説・本書を的確に読み解くために」H・R・マクマスター他、『中国はリベラルな国際秩序に対する脅威か?』(楽工社、2020年)、178-209頁参照。

(9) "Hong Kong 'no longer autonomous from China' – Pompeo", BBC, 28 May 2020, https://www.bbc.com/news/world-us-canada-52824839.

(10) スティーブン・レビツキー/ダニエル・ジブラット(濱野大道訳)、『民主主義の死に方―二極化する政治が招く独裁への道』(新潮社、2018年)、21-22頁。

(11) クリストファー・ウォーカー、「民主主義国家に挑戦するシャープパワーという毒牙」『中央公論』2018年7月号(阿南友亮ほか『シャープパワーの脅威』中央公論Digital Digest版、39-40頁)、

Christopher Walter and Jessica Ludwig, "From 'Soft Power' to 'Sharp Power': Rising Authoritarian Influence in the Democratic World", National Endowment for Peace, *Sharp Power: Rising Authoritarian Influence*, December 5, 2017, https://www.ned.org/sharp-power-rising-authoritarian-influence-forum-report/.

(12) ウォーカー、「民主主義国家に挑戦するシャープパワーという毒牙」、40頁。

(13) 同、44頁。

(14) 「中国サイバー覇権の脅威　セバスチャン・アヒルマン氏」『読売新聞』、2019年11月24日。

(15) ジェイミー・バートレット秋山勝訳、『操られる民主主義―デジタル・テクノロジーはいかにして社会を破壊するか』(草思社、2018年)、12頁。

(16) 同、14頁。

(17) アーロン・フリードバーグ、「リベラルな国際秩序と権威主義諸国の挑戦」『アステイオン』88号 (2018年)、31頁。

(18) 同、36頁。

(19) 小原雅博、『コロナの衝撃　一感染爆発で世界はどうなる?』(ディスカヴァー・トゥエンティワン、2020年、Kindle版)。

(20) Hal Brands, "Coronavirus Is China's Chance to Weaken the Liberal Order", *Bloomberg*, March 17, 2020, https://www.bloomberg.com/opinion/articles/2020-03-17/coronavirus-is-making-china-s-model-look-better-and-better.

(21) Bruno Maçães, "China Want to Us the Coronavirus to Take Over the World", *National Review*, April 3, 2020, https://www.nationalreview.com/2020/04/coronavirus-pandemic-china-seeks-increase-geopolitical-power.

(22) 「コロナ危機　かすむ『中国の夢』　ダニエル・ラッセル氏」『日本経済新聞』、2020年3月12日。

インド太平洋構想と太平洋島嶼国

小林泉

大阪学院大学教授

インド太平洋地域の出現

2007年8月、安倍首相はインドの国会で「太平洋とインド洋、すなわちこの二つの海の交わりが、今や自由の海、繁栄の海として、一つのダイナミックな結合をもたらし始めている」とスピーチした。日本ではほとんど報道されなかったこの演説が、インド国内はもとより、これを聞いた関係各国の有識者らには名演説として高く評価されたという。

その安倍首相が一度野に下り、再登場した後の16年8月、今度はケニアでの第6回アフリカ開発会議（TICAD）で「自由で開かれたインド太平洋戦略」を打ち出した。だが、ここでの「インド太平洋」発言には、いささか違和感があった。50数カ国のアフリカ勢の中で、インド洋を強く意識する国はそれほど多くはないからだ。案の定、アフリカ諸国からはあまりポジティブな反応が返ってこなかった。

それでも、この「インド太平洋戦略」は、「インド太平洋構想」と言い換えて、安倍外交の中心的、かつ重要なビジョンとなった。それは、アフリカ諸国よりも、インド、ASEAN、さらに米国・オーストラリアが対中安全保障の観点から、この構想に強く反応したからだ。これで日本は、大いに自信を深めたまま今日に至っている。

日本のリーダーが提唱する地域協力の構想が、これほど国際的な関心を集めるのは、1979年の大平正芳首相による「環太平洋構想」[1] 以来だろう。ただし、大平構想は、対象諸国間の経済連携について具体的なシミュレーションを重ねながら作り上げた構想だったのに対し、安倍構想は、法の支配、経済の繁栄、平和と安定といった地域協力の理念を示したビジョンの段階に留まっている。これ

が、中国が掲げる「一帯一路」構想への対抗構想であればなおさら、これから関係諸国と協働して具体的な政策を練り上げていくプロセスが残っている。それでも日本にとっては、中国との正面衝突を避けながら地域外交のイニシアチブを発揮していくのにきわめて重要なビジョンになるだろう。

　しかし、こうした国際連携のビジョンが、地域外交を進める際にいつでも有効だとは限らない。現に、アフリカ諸国での反応が悪かったように、太平洋の島嶼14カ国に眼を向けると、この構想に共感し、積極的に支持を表明する国は見当たらない。域内の小国や途上国にとって、大国の覇権争いは関心事ではないからだろう。私が危惧するのは、日本の外交当局がそれをほとんど気にかけていないことにある。

アジア太平洋からインド太平洋へ

　「自由で開かれたインド太平洋」構想が国際的認知度を高めたのは、皮肉にも注目度が低かったTICADでの安倍演説からだが、これまでの「アジア太平洋」ではなく「インド太平洋」を使う動きは、それ以前からあった。

　オーストラリア政府は、13年5月に発表した『防衛白書』でこの言葉を使っているし、インド国立海洋研究所のG・クラナ博士が04年に発表した論文「海洋の安全」の中にも「インド太平洋戦略」[2]に関する記述がある。言葉としての「インド太平洋」は、北京五輪以降に目立ち始めた中国の南沙諸島や尖閣諸島海域での動きへの対抗として、インド洋から西太平洋に至る海洋を保全しなければならないとする意識が、西側諸国で急速に高まったことの結果だ。さらに、国際的認知を決定づけたのは、トランプ大統領が「自由で開かれたインド太平洋構想は、建国以来の米国の利益に繋がる」[3]と発言した上に、18年にはハワイに基地を置く「太平洋軍」の名称を「インド太平洋軍」に改称したことにある。

　これで明確なように、米国、オーストラリアはこの構想を主として軍事安全保障の観点で捉えており、ASEANは中国の「一帯一路」構想に偏りすぎない地域協力の枠組みとして位置づけている。また、中国への脅威やこれまでASEAN諸国の陰で存在感を示しきれなかった状況を、この構想で一気に打開したいのがイ

ンドだ。そして日本には、米国を巻き込みながら、中国とは敵対せずにこの地域での協力イニシアチブを発揮したいとの思いがある。このように各国の思惑はそれぞれだが、「自由で開かれたインド太平洋」認識を共有する国が複数出現しているのは事実である。これは、日本が果たした大きな外交成果だったと言っていい。

そこで、「アジア太平洋」が単なる地域的広がりをイメージさせるのに対し、「インド太平洋」が、安全保障を念頭においた地政学的な地域を想起させる言葉になっている点に留意しておきたい。それゆえ、この外交方針のキャッチフレーズが、あまねく有効であると考えたら、きわめて危険だ。

というのも、「インド太平洋」概念出現の経緯を見れば容易に理解される。現にここで言う「太平洋」とは、主としてインド洋に隣接する西太平洋のことであって、多くの太平洋島嶼諸国が存在する南太平洋ではないからである。よって、この構想は、太平洋の島嶼諸国にとっては「無縁の構想」でしかない。環太平洋構想が提唱されたとき、島嶼諸国は「周りの国々の連帯で、中抜きの太平洋だ」と疎外感を感じたが、今度も彼らは、反論や対案を打ち出しはしないが、構想提唱者と同様な認識を共有してはいない。それゆえ島嶼諸国人の面前で、日本の外交当局者が「インド太平洋構想」と言えばいうほど、彼らはしらけてしまう。そんな場面を私は、外交関係の会合やパーティで幾度も眼にしてきたのである。

小さな島々が散在するミクロネシア地域は米国、メラネシア・ポリネシア地域は英連邦の内海として、長らく平穏と安定が続いてきた。だが、いつの間にか中国の存在の大きさに危機を感じる海洋に変容してしまった。それは、米国、オーストラリア、日本が政治アクターとしての島嶼諸国の心情を理解しないまま、よかれと思って大国の論理を押しつけてきた結果だったからではないか。このまま小国家群の存在と彼らの思いに気付かずにいると、せっかくの日本発の地域協力構想が、かけ声だけで終わってしまうのではないかと、心配になる。

海洋安全保障への関心

太平洋での中国の動きが目立ち始めるのは、今世紀に入ってからだ。南太平洋地域への接近もこの頃で、島嶼諸国への経済協力で先行していた台湾との援助

競争を激化させ、島嶼国の国内政治を不安定化させていった。こうした事態の中で、中国脅威論が浮上してきたのである。

　では、中国の太平洋進出を「脅威」と感じるのは誰なのか？　それは、米国、オーストラリア、日本、ニュージーランド（NZ）などの伝統的な対島嶼友好国であって、進出を受けた島嶼諸国ではない。ならば、それら友好諸国は、これまで「中国の脅威」を取り除くための具体的な策を講じてきたのか。私の眼には、「否」と映っている。

　そもそも、パラオ共和国、ミクロネシア連邦、マーシャル諸島共和国のミクロネシア3国は、米国との自由連合協定のもとに成立する国家であり、ポリネシア、メラネシアの国々も英連邦国家として、オーストラリアとニュージーランドとは固い絆で結ばれているはずだった。日本もまた、1997年以来の「太平洋・島サミット」を3年ごとに積み重ね、ODA拠出も順調に伸ばしてきた。だが、これらはいずれも島嶼国を重視する従来政策の延長線上にある行為であって、中国脅威に対抗するための新しい方策だったわけではない。

　その一方で、オーストラリアとニュージーランドは、09年に政治浄化を謳ったクーデタ政権がフィジーに出現すると、他の島嶼国を巻き込んでフィジーを太平洋諸島フォーラム（PIF）から追放し、結果として中国接近を後押しするとともに、島嶼諸国の域内団結に亀裂を生じさせた。そのオーストラリア自身は、08年のリーマンショックで、輸出市場を失った過剰鉱物資源を買い続けてくれた中国への経済依存を一気に高めていったのである。そればかりか、中国シンパで知られたラッド首相が登場するや、「伝統的なANZUS軍事同盟は時代遅れで、安全保障のパートナーを米国から中国に乗り換えるべきではないか」といった類いの政治学者の提言が真顔で議論されたりもした。私は、これに関連したテーマで豪外務省と民間のローウィー研究所が米国ワシントンで開催した非公開のシンポジウムに参加したことがある[4]。さすがにその時の議論は、「中国への接近で、米国との軍事同盟解消を上回るメリットは生じない」というのが主流だったが、少なくとも当時のオーストラリアには、こうした議論が成り立つ雰囲気があったのである。

　こうした状況にあきれたクリントン国務長官は、「もはやメラネシア、ポリネシ

アの安全保障をオーストラリアに任せてはおけない」と発言し、12年8月にクック諸島で開催されたPIFの年次総会に自ら乗り込んで、米国による南太平洋諸国援助の強化を約束した。この時クリントンが発表したのは、毎年3億ドル程度の地域への経済援助を継続することに加え、1億ドル程度の軍事協力、さらには3,200万ドルのパッケージ援助を新設することだった[5]。確かに、直接に国務長官を送り込んでの年間援助額の提示は、米国にしてみれば、太平洋シフトを強力にアピールする行為だったろう。だが、この程度の支援表明では、援助慣れしている島嶼諸国の人々には特段注目すべきパフォーマンスには映らなかった。

このように、伝統的友好諸国の島嶼国対応は、中国の太平洋進出を阻止する、あるいは抑制するどころか、むしろ増長させるような動きさえあったのである。そして島嶼国社会はその間に、間違いなく大きく変容した。例えば政治だ。これまで地縁、血縁に基づく政治派閥しかなかった島々に、中国派か台湾派かの対立構図を誕生させた。とりわけ、台湾と外交関係を結ぶ政治家たちにとっては、中台のどちらを支持するかは実利に関わる重要事項となった。また、ソロモンやトンガのように、多数の民間中国人が流入したことで、小売り販売店の様相が一変してしまった国もある。それでも島嶼諸国の側は、経済協力を受けとる選択肢が増えたという恩恵だけを感じているのである。

新太平洋政策の始動

口先だけの中国脅威論が本気で見直され始めるのは、17年頃だと私は見ている。そのきっかけとなる事件は、その年の7月に起こった。ソロモン政府が中国のファーウェイ社と海底ケーブル敷設の実施契約を交わしたのである。これに慌てたオーストラリアは、オーストラリアとニュージーランドが共同で海底ケーブル事業を支援すると約束して、この合意を撤回させた。基幹通信網が中国管理下に置かれれば、安全保障上の著しい脅威になるからだ。

その翌年2月、トランプ米大統領とターンブル豪首相が会談し、7月には両国の外務・防衛閣僚会合も実施され、ここで「太平洋地域で覇権主義を展開する中国を牽制するために、安全保障上の連携を強化する」との合意がなされた[6]。そ

して安倍首相もまたこの合意に乗り、伝統的友好諸国は対島嶼国政策の見直しに大きく舵を切ったのである。

　オーストラリアは、従来援助の継続はもちろん、島嶼地域のインフラ開発に14億ドルを拠出すると表明。NZもこれに協力参加するとともに、「パシフィック・リセット」と称して、新たな関係強化事業を様々に検討しはじめた。日本もまた、首相官邸が主導し、全省庁横断で地域協力を考える「太平洋島嶼国協力推進会議」を立ち上げた。中曽根内閣の外相（倉成正）が1987年にフィジーを訪問して以来、実に32年ぶりに外相（河野太郎）が島嶼諸国に足を踏み入れたのも、島嶼地域重視の一環であろう。このように、日本、米国、オーストラリア、ニュージーランドの伝統的島嶼友好国は、これまで以上に島嶼地域へのコミットを強めていく体勢が整い、様々な援助プログラムが始動しはじめたのである。日本は、これで「インド太平洋」構想の中に、しっかりとした対島嶼国対応も組み込んだと考えたかもしれない。そして伝統的友好諸国は、これで島嶼諸国が強める対中国重視への傾向に歯止めがかかると思っただろう。

　ところが、こうした伝統的友好国の思いをよそに、19年9月、ソロモン諸島とキリバス共和国が相次いで台湾との外交関係を解消して、中国と国交を樹立。これで島嶼14カ国のうち、台湾との関係を維持しているのはツバル、ナウル、パラオ、マーシャル諸島の4カ国だけになった。

　もちろんこれとて、次の選挙でトップが代われば再び台湾との外交復帰が成るかもしれないし、現にキリバスではその兆候が見え隠れしている。いずれにせよ、現状での島嶼諸国の政治決定は、伝統的友好諸国の思惑には填まらずに、彼ら自身による国内政治選択の結果なのである。

島嶼国のプライドと独自性

　このように、伝統的友好諸国と島嶼諸国の間には、その関係認識に大きなギャップがあるようだ。既述のように、太平洋の島嶼諸国の内、ミクロネシア3国は米国、その他は、オーストラリアとニュージーランドからの財政的、人的、その他行政上の多大なる支援を受けて成立してきた国家だった。だからその関係性

は盤石で、新たな国がその間に割って入る余地はないと少なくとも旧宗主国の人々は思ってきたのだろう。

　しかし、島嶼諸国の人々は、支援への恩義を感じてはいても、植民地時代からの延長としての「当たり前」感もあって、それほどありがたみを感じていない。そればかりか、今でも上から押しつけてくる宗主国仕様の接し方に、根強い反感をもっている。彼らは、「いまだに宗主国気分が抜けない態度だ」と、これを何より嫌うのだ。よって、日本であれ中国であれ、旧宗主国以外の国からの援助は大歓迎なのである。一国に偏らずに援助受領の相手先を分散化するのは、彼らが自覚的か否かはともかく、感覚的に身につけた安全保障政策なのだ。日本や中国の島嶼国援助が、総額的な観点から見れば米国、オーストラリアより小さいのに、時として米・豪以上の大きな評価を受ける理由は、彼らのこうした安全保障感覚が働いているからなのである。このように島々の政治選択は、伝統的友好国が考えるよりも遙かに自由で独自性を有しているのだ。

　だとすれば、「インド太平洋構想」の一環とする日本の対島嶼諸国政策の打ち出し方は、再考されなければならないだろう。そもそも、対島嶼国政策をこの構想の一環とすることを明確にしたのは、18年の第8回「太平洋・島サミット」だったが、その直前に外務大臣に提出された有識者会合の提言書(7)には、日本外交にとって重要なこのビジョンに島嶼諸国を巻き込むには、「構想の中の何処に島嶼国を位置づけるのか」、また「島嶼国に期待する役割は何なのか」を充分に理解してもらうことが必須であると指摘されている。この提言が意味するのは、自国の成立に懸命に取り組む極小国に対しては、地域連携の意義を丁寧かつ詳細に説明する必要があるということであろう。よって、その時点で日本の外交当局者は、島嶼諸国がこの構想に関して日本と同じ認識に立っていないことを、ある程度理解していたはずである。

　しかし、残念ながらその島サミットでは、日本の説明は十分に理解されず、共同宣言に書く「法と秩序に基づいた自由で開かれたインド太平洋」という文言の採用をめぐり、最後まで揉めてしまった。最終的には、島嶼国側が折れて予定された宣言文が採択されたが、本音では納得せず、島々は日本への失望感さえ滲

ませたのである。

　第6回島サミットで使ったキャッチフレーズが「We are Islanders：広げよう太平洋のキズナ」、第7回が「福島いわきから太平洋への誓い　共に創る豊かな未来」だった。それと第8回の「繁栄し自由で開かれた太平洋に向けたパートナーシップ」とを見比べれば、自分たちが日本のイコールパートナーとして扱われているとは思えず、日本から「構想を押しつけられた」と感じたのであろう。

　会議の終了後に、ある首脳がつぶやいた言葉が印象的であった。「日本は太平洋を自由で開かれた海にして、魚など私たちの海洋資源をフリーで持ち去ろうと考えているのだろうか？」[8]。これは日本側にとっては驚くべき誤解だが、日本と島嶼国とではこれほど大きな認識ギャップがある現実を象徴する発言として記憶しておくべきだろう。それだからこそ、日本との立ち位置が違う島嶼国には、丁寧な説明が求められるのである。

島嶼国との関係はイコールパートナー

　第8回島サミットでは、日本が投げかけたインド太平洋構想が島々には理解されず、失望感さえ与えた。だがこれは、第1回の島サミット以来、20余年にわたって行ってきた日本外交が否定されたことを意味していない。むしろ島嶼諸国は、この間に米国ともオーストラリアとも違う姿勢で島嶼国に向き合ってきた日本外交を充分に評価している。その日本が、なぜ突然、米国やオーストラリアと同じ目線で大国の構想に自分たちを巻き込もうとするのかと驚いたのだろう。先にも指摘した通り、島嶼諸国は援助を受けながらも、大国からの押しつけをなにより厭がるからだ。日本は、その誤解を一刻も早く解くために、島嶼諸国を地域連携構想に組み込んだ意図を丁寧に説明しなければならない。

　そもそも日本外交が島嶼諸国から高い評価を受けてきた大きな理由の一つは、旧宗主国ではないのに、毎年200億円弱を10年以上にわたり拠出し続けてきたことにある[9]。これを中国との比較で見てみよう。ローウィー研究所の試算によると、中国は06年からの10年間で17億8,100万ドルの拠出[10]。これは、オーストラリアに次ぐ域内第二の援助量である。日本は14カ国、中国は外交関係のある

8カ国への拠出総額ゆえに、1カ国当たりに換算すれば、やはり中国の額には及ばない。とはいえ、中国援助には借款が多く、日本はほとんどが無償である上に、援助後の質的評価では日本が圧倒的に良い評判を得ていることを勘案すれば、島嶼地域への貢献度では決して中国には劣らない。そして、日本の島嶼国援助は、中国の進出前から始まっていて、中国への対抗として実施して来たのでは決してない。それゆえ、他と比較する必要はなく、太平洋を共有する隣人として、従来通りに関係を深めていけば良いし、またそれ以外にできることはないのだ。

　島嶼国が懸命に援助受領の選択肢を他国へも広げるのは、何処か一国の圧力を排し、独自の選択で国家運営をしたいからだった。よって、中国からの援助を受けても、中国一辺倒になる考えはさらさらない。それに気づき始めた中国は「こんなに大量の援助を投入しているのに、さっぱり思うようならない」と焦っているはずだ。米国やオーストラリアが常々島嶼国に感じてきたのと同様の苦い思いを今中国が味わっている。こうした実情を知れば、ことさら中国の島嶼国接近に脅威を感じることはないし、島嶼国とともに中国との共存の道を探ることも今後の選択肢としてあり得るのではないか。

　本稿の執筆中に、コロナウイルスの世界的蔓延で、各国の外交行為が一時的に不能に陥った。今のところ、終息への展望は見通せないが、その後の国際関係、とりわけグローバル化への見直し議論の浮上は、様々な局面で避けられないようだ。そもそも太平洋島嶼諸国、とりわけ極小国にとっての国家的危機は、中国の接近ではなく、急激に押し寄せるグローバル化の波にあると私は考えてきた。今回不幸にも起こったコロナ禍がきっかけとなり、島々におけるグローバル化の弊害を再考する機会がこの先に来ることを願うばかりである。

---

(1)「環太平洋連帯構想 (Pacific Basin Cooperation Concept)」とは、大平正芳首相のもとに発足した「環太平洋連帯研究グループ」が1979年11月に中間報告として公表したアジア太平洋地域の経済連携構想。研究グループの座長を務めた大来佐武郎は、その年の第二次大平内閣で外務大臣に就任、大平ビジョンとしてこの構想を海外に広めたが、翌年6月の大平首相の急死により、政府の外交方針としては立ち消えになった。しかし、この構想の内容についての評価は高く、10年後の1989年に、オーストラリアのフォーク首相の提唱によりAPEC（アジア太平洋経済協力）として結実した。

⑵ G.Khurana, "Maritime Security in the Indian Ocean," *Strategic Analysis Journal*, Volume 28. 2004.

⑶ 米国のトランプ大統領は、2017年11月のアジア諸国歴訪の旅で5日に初来日。この際に、インド太平洋地域での日米の連携が重要だと演説した。当日の行動や発言に関しては、翌6日の新聞各紙で、また米国大使館のHPでも見ることができる。

⑷ "America's Torn Asian Allies ?　A Policy Symposium on the Future of US Strategic Relationship in Asia", 8‐9 Sep. 2011, Washington DC.

⑸ Elke Larsen, "Making waves in Rarotonga: Clinton's Three message about U.S. Pacific strategy", Sep. 7, 2012, Center for Strategic & International Studies in Washington DC.

⑹ 『読売新聞朝刊』、2018年7月23日、同26日。

⑺ 『第8回太平洋島サミットに向けた有識者会合提言報告書』、2017年12月。概要は、外務省のHP（https://www.mofa.go.jp/mofaj/files/000327240.pdf）。

⑻ 『産経新聞朝刊』、2018年5月30日。

⑼ 日本は2006年の第4回太平洋島サミットにおいて、島嶼諸国へのODA拠出を3年間で450億円、第5回は500億円、第6回は540億円、第7回は550億円、第8回は従来相当と表明し、これを実行してきた。これにODA以外の支援を含めると、年当たり200億円近くの拠出額になる。

⑽ "Chinese Aid in the Pacific", 2017, Lowy Institute for International Policy, Australia.

5Gと安全保障

鈴木一人

北海道大学教授／平和・安全保障研究所研究委員

　アジアの安全保障にとって最も重要な問題は言うまでもなく米中関係の悪化である。米中関係は貿易問題でも、中国の軍事力増強問題でも対立的な関係にあるが、とりわけ大きな問題になっているのは、中国の技術開発が進み、ハイテク分野や新興技術分野で中国が急速にキャッチアップして米国の優位に挑戦していることであろう。

　中でも大きな問題となっているのが、次世代の移動体通信規格である5Gをめぐる問題である。移動体通信の基地局やデバイスなどの分野で目覚ましい成長を見せ、グローバル市場のシェアを大きくしている中国の華為技術（ファーウェイ）や中興通訊（ZTE）といった企業である。特にファーウェイは、過去に制裁対象であるイランなどとの取引があり、創業者の娘であり、最高財務責任者（CFO）であった孟晩舟副会長が制裁違反の容疑で逮捕された（米国の要請に基づきカナダ当局が逮捕）。またZTEも制裁違反が疑われたが、米国に課徴金を支払うことで和解したため[1]、トランプ政権の攻撃の対象は主としてファーウェイに絞られていった。

　こうした米中対立とは別に、5Gをめぐる問題は、今後の経済社会の発展のカギとなるインフラの供給を誰が握るのか、こうした死活的に重要なインフラの覇権を誰が握るのかといった問題とも連動しており、大きな話題となっている。

5Gとは何か

　5Gは単なる新しい通信方式というだけではない。現在一般的に使われている第四世代の通信方式である4Gとの互換性を持ちながらも、より高い周波数帯

（28GHz帯）を使うことが大きな違いとなっている（総務省が進める「ローカル5G」では4.5GHz帯も使われる）。この周波数帯を使うことにより、現在の20倍にもなるスピード（1Gpsから20Gps）で通信できることにより、より高速で大容量の通信が可能となる。それは詳細なデータを同時に送信しなければならない自動運転技術や、大量の情報を瞬時に処理しなければならない顔認証システムといった、新たなサービスを生み出すのに不可欠なものであり、現在では想定されていない新たなサービスが生まれる源泉となる可能性を秘めている。

　また、高速・大容量通信だけでなく、遅延時間が短いという特徴もある。現在の4Gでは10ms（100分の1秒）であるのに対し、5Gでは1ms（1000分の1秒）となる。これは通信の際に生まれる時差がなくなることを意味しており、シンクロナイズする度合いが高い。その結果、ドローンなどの自動制御において、瞬時の判断や伝達が可能となり、また仮想現実（VR）を使った遠隔手術や遠隔操作をより効果的に行うことが出来る。こうしたリアルタイム性が高まることで生まれる新たなサービスも期待されている。

　さらに、5Gではこれまで4Gで接続出来たデバイスの数（10万デバイス/km^2）から10倍の100万デバイス/km^{2}まで増やすことが出来る。これは「モノのインターネット（IoT）」と呼ばれる、様々な電化製品やウェアラブルコンピュータ（眼鏡などの装着型装置）などとの接続が可能となり、来たるべき「Society5.0」[2]を実現するための基礎インフラとして重要な意味を持っている。この多接続性により、交通分析や交通制御といった協調行動が可能となり、スマートグリッドと呼ばれる、電気自動車や蓄電池を活用した電力の需給調整システムの運用などが容易になる。また、小型ドローンを多数同時に運用するスワーム（群運用）なども可能にするだろう。

　このような、高速・大容量、低遅延、多接続といった特徴を持つ5Gはこれまでになかった新しいサービスを可能にし、これまでの社会システムを抜本的に変革する可能性を秘めているだけでなく、グローバル市場で同時に5Gが導入されることで、その新しいサービス市場において誰が勝者となるかが定まっていない、未開拓の市場での競争が始まる[3]。そうした市場に少しでも早く乗り込むこと

で、先行者利得を獲得し、市場におけるスタンダードを設定することがSociety 5.0における覇権を握るためにも不可欠である。それはかつて3G（日本ではガラケーと呼ばれる二つ折りの通信機の時代）から4G（スマートフォンの時代）への移行よりも大きな変化となると見られている。というのも、通信が単なる音声通信やデータ通信に留まらず、社会システム全体が移動体通信ネットワークに依存することになるからである。

　ところが、5Gを整備するとなると、莫大な費用がかかることとなる。というのは、5Gの特徴を生み出す高周波数帯は障害物を避けて通れないという特性があるからである。4Gの電波は周波数が相対的に低いため多少の障害物があってもそれを迂回してデバイスまで届くことが出来るが、5Gはそうならない。例えるなら4Gは音波、5Gは光に近いと考えればわかりやすい。音は障害物があっても聞こえるが、光は障害物があるとそこで遮断される。そのため、5Gの電波は障害物の多い都市部では様々な角度から電波が発せられるよう、アンテナ（マスト）を4Gよりも数倍多く設置する必要がある。つまり、5Gが日常的に使われるためには相当な数のマストを整備しなければならず、それにかかるコストがきわめて大きくなる[4]。

　その際、マストの価格が高ければ、より多くのコストがかかり5Gの整備は遅れることになる。ゆえに各国の通信会社は少しでも安く性能の良いマストや中継器などの接続機器を必要とする。現在グローバル市場のシェアは中国のファーウェイが31％、同じく中国のZTE11％、スウェーデンのエリクソン27％、フィンランドのノキア22％となっている[5]。中国系の企業が大きなシェアを占めているのは価格が低く、安定した性能を出しているからである。そのため、一刻も早く5Gを整備し、国際競争に参入しようとする国は中国製のマストや中継器を積極的に調達しようとする。ところが、それが別の問題を生み出す。

中国メーカー導入のリスク

　その問題とは、中国製の製品が持ちうる安全保障上のリスクである。すでにいくつか報道されている通り、中国製品を動かすためのプログラムや接続機器に

仕組まれたソフトウェアにわかりにくい形でコードが仕込んであり、そのコードを起動することで通信内容を傍受することが可能だと考えられている[6]。また、中国製品を解体すると設計には含まれていない小型のデバイスが仕込まれており、これが通信機器を通じて流れていくデータを傍受するものではないかと考えられている[7]（この報道には様々な疑念も寄せられている[8]）。これらの疑念に対し、ファーウェイは通信傍受の仕組みを埋め込むなどは一切していないと主張しているが、その真偽は定かではない。

　こうした通信内容の傍受が問題となるのは、中国政府が国内企業に対して、その企業が保有するデータを強制的に政府に提供させることが出来るからである。国家情報法をはじめとする一連のデータ機密に関する法制度は外国企業であってもソースコードを提供させるものであったり、国内企業であっても、その保有するデータを提供する義務を課しており、仮にファーウェイが米国をはじめ他国の通信網から傍受した情報があるとすれば、その情報は中国政府の知るところとなる可能性が高い[9]。近年の中国によるサイバー攻撃などを想定すれば、こうした秘密裏に情報をかすめ取るバックドアが中国製品に埋め込まれているとしても不思議ではないだろう。

　さらに懸念される問題として、こうしたバックドアを通じて他国に設置した5Gネットワークを強制的に遮断ないし無効化することも出来るのではないかという疑念もある。すでに述べたように5Gが通信インフラとして整備されれば、Society5.0に向けて社会システムの変革が進み、多くの社会経済活動が5Gネットワークに依存することとなる。そうなれば、5Gネットワークを遮断したり、無効化することが出来れば容易に大規模なサイバー攻撃をかけるのと同様、ほとんどコストをかけずに他国に巨大な経済損失を与え、その社会機能を麻痺させることが出来るようになる[10]。こうした能力は、当然ながら中国製品に依存する国家にとっては安全保障上の脆弱性となり、中国との国家間関係においてきわめて不利な状況に置かれることとなる。

　ただし、注意しなければならないことがある。それは仮に5Gネットワーク機器の整備に当たって中国製の製品を排除したとしても、中国は様々な形でネット

ワークから情報を取得することが可能だという点である。すでに世界的に使われるようになった動画共有ソフトであるTikTokは中国企業が開発したものである。また日本でも普及し始めたQRコードを通じた小口決済の仕組みも元々は中国のアリババが開発したAliPayの仕組みを基礎としている。さらに、新型コロナウイルスによる世界的なロックダウンによって急速に普及したテレビ会議ソフトであるZoomは中国系米国人によって開発され、そのデータの一部は中国にあるサーバーを介して配信されていた（現在は修正され中国は経由していない）。このように、中国製のハードウェアを排除しても、中国によって開発されたソフトウェアや、そのソフトウェアが中国を経由するルートでデータを配信するなどしている場合、情報が傍受される可能性が残っている。これらの場合、特定のソフトウェアを使わないという選択もあり得るが、中国製のソフトウェアの利便性が高ければ、それを排除するのは困難になる点にも留意しておく必要があるだろう。

リスク・コスト・ベネフィット

このように、5Gを早期導入し、グローバル市場において競争力のある産業を生み出し、育成するためには単価の安い機器を導入しなければならない。そのコストを抑えようとすれば中国製の製品を活用するのが最も手っ取り早い手段であるが、それに関しては安全保障上のリスクがある。すなわち、5Gをめぐる問題は中国製品を導入するリスクをどこまで見積もるか、また、リスクを避けるために中国製品を排除した場合にどの程度のコストまで耐えられるのか、さらには中国製品を導入するリスクを避け、5Gの整備をするコストに耐えられない場合、その便益である産業競争力の喪失や社会経済政策の向上を諦めるのかという問題にある。それを図にしてみると以下のようになる。

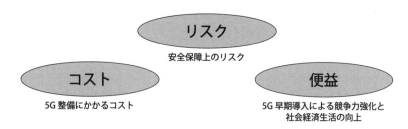

　5G導入をめぐる問題はリスクとコストとベネフィットのバランスをどのように取り、どこにウェイトを置いて判断するのかという問題になってくる。米国の場合、中国製品を導入するリスクがあまりにも大きいと判断し、コストをかけてでも中国製品を避けて5Gの整備を進めるという方針をとった。これにはオーストラリアが追従し、日本も事実上中国製品を避けるという選択をしている。他方、英国やドイツは5G導入にかかるコストを問題視し、「非中核的」なネットワークに関しては中国製品を導入してでも早期に5Gのネットワークを整備するという選択をしている。ただし、英国は段階的に中国製品を漸進的に削減し、3年後には中国製品を排除したネットワークにすると計画している。また多くの途上国においては中国製品の導入のリスク以前に5Gネットワークの整備にかかるコストをまかなえないために、ベネフィットとなる5Gの整備自体を早期には行わないという選択をしている。

米中技術覇権に絡む問題

　このように、5Gをめぐる問題は、安全保障上のリスクと、その導入にかかるコストと、それを導入することによって得られるベネフィットのバランスから成り立っている。ここには、一般に言われる「技術覇権」の要素はあまり見当たらない。というのも5Gの技術自体はすでに多くの国で採用されており、中国製品がなくても5Gの構築は可能ではある。つまり、5Gをめぐる問題は技術的な覇権争いというよりも、社会システムを構築する際にどこから調達するかという産業競争力の問題であり、中国製品が圧倒的な競争力を持っているということが問題になっている。

　また、5G自体は安全保障上の問題ではない。5Gは通信インフラの技術であり、電波到達距離が短く、障害物によって遮られるため、戦場や遠方での軍事行動におけるインフラとしては有益なものではない。しかしながら、上述したように、社会経済のインフラとしてきわめて重要な役割を担うため、それに対する攻撃は安全保障上のリスクとなる。要するに、5Gの技術自体は軍事能力を向上させる技術ではないが、他国に依存すれば脆弱性が高まる技術である。

　にもかかわらず、なぜこの問題が米中の「技術覇権」をめぐる問題として取り上げられるのか。それは中国が進める様々な安全保障に関わる新興技術が5G

ネットワークを活用することを前提にしているからである。例えば、自動運転システムは米国がグーグルやテスラモーターズなどの民間企業を中心に進めているのに対し、中国は国家や省などの地方自治体が中心となって推進している。この自動運転システムは単に路上の運転を自動化するだけでなく、自動運転車がセンサーとなって都市全体の状況を把握し、交通システムそのものがネットワーク化されていくこととなる。そうしたセンサー技術や状況認識・分析能力は、同時に街中を走る車から得られる膨大なデータを処理する人工知能（AI）の技術が必要となる。つまり、5Gのインフラが整備されることによって、まったく新しい交通体系や都市計画が行われ、その技術をめぐって米国と中国が競争しているという状況となっている(11)。

　しかも、この技術は安全保障上、様々な形で応用されていく。自動運転の技術は戦車や装甲車といった戦闘車両の自動運転を可能にし、これまで兵員を運転に割いていたところを戦闘に割り当てることが可能となる。また無人の戦闘車両が敵陣地に入り込み、偵察や戦闘を行うことが出来るようになれば、人的な損害を最小化することが出来る。また、こうした自動車に搭載したセンサーを通じて膨大なデータを取得し、それを分析するAIの技術が発達すれば、戦場における状況認識能力が高まるだけでなく、実際に戦闘における判断を人間が行うよりも迅速に、しかも人的損害なく行うことが出来る。現在、こうした自律型致死兵器システム（LAWS）を規制すべきかどうかといった議論が特定通常兵器使用禁止制限条約（CCW）の枠組みの中で議論されているが、5Gを通じて開発されていく技術は、まさに兵器体系や戦闘のあり方を変えうる可能性を持つ技術となっている。

　こうした技術をいち早く開発し、特許や知的財産の保護を通じて技術的な優位に立つことで、軍事的な優位性を維持することは、米中関係が対立的なものになればなるほど重要となってくる。と同時に、仮に米中関係が良好となり、軍事的な優位性を維持することが最重要課題にならないとしても、こうした新興技術を手にすることは、グローバル市場における産業競争力を維持するためには不可欠である。さらに言えば、技術開発を先行することで、国際社会における「業界標準」を獲得することになる。例えば、現在米国はファーウェイへの圧力をか

けるため、同社向けの半導体の輸出を禁じているだけでなく、米国製の半導体製造装置で作られた半導体は外国企業であってもファーウェイに提供することは認められなくなっている。これは米国の半導体製造装置がグローバル市場においてスタンダードとなっており、それがファーウェイに圧力をかける際のテコになっているということがある。こうした経済的なテコを通じて大国に対して圧力をかける、いわゆる「エコノミック・ステイトクラフト」を実践する意味でも、技術的な優位性を維持し、グローバルなスタンダードを獲得しておく必要がある(12)。

　逆に、中国が先に技術開発を成し遂げ、その技術が米国市場に浸透してくることになれば、中国に情報を窃取されたりするだけでなく、中国に業界標準を奪われ、中国に対する脆弱性を増すことになる。すでに商用ドローンや顔認証技術などでは中国がグローバルな市場シェアを高め、米国企業のそれを凌駕するような状況となっている。こうした状況が続き、米国市場やグローバル市場に中国製品が拡大していけば、それをテコに中国が「エコノミック・ステイトクラフト」を発動する恐れもある。

　こうした点を考えると、米中の「技術覇権」をめぐる争いは熾烈になっており、5Gそのものが技術覇権の対象ではないとしても、広い文脈で米中の争いの中に位置づけられる技術となっている。

日本のとるべき道

　最後に、こうした米中の技術覇権争いの中で、日本はどのように対処すべきかについて提言しておこう。すでに見てきたように、5Gの問題はリスクとコストとベネフィットのバランスの中で考慮されるべき問題である。この場合、日本にとってのリスクは中国製を導入することによる安全保障上のリスクだけでなく、中国製製品を使うことで米国が日本との情報共有に躊躇するようになり、日米関係が悪化するというリスクも含まれる。また、日本国内には、グローバルシェアは小さくとも富士通やNECといった企業が5Gの機器を製造販売しており、中国製品を調達するよりもコストがかかることを覚悟すれば、そのコストを受忍することは可能であり、また、日本にはそれだけの経済力がある。日本にとって、Society5.0を実

現することは国家的目標であり、この分野で後れを取るわけには行かないという
ベネフィットが最優先されるとすれば、リスクを回避して、高コストになることを受
忍しつつ、5Gの導入を急ぐことが望ましい選択となるだろう。また、こうした選択
をすることで、5Gを利用した新しいサービスやイノベーションが生まれることも
期待される。

　しかし、リスクの回避も様々な方法を考えておくべきであろう。つまり、安全保
障に関わるシステムや国家機関が扱うシステムの場合は中国製品を排除しつつ、
同時により効率的に5Gの整備を進める上でも、商業的なネットワークや一般向
けのシステムは中国製製品を使うことも認めることで、より迅速に5Gネットワー
クを整備し、そのサービスを拡充させることが可能になると考えられる。もちろ
んその際も十分な安全審査を行い、情報の管理をしっかり行い、漏洩を監視し
続ける必要はあるが、単純に中国製の機器を排除するということではなく、最も
効率的で、安全な方法を模索し続ける必要がある。

　また、5Gの次の世代の技術として6Gと呼ばれる通信方式もいずれ生まれてく
る。すでに日本では6Gに向けての検討を始めているが、こうした技術分野にお
いて二手先、三手先を読みながら業界標準の基礎となる技術標準を握ってい
くことも重要である。最終的にスタンダードを手にすることで日本の行動の自由
度は増すことになり、中国をはじめとする敵対的な国家に翻弄されることなく、
Society6.0の世界の主導権を握ることが出来るようにすることこそ、これからの
大きな課題となるだろう。

(1) Claire Ballentine, "U.S. Lifts Ban That Kept ZTE From Doing Business With American Suppliers", *The New York Times*, July 13, 2018. https://www.nytimes.com/2018/07/13/business/zte-ban-trump.html

(2) 日本政府が目指すべき未来社会の姿として提唱したもので、「サイバー空間（仮想空間）とフィジカル空間（現実空間）を高度に融合させたシステムにより、経済発展と社会的課題の解決を両立する、人間中心の社会（Society）」であり、「狩猟社会（Society1.0）、農耕社会（Society2.0）、工業社会（Society3.0）、情報社会（Society4.0）に続く新たな社会」を指す。内閣府HP（https://www8.cao.go.jp/cstp/society5_0/society5_0.pdf）。

(3) 大野友義、「5Gで加速する新技術の活用」*Business Communications*（NTTドコモ発行雑誌）、2020年2月号。https://www.bcm.co.jp/solution-now/cat-solution-now/2020-02_2524/

(4) Christopher Mims、「5Gの不都合な真実:アンテナ整備が強いる膨大な負担」*The Wall Street Journal*（日本語ウェブ版）2019年7月3日。https://jp.wsj.com/articles/SB1264068392504157367800458540276322906581

(5) 首相官邸未来投資会議第32回配付資料、令和元年10月29日。https://www.kantei.go.jp/jp/singi/keizaisaisei/miraitoshikaigi/dai32/siryou1.pdf

(6) Bojan Pancevski, "U.S. Officials Say Huawei Can Covertly Access Telecom Networks", *The Wall Street Journal*, Feb. 12, 2020. https://www.wsj.com/articles/u-s-officials-say-huawei-can-covertly-access-telecom-networks-11581452256

(7) Jordan Robertson and Michael Riley, "The Big Hack: How China Used a Tiny Chip to Infiltrate U.S. Companies", *Bloomberg Business Week*, 2018年10月4日。https://www.bloomberg.com/news/features/2018-10-04/the-big-hack-how-china-used-a-tiny-chip-to-infiltrate-america-s-top-companies

(8) Zack Whittaker, "Bloomberg's spy chip story reveals the murky world of national security reporting", *TechCrunch*, October 5, 2018. https://techcrunch.com/2018/10/04/bloomberg-spy-chip-murky-world-national-security-reporting/

(9) 岡村志嘉子、「中国の国家情報法」『外国の立法：立法情報・翻訳・解説』国立国会図書館、274号、64-70頁、2017年12月。

(10) Society5.0は第五期科学技術基本計画の中核概念として位置づけられ、その実現に5Gネットワークが基礎インフラとして位置づけられている。『科学技術基本計画』、平成28年1月22日。https://www8.cao.go.jp/cstp/kihonkeikaku/5honbun.pdf

(11) 拙稿、「米中技術覇権の行方: キーワードは『自動化・無人化』」*Nippon.com*、2019年7月11日。https://www.nippon.com/ja/in-depth/d00501/

(12) 拙稿、「米中対立時代は経済が武器だ」『週刊ダイヤモンド「2020年総予測」』、2019年12月28日。

アフガニスタン人から信頼された中村哲医師の地域開発事業

宮田律

現代イスラム研究センター理事長／平和・安全保障研究所研究委員

感染症に注目し、タリバン司令官も称賛した業績

　2019年12月4日に凶弾に倒れた中村哲医師が主導した事業はアフガニスタンの開発支援に特筆すべき大きな足跡を残した。中村医師は、03年から灌漑事業を始め、アフガニスタンの農地開拓を目指す活動を行った。手がけた用水路は19年末までに約27キロメートルが開通し、彼が生まれ育った福岡市の面積のほぼ半分に当たる1万6,500ヘクタールの土地に水を与え、砂漠の緑化をもたらし、農民65万人の暮らしを支えている。

　20年は世界がコロナ禍に見舞われるようになったが、中村医師もらい菌（ハンセン病）やコレラなどアフガニスタンの感染症に取り組んだ。中村医師はアフガニスタンでは食べ物がまったくないわけでなく、食べ物が不足して栄養失調になっているところに、不衛生な水を飲み、赤痢などの感染症に罹り、脱水症状になり死ぬというのがこの国の餓死だと語っていた。

　中村医師は感染症に抗生物質を施すよりも、清潔な水を供給したほうが有効と考え、まず井戸を掘り進めていった。堀った井戸の総数は1,600本にも上った。医師で大阪大学招聘教授の石蔵文信氏も、医療支援だけでなく、現地の環境も変えないと病気を減らすことはできないが、自ら現地の環境改善を考えることなどほとんどないだろうと語っている[1]。

　中村医師の「人はお腹がいっぱいになれば戦争に行きません」という言葉に彼のアフガニスタンでの事業の基本的姿勢がある。この言葉はアフガニスタンを訪れれば、説得力をもつことが容易に理解できる。対テロ戦争が始まった直後にア

フガニスタン北部に入った時、難民キャンプを訪ねたら男たちは粗末なテントからカラシニコフをおもむろに取り出し、空に向けて撃ち出した。貧しい彼らは戦闘になれば、どこかの武装集団に雇われて戦う。

アフガニスタンでは、内戦によって灌漑施設が荒廃し、十分な灌漑ができないために、農地が不足している。多くの農民たちが、少ない水の供給で済み、高利益を得られる麻薬の原料となるケシの栽培に従事することになる。そのことがアフガニスタンを世界最大のケシの生産地にしてきた。

現地に根ざし「地方復興チーム（PRT）」より信頼される

アフガニスタンに駐留する外国軍の兵力が増えたのは、04年10月に行われたタリバン政権崩壊後の大統領選挙を契機とするものだった。アフガニスタン新体制の民主化を支援するために、国際治安支援部隊（ISAF）の兵力は倍の1万人となり、米軍も2万人となった。およそ1集団が60人から90人の軍人、文民によって構成される「地方復興チーム（PRT）」が地方に派遣された。その派遣先はPRTのメンバーの安全を考慮し、親政府的勢力が強いところばかりで、活動に大きな制約があった。

米国防総省は支援規模や資金が限定されているため、アフガニスタンで戦闘が発生している不安定な地域での武装集団の鎮圧を優先することになり、米国国際開発庁（USAID）がこれらの地域の復興の責任を負わされているものの、危険な地域では十分な成果を得られていない。

静岡県島田市在住のアフガン人医師、レシャード・カレッド氏も「日本はアフガニスタンでドイツと並んで民生支援、人道支援を熱心に行ってきた国で、アフガニスタン人から信頼を得ている、だからISAFやPRTに加わらなければ、復興支援はできないということは決してない、アフガニスタンが抱える問題をしっかり精査し、日本ができる具体的な支援を検討してほしい」と語っていた。

また、アフガニスタン支援の問題は、支援金が援助国の企業の利益やコンサルタントの給与になることで、この額は支援金全体の40％とも見積もられている。これとは対照的に中村医師のペシャワール会は、寄付総額の9割以上を現地

の支援金に充てた。中村医師が築いた27キロメートルの用水路は1期工事が9億円、2期工事が6億円、合計15億円でやり遂げた。

　アフガニスタンのパシュトゥーン人の部族社会は「パシュトゥヌワレイ（パシュトゥーンの掟）」が支配している。その中でも「メルマスティア（客人歓待）」は私たち日本人がアフガニスタンを訪れた際に容易に接する気質や慣習である。これは、客人が友好的であると認められれば厚遇し、危害を加えないというものだ。対テロ戦争の開始後に軍事行動を伴った欧米が行った活動は、非友好的な「客人」のそれとも感ぜられていたのかもしれない。

　NGOの活動は話題性があるところに集中する傾向がある。対テロ戦争でタリバン政権が倒されたものの、治安状況が改善されない中で、国際社会の関心がアフガニスタンから離れ、アフガニスタンはしだいに「忘れられた国」になりつつある。このような中で事業を継続するペシャワール会の現地NGOであるピース・ジャパン・メディカルサービス（PMS）は現地の人々から高く評価され続けた。

　作家の井上ひさし氏は、「戦争がはじまると他の国のボランティアは、みんな逃げてしまうのに、なぜ日本人のこのお医者さんのグループはやさしくしてくれるんだろう。こうして日本人に対する信頼が生まれていくわけですね」と01年11月17日に、山形県立置賜農業高校で行われた講演の中で語った。

日本の伝統技術がアフガニスタンに生きる

　18年2月には中村医師にアフガニスタン政府から勲章が贈られた。叙勲理由は保健・農業の分野でアフガニスタンに多大な貢献をしたことだった。叙勲式の場でアフガニスタンのガニ大統領は、ペシャワール会の灌漑方式がアフガニスタン復興のカギであり、かねてから中村医師に会いたかったと述べた。また、18年6月には建設技術者などで構成される土木学会が中村医師に、日本の治水技術で砂漠の緑化や農業生産の向上に貢献したとして土木学会技術賞を贈ったこともあった。

　中村医師のアフガニスタンの砂漠の緑化事業は、彼の出身地・福岡県筑後川にある山田堰という日本の優れた治水技術をモデルにするものだった。山田堰

が完成したのは1790年、現在でもほぼ原形を留め、670ヘクタールの土地を潤している。山田堰は水上交通のための「舟通し」、魚が遡上できる「中通し」、そして取水口近くの土砂がたまらないようにする「砂利通し」ででき、3本に分かれた川の流れが再び合流して勢いを弱めることになる。利根川や、吉野川とともに三大暴れ川の一つとされている筑後川の激流を抑えるだけでなく、生態系への影響も配慮したつくりとなっている。徳永哲也「山田堰土地改良区」理事長は「水を治める、そのためには自然と調和して生き物と共存する。そういう原点が日本の大きな、世界に誇れる文化ではないか」と語る。

中村医師は「これだけの歴史があるから、壊れにくく洪水にも強い。重機も使わず、現地の人たちでも維持していける」と山田堰の技術を高く評価していた。堰全体に強い水圧を加えず、取水口に十分な水量を導く、地の利を活かして200年以上前に造られた設備がいくたびの洪水に耐え、いまなお670ヘクタールの土地を潤している。環境に配慮していることに加え、現地で調達できる石を使えば、工事が大がかりになることもないと考え、この山田堰の技術をアフガニスタンに応用した。

ガニ大統領の発言にあったように、アフガニスタン政府も山田堰の技術のさらなる導入を検討するようになった。日本の先人たちの知恵が時と国境を超えてアフガニスタンで受け継がれている。

JICAとの協力

JICAもアフガニスタンの治安状況がなかなか改善されない中、長年現地で活動し、現地の事情に精通するPMSの活動を貴重なものと考え、連携を図るようになった。アフガニスタンの農民たちが工事を行い、灌漑設備の維持や管理をすることは、帰還難民や社会復帰した兵士の雇用拡大にも役立つことになる。灌漑された土地では年に2回の耕作が可能になるなど農民たちの生活改善にも繋がった。

18年にスイスのジュネーブで60カ国以上が参加して開催されたアフガニスタン支援閣僚級会合で、アフガニスタンのムハンマド・フマユーン・カユーミー財務相

は、援助機関のプロジェクトは国外で主導されるものが大半で、プロジェクトが終了すると、持続しないものが多くあり、その意味でも現地の人々を動員し、現地の素材で蛇籠(2)をつくるPMSの活動は非常に有意義だと語った。

　同じ会合に出席したJICAの山田純一理事も、アフガニスタンの干ばつ対応能力の強化を目指した長期的な開発が重要だと語ったように、JICAは中村医師が活動していたナンガルハール県で、稲作農業改善プロジェクトを実施し、それを他の8県にも拡大していった。JICAは、中村医師と同様にアフガニスタンでの農業開発を重視し、アフガニスタンから日本の大学に研修生を受け入れ、農業経済や稲作技術を学ぶ支援を行ってきている。

国際機関との連携による支援

　18年4月、国連食糧農業機関（FAO）の灌漑施設の改善とそれに伴う組織の能力を向上させるというプロジェクトのもとで、PMSが建設した農業・灌漑の研修センター、宿泊施設の開所式がナンガルハール県ベスッド地区のミラン取水地近くで行われた。これは日本政府（JICA）の資金提供を受けるものだったが、地域の人々が灌漑施設の設計や建設プロセスに直接的に関わる現地の人材を養成することを目指したものだった。人材を育てることで、乾燥地帯での河川からの水の摂取、用水路システム、貯水池や取水堰の開発や発展、維持などを行い、干ばつにも耐えるアフガニスタンの農業社会の建設を目標とする研修センターである。

　これは、言うまでもなく、中村医師のPMSが構築した灌漑や農地拡大システムをアフガニスタンの人々に伝えようとするもので、中村医師の業績はこのセンターによってアフガニスタンの将来の世代に受け継がれることになった。開所式で、ナンガルハール県の知事は、「中村先生、日本政府、そしてFAOの方々がナンガルハールのためにしてくださったすべてのことについて、感謝の意を表する十分な言葉が見つかりません。皆さんが今ご覧いただいているように、かつては砂漠だったガンベリ地域は、今や緑豊かです。中村先生は、ナンガルハールの人々とその農業コミュニティの心に残るでしょう」と述べた。FAOのアフガニスタン事務

所長の七里富雄氏も、PMSによるこれまでの事業の成果への高い評価を語り、PMSの事業が地域の食料安全保障や、地域の安定に貢献するものであることを強調した。

現地の価値観を重んじる

　諸外国の開発支援とは異なって、中村医師の事業がアフガニスタンで受け入れられ、評価されたのは、現地の伝統的価値観やイスラムの普遍的価値観に対する敬意があったこともあっただろう。「平安」や「相互扶助」はイスラムでも最も重んじられるものだ。

　01年3月にアフガニスタンのタリバンがバーミヤンの大仏を破壊すると、中村医師が代表を務めるPMS（当時：ペシャワール会医療サービス）の職員から「（破壊は）遺憾です。職員一同、全イスラム教徒に代わって謝罪します。他人の信仰を冒涜するのはわれわれの気持ちではありません。日本がアフガン人を誤解せぬよう望みます」という手紙が中村医師の元に届いた。これに応えて中村医師は、職員との朝礼の訓示で次のように述べた。

　　平和が日本の国是である。少なくとも吾がペシャワール会は、その精神を守り、建設的な相互支援を忍耐を以て続ける。そして、長い間には日本国民の誤解も解ける日が来るであろう。われわれは諸君を見捨てない。人類の文化とは何か。人類の文明とは何か。考える機会を与えてくれた神に感謝する。真の『人類共通の文化遺産』とは、平和・相互扶助の精神でなくて何であろう。それは我々の心の中に築かれ、子々孫々伝えられるべきものである[3]

　また、現地の人々と同様な服装で現地の言葉を語り、自ら重機を操作するなどの行動は他国の支援とは異なることを現地の人々に強く印象づけたようだ。
　東京農業大学で農学を学ぶアフガニスタンからの留学生グラブ・グルブディン氏は、中村医師が活動していた東部ジャララバード出身だが、「我々の国には寄付という形で、多くの国がプロジェクトや人を送り込んできた。彼らはマネジャー

として事務所で働き、携帯電話で報告を受けるだけで、現実を知らない。だが中村さんはまったく違う。自ら重機を動かし、重い荷物を運んでいた」と述べている。グルブディン氏は中村医師の勤勉で、真摯な姿に感銘を受けてJICAの奨学金で2度日本に留学し、農業の講師としてアフガニスタンの次世代の人々に中村医師が行った開発事業や農業を伝える[4]。

唱えた自然との和解

　中村医師は、活動当初からアフガニスタンにおける地球温暖化による環境の変化、深刻な干ばつを意識していた。

　アフガニスタンでの農地減少の背景には、地球温暖化による環境変化もあった。中村医師は「今ほど切実に、自然と人間との関係が根底から問い直されている時はない」と語った。自然と人、さらに人と人の和解を探る以外、人間が生き延びる道はないという中村医師の主張は、いまを生きる日本人が切実に傾聴すべきものであった。アフガニスタンでも地球の気候変動がもたらす影響を感ぜられるようになり、山岳地帯からの水量が減ったため、乾燥に強いケシの栽培が盛んになり、世界最大の麻薬の生産国とも形容されている。

　ノンフィクション作家の澤地久枝さんも中村哲医師との共著『人は愛するに足り、真心は信ずるに足る』のあとがきの中で次のように述べている。

　　過去の政治の産物である多数難民が日常生活へ、ふるさとへ戻る道。働いて生きてゆける道を切りひらくこと。その最大緊急の前提として、沙漠化した農地に水を引くこと。山岳国家アフガン全土で、農地をとりもどす可能性をさぐる必要があろう。ことはアフガン一国の問題のようだが、おそらく地球環境の未来にもかかわっている[5]

　アフガニスタンでは特に18年には干ばつが深刻になり、大河川の少ない西部、南部で20数万人が難民化して、国連人道問題調整事務所（OCHA）は、1,000万人以上が飢餓の危機にあることを明らかにするほどだった。治安の悪化や中央

政府の権威の失墜などで、用水路の管理も有効に行われなくなり、中村医師も「現場は修羅場」とアフガニスタンの干ばつがもたらす危機を訴えた。

中村哲医師が世界に遺したもの

　20年1月1日付の『フィナンシャル・タイムズ』でフィリップ・ステファンズ記者は、「アフガン戦争の罪深い人々の中の日本の聖人」というタイトルで、中村医師が目指したことやその業績を紹介している。

　ステファンズ記者は、米国の歴代大統領がアフガニスタンでの戦争で事実を隠蔽し、米国民を欺いてきたことを暴露した『ワシントン・ポスト』の「アフガニスタン・ペーパーズ」とは対照的に、中村医師はアフガニスタンの傭兵たちが土地から逐われ、家族を養うために戦っていることに注目し、日本の伝統的工法で灌漑システムを整備したことを紹介している。農地を回復した中村医師がアフガニスタンの暴力を減らし、戦闘年齢に達した男子たちが収穫に忙しくなったことに触れ、米国人がわずかながらでも中村医師の知恵をもっていればと結んでいる。

　中村医師に20年1月、インドのパドマ・シュリー勲章が授与された。この勲章はインドに何らかの形で貢献した外国人にも与えられるそうだ。毎年、インドの共和国記念日（1月26日）に叙勲されることになっている。

　インドのジャーナリストのアディティア・ラジュ・カウル氏は、この授章についてツイッターで「インドは真の友人を忘れない」と書いた。19年12月7日付の『Daily News and Analysis』紙は、インドが中村哲医師のアフガニスタンで用いた日本の伝統的工法による水利システムをアフガニスタン・ヘラートでインドとアフガニスタンが協力して造るサルマ・ダム（別称：インド・アフガン友好ダム）に応用することを望んだと報じた。

　サルマ・ダムは、16年6月4日に稼働を開始したが、7万5,000ヘクタールの農地を灌漑しているとされている。このように、中村医師の灌漑事業はアフガニスタンだけでなく、南アジアの国々の手本ともなっている。中村医師の活動はアフガニスタンだったが、アフガニスタンへの貢献がインドでも認められ、称賛されているということだろう。

クリスチャンの中村医師は、緑地の中にイスラムのモスクや神学校も建設し、現地の人々から大いに感謝された。特に01年の9.11後、イスラムを蔑む感情が、アフガニスタンを攻撃する米国などで広がっていったが、モスクなどの建設は、生活の復興とともに、現地の人々の自尊心を取り戻すことになり、異教にも敬意を払った。

アフガニスタンのカンダハルを12年に訪問した時に、5、6人の若者たちにインタビューしたことがある。この若者たちもタリバン兵と政府軍兵士に分かれていたが、互いに仲がよい様子で、「タリバンに入るか、政府軍に入るかの選択の基準は何か?」と尋ねるとニヤニヤして口を閉ざすばかりだった。おそらく選択の基準は俸給の多寡によるものではないかと思わざるをえなかった。生活手段がなければ、若者たちは戦（いくさ）をするしかない。中村医師はこうしたアフガン社会を変えることに意欲や気概をもって活動を行っていた。

アフガニスタンの芸術団体「アートロード」は、中村哲医師の業績を称える壁画をカブールとジャララバードに制作した。壁画には中村医師の姿とともに、「この土地で、この農地で、我々は優しさと愛の種子のみを蒔こうではないか」というダーリ語の詩が添えられている。

中村医師は水利の技術を次世代のアフガニスタンの人々に伝えたいとも語っていたが、その志は、PMSの研修センターにも具体化され、アフガニスタンでは半ば永久に継承されていくことだろう。中村医師の一番好きな言葉は、「以一言 生涯守るべきことありや　それ恕ならんか」だった。この言葉はアフガニスタンの開発や復興の妨げになっている暴力に向けられているように思う。

(1)「追悼・中村哲先生 医療より大切なこと」『毎日新聞』、2019年12月25日。

(2) 鉄線で編んだ長い籠に砕石を詰め込み、河川の護岸や斜面の補強などに使用する。

(3)「学士会会報」832号、2001年。https://www.gakushikai.or.jp/magazine/archives/archives_832_2.html

(4)『朝日新聞GLOBE』、2019年12月11日。

(5) 中村哲（聞き手：澤地久枝）、『人は愛するに足り、真心は信ずるに足る』（岩波書店、2010年）、236頁。

第2部

アジアの安全保障環境

（2019年4月～2020年3月）

第1章　日　本

概　観

　2019年は7年目を迎えた安倍政権にとって節目となる一年となった。なかでも特記すべきことは、20年1月に日米安全保障条約調印60周年を迎えたことである。日本は昨年に引き続き安全保障上の様々な課題や不安定要素に直面したが、4月の日米安全保障協議委員会においても再確認されたように、米国とともに今日の国際安全保障環境の変化に柔軟に対応し、同盟の抑止力と対処力の強化を図った。しかし、課題も浮き彫りになった。それは、トランプ政権の「米国第一主義」と大統領自身による「予測不可能性」の手法の影響、米朝会談不調のさなかの地上配備型迎撃システム「イージス・アショア」の配備をめぐる調整の難航、在日米軍経費負担増大の可能性、日米それぞれが掲げる「自由で開かれたインド太平洋(FOIP)」をめぐる認識の隔たりである。

　この一年、日本は主要国として自立性と指導力を発揮した期間でもあった。近年、経済・イノベーション・開発・環境・エネルギーの各分野と安全保障分野の結びつきが強まるなか、G20大阪サミットおよびアフリカ開発会議(TICAD)を主催して一定の成果を収めたことは、国際社会における日本の役割を示し、FOIPを推進していく上でも大きな意味を持つ。また、日本は米国主導の海洋安全保障構想とは異なる形で海上自衛隊を中東海域に派遣して自立性を発揮したほか、核拡散防止条約(NPT)発効50周年を迎えて核保有国と非保有国の「橋渡し役」として具体的な舵取りを担うことが求められることになろう。

　また、日本はこの間多層的な安全保障体制の構築を推進することもできた。特に進展したのがASEANとの協力関係の強化である。さらに、インドや太平洋地域を取り巻く国々とも協力強化が図られた。中露両国とは一部で協力関係を推進できたものの、攻勢的姿勢を続ける中国は日本の安全保障にとって引き続き深い懸念となっている。韓国との関係は改善されていない。一方、国連平和維持活動(PKO)以外の枠組みで国際貢献が推進された。

　19年は、経済および科学技術分野における安全保障上の課題が顕在化した時期でもあった。特に、中国をめぐり、ガス田開発、海底調査、海底ケーブル、「5G」の情報通信、人工知能(AI)などの経済・科学技術が問題視されており、今後日本の経済安全保障の喫緊の課題の一つになっている。

　また、新型コロナウイルスの感染拡大はもはや公衆衛生上だけの問題でなく、日本の安全保障にとっても重大な懸案事項になりうる問題となっている。

外交・安全保障

調印60周年を迎えた日米安全保障条約

　2020年1月、日米安全保障条約調印60周年を迎えた。日米同盟はこれまで国際安全保障環境の変化に柔軟に適応し、いまや日米両国の平和と安定だけでなく、アジア、インド太平洋、国際社会の平和の礎にもなっている。安倍首相が都内の記念式典で「日米安保条約はいつの時代にも増して不滅の柱。アジア、インド太平洋、世界の平和を守り、繁栄を保障する柱」と挨拶し、トランプ米大統領もまた同様に「両国の盤石な同盟は過去60年間にわたり、米国と日本、インド太平洋地域、全世界の平和と安全、繁栄に不可欠であった」との声明を出した。日米同盟の重要性と役割の大きさが両国間で改めて確認されたことは、両国において今後の同盟を国際公共財として発展させていく強固な決意があることを示している。19年においては日米首脳会談が5回、日米首脳電話会談も6回実施されたほか、5月にはトランプ大統領夫妻が令和時代初めての国賓として訪日し、日米関係の緊密さを国内外に印象付けることとなった。

　この一年間、日本は昨年に引き続き安全保障上の様々な課題や不安定要素に直面することになった。4月に開催された日米安全保障協議委員会（日米「2プラス2」）では、その課題や不安定要素に柔軟に対処できるように、米国との安全保障・防衛協力に多層的に取り組み、同盟の抑止力および対処力の強化を図っていくことが確認された。その特色は大きく3点に集約される。第一は、同盟がインド太平洋地域の平和、安定および繁栄の礎であること、また日米両国がともに「自由で開かれたインド太平洋（FOIP）」の実現に取り組むことの重要性を踏まえ、共同訓練や寄港等を通じ、地域のパートナー国と連携を図りながら共同で地域におけるプレゼンスを高めていくことである。15年の「日米防衛協力のための指針」でも地域およびグローバルな平和と安全のための協力が確認されたが、今回の日米「2プラス2」では日米両国がFOIPの実現という具体的な目標を掲げたことに特色がある。東シナ海や南シナ海における一方的かつ威圧的な現状変更の試みに対し日米両国が強く反対していること、そして日米安保条約第5

条が日本の尖閣列島に適用され、同島において日本の施政を損なういかなる行動にも拒絶することが改めて強調されたことは、攻勢的な活動が止まない中国の動きを牽制する上で重要な意味を持つ。

　第二は、ここ10年間で軍事科学技術が著しく進化したことを受けて、宇宙・サイバー・電磁波の新領域と陸海空の従来領域を融合した領域横断（クロス・ドメイン）作戦において必要な能力を獲得・強化していくことである。この点においては、18年12月の防衛計画の大綱（30大綱）を含め日米両国が戦略的政策文書の整合性を図るとともに、日本のディープ・スペース・レーダーの開発や日本の準天頂衛星システムへの米国の宇宙状況監視（SSA）ペイロードの搭載を通じてSSA能力の向上を図ることの重要性が強調された。サイバーの分野でも協力強化を図ることが確認された。サイバー攻撃が日米安保条約第5条で規定された武力攻撃に当たり得ることが確認されたことは、日本がサイバー攻撃を受けた際には防衛出動を発動させ、米国と共同で対処することを意味しており、15年のガイドラインよりも一歩踏み込んでいる。

　第三は、国連安保理決議に則り、パートナー国と連携しながら北朝鮮の保有するすべての大量破壊兵器と弾道ミサイルを「完全で検証可能かつ不可逆的（CVID）」な形で放棄させることである。これは、これまでの米朝首脳会談で進展が図られなかったこと、その間北朝鮮が新型潜水艦発射弾道ミサイル（SLBM）や短距離弾道ミサイルの発射実験を重ねたことに対し強い懸念を表したものである。また、洋上で繰り返される瀬取りに対して共同で対処していくことも確認された。これは現在7カ国（日米豪加英NZ仏）で実施されている監視の効果が不十分であることを示している。今回の日米「2プラス2」ではまた、米軍の態勢を強固な状態に維持すること、普天間飛行場代替施設（FRF）を含む在日米軍再編を推進すること、同盟の即応性の向上を図るため相互のアセット防護、後方支援、共同の情報・監視・偵察（ISR）といった分野において協力を着実に推進していくことの重要性が再確認された。これは、米軍の前方展開および即応性が日米同盟の実効性向上のため必要不可欠であることを示す証左である。さらに、日米間だけでなく、日米韓3カ国間で緊密な連携を図ることの重要性も再確認された。これは日米・米韓の両同盟が引き続き相互補完の関係にある

ことを改めて示している。実際、8月の日米防衛相会談では、在韓米軍を含む地域の米軍の抑止力の重要性が確認された。

　またこの一年、政府・軍高官によるハイレベルの防衛交流や各種共同訓練も数々実施された。なかでも特記すべき事項は、20年2月に陸上自衛隊の水陸機動団と米軍の実動訓練が初めて沖縄で実施されたことであろう。

　一方、19年には日米貿易協定および日米デジタル貿易協定が発効されるなど、日米間で経済面においても一定の進展がみられた。特に日米デジタル貿易協定は、日本が今後経済安全保障を推進していく上で重要な意味を持っている。この協定では、デジタル製品の送信について課税しないこと、同種のデジタル製品に同等の待遇を付与すること、アルゴリズムや暗号の開示要求を禁止しないことなどの内容が盛り込まれた。SNS情報流通提供者に対して民事上の責任を求めることも新たに規定された。デジタル貿易分野では、高水準の規定のもと、円滑かつ信頼性の高い自由なデジタル貿易を促進することが期待されている。

　このように日米同盟が深化していくなか、日本自身の防衛努力も着々と推進された。宇宙分野では、宇宙基本計画および宇宙活動法を踏まえ、宇宙航空研究開発機構（JAXA）などの国内関係機関や米国をはじめとした関係国との連携強化を図りながら、SSA体制の構築に向け準備を進めている。また近年、中露が対衛星攻撃兵器の開発を促進していることに伴い、衛星監視可能な人工衛星の導入のため506億円（20年予算）を計上し、日本の情報収集衛星や通信ネットワークの防護力向上に努めている。19年12月には米宇宙軍が発足されたが、防衛省も20年5月に自衛隊初の宇宙部隊となる宇宙作戦隊を新編し、23年から本格的な運用を開始する予定である。サイバー関連では、サイバー防衛隊の拡充として256億円（同）が計上された。

　また、防衛力の持続性・強靭性の強化を図る一環として、日本国内における米軍の訓練環境の改善が図られている。米空母艦載機の離着陸訓練（FCLP）の新たな候補地となった馬毛島（鹿児島県西之表市）では、地権者との合意が完了しており、20年1月に環境アセスメント（環境調査、気象調査、測量調査、土質調査、地下水調査）が開始された。加えて、日米の相互運用性を向上させる動きもあり、19年12月には戦闘機F-2の後継にあたる「将来戦闘機」のコンセプト案

が自民党国防部会幹部会に提示された。

顕在化する日米間の不安材料

　ヤング駐日米臨時代理大使も言及しているように、日米同盟の最も卓越した強さは同盟が時代の変化に応じる柔軟性と適応力を兼ね備えていることである。この一年間もその柔軟性と適応力が試されることになった。第一は、トランプ政権の掲げる「米国第一主義」とトランプ大統領自身による「予測不可能性」の手法の影響である。トランプ大統領はこれまで同盟関係や国際協調を軽視するような発言を繰り返してきたことから、各国では米国との同盟関係の信頼性を心配する動きが絶えない。日本もその例外ではない。19年6月、米国内でトランプ大統領が日米安保条約の破棄に言及したとの報道があったが、菅官房長官は「報道にあるような話はまったくない」と急遽日米同盟が健在であることを改めて強調せざるを得ない状況になった。

　一方、日米両政府で同盟の重要性が叫ばれるなか、7月にハガティ駐日大使が辞任したが、後任者が8カ月以上も任命されなかったことは懸念材料であると言えよう。翌年3月には保守系シンクタンクであるハドソン研究所のワインスタイン所長が正式に駐日大使に任命されたが、同盟国の大使の座が空席になったこと自体、トランプ大統領がどこまで日米同盟を重視しているのか疑問の余地を隠せない。また、20年4月、米国は「動的戦力運用」構想の一環としてグアムに配備されていた戦略爆撃機B - 52の拠点を米本土に切り替えることを決定したが、それが今後米国の抑止力や即応性の効果にどのような影響を及ぼすか注視すべきである。

　同盟の信頼性や「米国第一主義」を優先するトランプ大統領の姿勢について、日米両国民間で見解の相違があることも気掛かりである。12月に実施された日米共同世論調査によると、日本で米国を「信頼している」と回答した人は37％（前回30％）に留まり、「信頼していない」と答えた55％（同55％）よりも約20％低かった。米国では日本を「信頼している」が全体の73％（前回70％）を占め、「信頼していない」の24％（同24％）を大きく上回っている。一方、トランプ政権の「米国第一主義」に対する日本側の評価は厳しく75％が「評価しない」と答えており、

米国の状況（「評価する」51％、「評価しない」45％）と大きく異なっている。

　第二は、米朝会談に進展がみられないなか、日米両国が弾道ミサイル防衛（BMD）システムの強靭性向上のために進めてきた地上配備型迎撃システム「イージス・アショア」の配備について問題が発覚したことである。もっとも、BMDをめぐっては19年においても一定の成果があった。06年以来進められてきた、能力向上型の迎撃ミサイル（SM‐3ブロックIIA）については、8月に最大73発のミサイル（約33億ドル相当）を日本に売却する計画が承認された。翌3月には海上自衛隊7隻目となるイージス艦「まや」が就役したが、これには「共同交戦能力（CEC）」が海自艦として初めて搭載され、対空防護力の強化が図られている。しかし、BMDシステムの強靭性の強化のためには、多層的なシステムの構築が鍵となっており、「イージス・アショア」について進展が図られなかったことは日米両国にとって痛手である。19年5月に地元自治体への説明資料に重大な誤りが発覚したことなどを受けて調整が難航したが、翌2月には自民党秋田県連会長がその配備構想の見直しを求める要望書を河野防衛相と菅官房長官にそれぞれ提出している。また、政府が新屋演習場（秋田市）への「イージス・アショア」配備を事実上断念したとの報道もあり、調整はさらに難航しそうである。

　第三は、在日米軍駐留費をめぐる問題である。トランプ大統領は就任当初から「ディール」を強調し、日本をはじめ同盟国による米軍駐留費負担額の少なさについて不満を漏らしていた。20年3月に在日米軍駐留費の負担を定めた日米特別協定の期限が切れたが、それに先立ち1月にはナッパー米国務次官補代理（日本・韓国担当）が米軍駐留経費の負担増大を求める対象に日本も含まれているとの見解を示した。しかし、日本は米軍駐留費の負担割合は諸外国に比して圧倒的に高く（米軍が04年に発表した米軍駐留費の各国別負担割合では日本が74.5％で最大）、19年にはその額は1,974億円にも達している。在日米軍が、日本の防衛のみならず、米国自らのプレゼンスや米軍の前方展開の維持・強化のために役割を担っている現状を踏まえれば、今後は運用面だけでなく財政面においても健全な同盟の在り方を追求していくことが求められることになろう。

　第四は、日米それぞれが掲げるFOIPについて乖離が顕在化していることである。これまで開催された日米首脳会談および日米「2プラス2」などの場では、日

米両国間でFOIPの実現に向けて協力を一層強化していくことが再三にわたり確認されてきた。実際、日米両国は、法の支配や航行の自由など、今日の国際秩序を形成する基本的価値を共有しており、インド太平洋地域が抱える様々な課題に共同で対処してきた。しかし、日米のFOIPには温度差があることを認識しておく必要がある。米国のFOIPでは、対中強硬姿勢が色濃く反映されており、安全保障的側面が強い。19年6月の国防総省報告書「インド太平洋戦略レポート」や11月の国務省文書「自由で開かれたインド太平洋」は、基本的に国家安全保障戦略（17年）および国家防衛戦略（18年）の内容を踏襲している。一方、日本のFOIPはすべての国の受入れを念頭においた包摂的な構想であり、特定の国を排除するような排他的な性質を有するものではない。実際、政府は一定の条件下で中国と第三国協力を推進しようとしている。また、日本の構想が16年のアフリカ開発会議（TICAD）で初めて提唱されたことからも明白なように、FOIPは当初開発分野を主体に進められ、その後国際安全保障環境の変化とともに発展して、現在開発と安全保障の両側面を兼ね備えたものになった。安全保障分野を全面的に押し出した構想ではない。FOIPの名称が「戦略」から「構想」に変更されたのもそのためである。

　さらに、日本の構想では、ASEANの中心性が中核をなしているが、それはASEANに対するトランプ政権の姿勢と必ずしも一致していない。トランプ大統領は18年に東アジアサミット（EAS）とアジア太平洋経済協力会議（APEC）への参加を見送ったが、これを受けてASEAN諸国ではインド太平洋地域における米国のプレゼンスに対して依然として疑問を呈する見方が絶えない。また、19年6月にASEAN首脳会議で採択された「インド太平洋に関するASEANアウトルック（AOIP）」では、ASEANの中心性、対話・協力、経済の重要性が強調されているが、これは婉曲的には中国を刺激したくないASEAN諸国が中国を囲い込むような政策への参加や協力を拒絶していることの表れである。今後、日米両国はインド太平洋に対する認識を今一度共有していくことが求められているが、日本が米国のように自国のFOIPにおいて対中強硬姿勢を色濃く反映しようとすれば、それはASEANの支持を全面的に失うことを意味するものであろう。

主要国としての日本の自立性・指導力の発揮

　19年は、日本がG20大阪サミットおよびTICADなど主要な国際会議を主催した重要な年でもあった。近年、経済・イノベーション・開発・環境・エネルギーの各分野と安全保障の結びつきが強まるなか、両会議で一定の成果を収めることができたことは、国際社会の平和と安定、繁栄の実現のために日本が今後一層重要な役割を担う能力と意思を保持していることを示しており、日本がFOIPを推進していく上でも重要な意味を持つ。

　日本が初めて議長国を務めた6月のG20大阪サミットは、近年グローバル化の影響への不安や不満が高まるなか開催されることになったが、今日の国際的課題である「世界経済、貿易・投資」、「イノベーション（デジタル経済・AI）」、「格差への対処、包摂的かつ持続可能な世界」、「気候変動・環境・エネルギー」の4分野について各国が共有できる点を見出すことを主眼に議論が展開された。最終的にG20が共同して「大阪首脳宣言」およびテロに関連したインターネットの悪用防止に関する文書などを採択できたことは、高く評価すべきであろう。しかし、環境問題と通商問題をめぐって参加国間の分裂が顕在化したこと、G20全体としてよりも二国間の首脳会談が重点的に実施された傾向があったこと、またイラン問題をめぐり各国の駆け引きがあったことなどから、本会議の成果を悲観的に捉える見方も少なくない。

　8月の第7回アフリカ開発会議（TICAD7）は、全体テーマとなった「アフリカに躍進を！ひと、技術、イノベーションで。」のもと、ビジネス促進の重要性を中心に議論されたことに特色がある。本会議では、前回の会議の2倍を超える企業が参加、TICAD史上初めて民間企業が公式なパートナーとして位置付けられ、日本・アフリカ官民の直接対話が実施されることになった。また、開発、平和と安定など幅広い分野が議論されたほか、日本の取組（民間投資の拡大、ユニバーサル・ヘルス・カバレッジの拡大といった人間の安全保障・SDGsの実現、アフリカの自主性を尊重した制度構築とガバナンス強化など）を提示できたことは、大きな成果である。加えて、「横浜宣言2019」ではTICAD採択文書として初めて日本のFOIPを好意的に捉える内容が含まれたが、その意義は大きい。

　一方、昨今トランプ政権が対イラン強硬姿勢を貫くなか、日本はイラン問題を

めぐって自主的な外交を推進することが求められることになった。日米同盟が日本の外交・安全保障政策の骨幹を形成していることに変わりはないものの、中東地域の石油資源に大部分を依存している日本にとって、イランとの関係を含み中東諸国との関係を悪化させるような政策をとることは死活問題となる。これを踏まえ、19年では日本は米国およびイランそれぞれとのパイプを生かして独自の外交を展開した。6月には安倍首相が日本の首相として41年ぶりにイランを訪問し最高指導者ハメネイ師と会談、12月には現職大統領として19年ぶりに来日したローハニ大統領と会談し核合意の完全な履行を要請した。また、海上自衛隊の中東派遣については米国主導の海洋安全保障構想「センチネル（番人）作戦」とは異なる枠組みで実施することが閣議決定された。翌1月に安倍首相が中東3カ国を歴訪した際には、緊張緩和に向けた連携の重要性を強調して指導力を発揮している。

　また、日本は核拡散防止条約（NPT）においても自主的な外交が求められている。20年3月にはNPT発効50周年を迎えたが、NPT再検討会議では軍縮・不拡散イニシアティブ（NPDI）メンバーの一員として、今後核保有国と非核保有国がどのような形で軍縮という共通目標に向けて歩み寄ることができるか具体的な舵取りを担うことが求められることになろう。

大きく進展したASEANとの安全保障協力

　19年は、日本がFOIPを推進させる一環として多層的な安全保障体制の強化を図った一年でもあった。なかでも進展したのがASEAN諸国との関係強化である。ASEANはアジアにおける各種地域機構で中心的な役割を果しているばかりでなく、南シナ海において緊要な海上交通路を構成しているとともに、日本のFOIPの中核をなしている。11月の第22回日・ASEAN首脳会議では、前年に採択された「日・ASEAN友好協力45周年記念第21回日・ASEAN首脳会議共同声明」を踏まえ、戦略的パートナーシップをさらに強化していくことのコミットメントが再確認された。また、安倍首相がASEANのAOIPを全面的に支持し、日本のFOIPとのシナジーを図ることの重要性について強調できた意義は大きい。

　インド太平洋諸国の中でも、近年防衛省が特に重視してきたのもASEANとの安全保障協力の強化である。16年11月に提唱された「ビエンチャン・ビジョン」以降、日本はこれまで推進してきたASEAN個別の国を対象とした協力体制に加え、ASEAN全体の能力向上を図れるような包括的な協力体制の構築を図ってきたが、19年11月にはそのアップデート版「ビエンチャン・ビジョン2.0」を提唱した。この構想では、「FOIPの維持・強化」の重要性を踏まえ、日・ASEANの戦略的パートナーシップの強化およびASEANの中心性・一体性・強靭性を重視した協力体制の推進の重要性が強調されている。また、自衛隊の協力態勢の特色を反映した防衛協力実施のための三原則（心と心の協力、きめ細やかで息の長い協力、対等で開かれた協力）も明記された。防衛省内では、19年7月に防衛政策局内に「インド太平洋地域協力企画官」のポストが新設され、政府全体で推進しているFOIPと防衛省の推進する防衛協力の一体化が図られている。

　一方、ASEAN諸国との協力関係をめぐっては、課題も浮き彫りになっている。第一は、日本のFOIPとASEANのAOIPの関係である。米中の戦略的競争が激化するなか、ASEAN諸国は米中いずれか一方に肩入れせざるを得ない状況に巻き込まれることを警戒している。日本のFOIPがASEANの主要原則（一体性・中心性、包摂性、透明性）を包含していることについてASEAN諸国は支持しているが、FOIPに対して全面的な支持を表明することに慎重な姿勢を見せている。また、日米豪印（QUAD）などのメカニズムはASEANの中心性を損なうものとみており、懐疑的である。今後日本が米国のFOIPのような対中強硬姿勢を強く反映した政策を追求していくことになれば、それは必然的にASEAN諸国からの支持を失い、その結果FOIPの正当性をも失うことになることを十分認識しておく必要があろう。

　第二の課題は、北朝鮮をめぐる問題である。現在ASEANに加盟する10カ国はすべて北朝鮮と国交があるが、近年ASEAN諸国を拠点に北朝鮮との間で不正な経済活動や制裁逃れが一部で行われていることが問題になっている。国連の北朝鮮制裁委員会・専門家パネルの年次報告書によると、これには瀬取りや直接輸送による北朝鮮への石油精製品や石炭の密輸出、北朝鮮労働者による外貨稼ぎ、資金洗浄などが含まれている。今後日本は北朝鮮に対する制裁につ

いてASEAN諸国に協力を仰ぐ必要がある。

新たな局面を迎えた日印関係

　19年は日本がインドとの安全保障協力の強化を図った時期でもあった。2000年代半ば以来、インドは日本がインド太平洋地域で外交・安全保障政策を展開していく上で重要な鍵となっている。とりわけ日印関係が「戦略的グローバル・パートナーシップ」から「特別戦略的グローバル・パートナーシップ」に格上げされたことに伴い、現在では幅広い分野において協力関係の強化が図られている。日印首脳会談は、G20大阪サミット、東方経済フォーラム、各種ASEAN関連会合の機会を捉えて開催され、安全保障・防衛協力はもとより、デジタル、第三国協力、東アジア地域包括的経済連携（RCEP）などの課題について意見の交換がなされた。日印両国がそれぞれ推進するインド太平洋構想の実現に向け努力することで認識の共有も図られている。

　安全保障の分野では、11月に初めて外務・防衛担当閣僚協議（2プラス2）が開催された意義は大きい。ここでは、08年の「安全保障協力に関する共同宣言」と安全保障協力を促進するために策定された09年の「行動計画」に基づき二国間の安全保障協力を進めることの重要性が改めて表明されたが、今後日印間で安全保障と防衛協力の更なる強化が期待されている。また、18年10月の日印首脳会議では物品役務相互提供協定（ACSA）締結に向け交渉を開始することが発表され、19年にはその協議が進められた。締結できれば日印間で部隊の相互運用性が向上することになる。一方、18年12月にインド洋地域情報融合センターが設置されたことを受けて、19年には海洋安全保障および海洋状況把握（MDA）の両分野において日印が一層協力して能力構築支援を推進していくことが確認された。

　またこの一年、各軍種間で防衛交流が推進された。海上部隊間や海上警備当局間の訓練はこれまでのように引き続き実施された。9月末からは日米印3カ国共同訓練「マラバール2019」が行われたほか、それに先立ち7月には2回目となる日米印機雷掃海訓練が実施された。翌1月には、18回目となる海上保安庁とインド沿岸警備隊との合同訓練がインド南部チェンナイ沖で行われた。また、近年

では陸上・航空部隊間の防衛交流も積極的に推進されている。10月末には、陸上部隊間で昨年に引き続き2回目となる対テロ実動訓練「ダルマ・ガーディアン2019」が実施された。一方、航空自衛隊は昨年12月に引き続き10月にインド空軍と「シンユウ・マイトゥリ」を実施し、航空輸送能力の向上を図っている。

　このように日印両国間で安全保障協力が進むなか、日本はASEANとの関係と同様、インドのインド太平洋構想との隔たりを埋め合わせすることが課題となっている。18年に発表されたインド版インド太平洋構想は、日本のFOIPと同様に、ASEANの中心性、開放性、包摂性を重視しているが、日本の構想とは異なり経済面に重点を置いており、安全保障的側面を含んでいない。日印両国が米国との協力関係を深めていく上でこの隔たりをいかに是正するかが当面の課題になろう。

太平洋地域における協力強化の動き

　近年、太平洋地域の重要性が増している。日米、日豪、米豪などを繋ぐ海上航路を形成するこの地域は、グアムやダーウィンをはじめ米軍の駐留地域でもあり、米国がアジアにおけるプレゼンスを維持・強化していく上で重要な鍵となっている。一方、ソロモン諸島およびキリバスが19年に台湾との国交断絶を図り中国との外交関係を構築したが、中国の「一帯一路」構想の影響力が拡大している地域でもある。

　太平洋地域はもとより日本が戦前に国際連盟の委任統治を行った地域であり日本との歴史的繋がりは深いが、日本との協力が本格的に推進されたのは1997年に開催された太平洋・島サミット（PALM）以降である。いまでは、①法の支配に基づく海洋秩序を通じた安定の維持、②強靭かつ持続可能な取組に基づく永続的な繁栄の追求、③人の往来・文化交流の活性化、④国際場裡における協力を含む地域の協力・統合への支持といった共通ビジョンのもと、パートナーシップの強化が図られている。8月には河野外相が外務大臣として32年ぶりに太平洋島嶼国を訪問したが、今後一層日本と太平洋島嶼国との関係強化が求められるであろう。

　一方、日本はこれまで長らく太平洋島嶼国へのコミットメントを積極的に強化し

てきた豪州との協力関係も進展させている。6月に引き続き、8月には日豪首脳会談が実施され、「特別な戦略的パートナーシップ」のもと、FOIPの実現に向け認識の共有を図っている。第9回日米豪閣僚級戦略対話では、G20で確認された原則のもと質の高いインフラ投資を推進させ、海洋保安能力構築支援でもさらに連携を深めていくことが確認された。加えて、9月には日豪共同訓練、11月には日豪防衛相会談が開催された。

　また、日本は近年欧州をはじめインド太平洋諸国以外の国々とも関係強化を図っている。なかでも推進されているのが、ニューカレドニアおよび仏領ポリネシアなどインド太平洋地域においてプレゼンスを保有するフランスとの友好関係の強化である。6月の日仏首脳会議では、「『特別なパートナーシップ』のもとで両国間に新たな地平を開く日仏協力のロードマップ（2019‐2023年）」が発出され、航行の自由・海洋安全保障、気候変動・環境・生物多様性、質の高いインフラの3点を中心に協力関係の強化を図っていくことが確認された。2月には河野防衛大臣が前年11月に引き続きパルリ仏軍事大臣と会談したが、FOIPの実現に向け具体的な協力を推進していくことが確認された。

　19年はまた、第4回多国間海洋安全保障演習、日米印比海上共同訓練、日米豪仏海上共同訓練、日米印海上共同訓練「マラバール2019」など数多くの多国間海上共同訓練が太平洋地域で実施された一年でもあった。

日中関係－協調と緊張の狭間で

　日中関係では、習近平国家主席の国賓来日が調整されるなど、協調ムードが一部にあった一年であった。12月にはG20大阪サミット以来約半年ぶりに日中首脳会談が開催され、「日中新時代」の実現を目指すことが確認された。北朝鮮問題では、制裁緩和を求める中国と国連安保理決議の完全な履行を求める日本との間で見解の相違があるものの、完全な非核化に向けて連携していくことが確認されたことは成果である。また、偶発的な衝突を回避する「海空連絡メカニズム」などを通じ、海洋安全保障分野で協力を進めることで認識の共有を図られたことの意義は大きい。

　しかしながら、自民党の一部から習近平国家主席の国賓待遇への批判が高

まったように、中国をめぐっては尖閣諸島周辺海域をはじめ東シナ海での中国の活動、中国国内における邦人拘束、香港・台湾情勢、南シナ海の動向など懸念材料が多々ある。加えて、アジア地域では近年日米の対中軍事的優位性が相対的に低下しつつあることも憂慮すべき事項である。中国が発表した19年の国防予算は約1兆1,899億元（約20兆2,279億円）であったが、これは過去最高となった日本の20年の防衛予算5兆3,133億円の4倍に近い。

　19年においても中国軍による攻勢的活動は続けられ、東シナ海や対馬海峡付近を含み日本を取り巻く国際安全保障環境は依然として厳しい状況にあった。航空自衛隊機の緊急発進回数は過去3番目に多い947回を記録、うち中国機に対する件数は675回に上り、全体の71％（前年比7ポイント増）を占めた。また、新型コロナウィルスの感染が世界中に深刻化している状況下においても、尖閣諸島に対する挑発的な行動が続けられた。20年1月－3月までの間、尖閣諸島周辺の接続水域内に進入した中国公船の数は289隻に増加している（前年同期比57％増）。

　一方、昨今中国軍が太平洋方面に活動範囲を拡大していることも懸念材料となっている。この一年、H6爆撃機やY9早期警戒機が沖縄本島と宮古島の間を航行して太平洋方面に進出した件数は5回、空母「遼寧」が沖縄本島・宮古島間の公海上を通過した件数は6月以来3回ある。20年4月にも「遼寧」など6隻が同海域を南下して太平洋に入ったことが確認されている。南シナ海についても、「遼寧」が訓練を開始しているほか、行政区の設置が発表されるなど、緊張が高まっている。

　また、12年の合同海軍演習「海上連携」以降、中露が安全保障協力の強化を図っていることも憂慮すべきことである。19年6月、両国は関係を「新時代の中露包括的・戦略的協力パートナーシップ」に格上げしており、同月にはロシア軍爆撃機が初めて台湾周辺を飛行、7月には中露の爆撃機が対馬海峡と尖閣列島付近で初めて合同空中哨戒飛行を実施、9月には中国軍が前年の「ヴォストーク2018」に引き続きロシア軍の大規模演習「ツエントル2019」に参加している。山崎統合幕僚長も「中露の連携もしっかり注視していきたい」と懸念を表明している。

　このほか、中距離核戦力（INF）全廃条約が失効した今、米露のみならず中国

の核兵器・ミサイルの管理をめぐる問題も日本の安全保障にとって重大な課題となっている。

　日本にとって中国との関係改善を図ることは経済交流の拡大をさらに図っていく上で意義は大きい。しかし、米中対立が深まるなか、中国の対日接近には米国の同盟国日本を取り込む狙いがあるとも考えられ、十分に注意を払う必要がある。加えて、近年中国出身者が国連専門機関計15機関のうち4機関 - 国連食糧農業機関（FAO）、国際民間航空機関（ICAO）、国際電気通信連合（ITU）、国連工業開発機関（UNIDO）- でトップの座に就いたが、今後中国の意向が強く反映される可能性がある。日本としても一層慎重な姿勢が必要となろう。

泥沼化が続く日韓関係

　日本の防衛のみならず、アジア、インド太平洋、世界の平和と繁栄を実現していくために日米同盟は必要不可欠であり、それを相互補完する米韓同盟の存在は大きい。その意味においても日韓両国の良好な関係は日本の安全保障にとってきわめて重要である。しかしながら、日韓関係は前年に引き続き19年においても一向に改善されることはなかった。

　18年秋に韓国大法院が徴用工問題で日韓基本条約と相容れない判決を下したことや、12月に韓国海軍が自衛隊機に対して火器管制レーダーを照射した事案が発生したことで一層悪化した日韓関係は、19年においてもその影響を受けることになった。6月にレーダー照射事案後初めて開催された日韓防衛相会談では、岩屋防衛大臣が韓国側に対して事実関係を認めて再発防止に取り組むよう改めて求めたものの、鄭国防大臣は「事実無根」と反論し、話は平行線に終わっている。7月には日本が安全保障上の理由から韓国向けの半導体素材の輸出管理を強化したことで両国の関係はさらに悪化し、11月には韓国が日韓軍事情報包括保護協定（GSOMIA）の破棄を通告したことで泥沼化した。韓国は米国の説得で協定の破棄通告を一時保留したが、日韓間の緊張関係が改めて露呈することになった。12月には日韓首脳会談が1年3カ月ぶりに開催されたが、ここでも日韓関係の改善の兆しは見られなかった。一方、翌年1月には、日米韓3カ国外相会談が開催されたが、ここで弾道ミサイル発射の挑発行為を繰り返す北朝鮮に

対して連携の強化を図ることが確認されたことは、日韓関係の改善に向け一定の効果があったといえる。しかし、北朝鮮問題をめぐっては対北朝鮮制裁の徹底を追求する日米と、北朝鮮との経済協力推進を図りたい韓国との間で温度差があり、共通の認識が図られなかった点は今後の大きな課題となっている。

　20年に入り、文政権が新型コロナウィルスの感染拡大問題をめぐっても対日強硬姿勢を崩さなかったことは遺憾である。日本の植民地支配に抵抗した「3・1独立運動」の記念式典では、文大統領が徴用工問題など日韓関係の懸案事項に直接触れず、疫病の感染対策で日韓協力の必要性を訴えたことは評価できる。しかし、日本がその直後5日にウィルスの感染拡散防止を理由に中韓両国からの入国者制限を決めると、韓国はその姿勢を一変させ即時に対抗措置をとった。翌6日の段階で、韓国からの入国制限を決定した国・地域の数は102に上っていたが、韓国が対抗措置を取った国は日本だけだったことを踏まえれば、この対抗措置は文政権による対日強硬姿勢の一環として捉えることができる。4月の総選挙の結果、文政権の政治基盤が強化されることになったが、日韓関係の緊張関係は今後当分続くことになろう。

進展しない日露の平和条約締結交渉

　日露関係では、5月に第4回日露外務・防衛閣僚協議（2プラス2）が開催され、安全保障分野において日露間の信頼醸成の努力が推進されたことは一定の成果があったといえる。ここでは、北朝鮮情勢をはじめとする地域情勢、日露両国の国防政策、防衛交流について意見が交わされたが、ロシア側における最大の懸念事項は、日本のミサイル防衛システムであることが改めて確認された。岩屋防衛大臣からは、「イージス・アショア」を含む日本のミサイル防衛システムは純粋に防御的なものであってロシアをはじめ他国に脅威を与えるものではないことが強調されたが、ロシア側の懸念は解消されていない。

　これに対して、日本の懸案事項は19年においても平和条約締結交渉に進展が見られず、交渉の長期化が改めて露呈したことである。この問題をめぐっては、6月および9月の日露首脳会談の場でも議題に上がり両国が未来志向の努力を図ることで一致したものの、具体的な成果はなかった。一方、今日北方四島におい

てロシア軍が軍備強化を図っていることや、ロシア軍機が日本周辺で活発な活動を展開していることは、日本の安全保障にとって憂慮すべき事項であり、今後注視していかなければならない。

　この一年、防衛当局間で交流が進められたことは歓迎すべき動きである。5月には湯浅陸上幕僚長が訪露、6月中旬にはウラジオストクで日露捜索・救難共同訓練「SAREX」が実施されて部隊間の信頼醸成の強化が図られた。8月下旬には陸上自衛隊中央音楽隊がロシア国際軍楽祭「スパスカヤ・タワー」に初参加し、防衛交流の幅が拡大した。11月下旬にはロシア海軍総司令官エフメノフ大将が海軍トップとして18年ぶりの訪日を果たし、海軍間で相互理解、信頼関係が促進された。またこの一年、海上警備当局間でも協力強化が図られた。7月に岩並海上保安庁長官が訪露したほか、日露海上警備機関長官級会合が開催された。また、11月には第2回世界海上保安機関長官級会合が開かれた。

　19年は、日露関係が経済的に推進された一年でもあった。8項目の「協力プラン」の具体化が進み一定の進展があったことは特記すべき事項であろう。なかでも9月に「北極LNG2」事業への日本企業の参画が決定したことは、日本のエネルギー政策にとって大きな前進である。本事業は北極圏内ロシア領ギダン半島において年間1,980トンの生産能力を持つ天然ガス液化設備を建設するものであり、23年のLNG生産開始以降、北極海航路を通じて日本をはじめ世界各国に対するエネルギーの安定供給が期待されている。一方、ロシアは現在北極圏において軍事的関心を強めており、今後北極海海上交通路の利用や資源獲得競争にも影響がでてくるであろう。

新たな枠組みで展開された国際貢献

　19年は国連平和維持活動（PKO）以外の枠組みで国際貢献が進み、その活動範囲が拡大した一年でもあった。なかでも一番に注目を集めたのが、20年初旬に海上自衛隊の部隊が海上交通路（シーレーン）の安全確保を目的として中東地域に派遣されたことである。12月末の閣議決定を受けて、当初1月にP3C哨戒機2機が派遣されてアラビア海北部で情報収集活動にあたり、その後2月下旬から護衛艦「たかなみ」が活動に参加して日本関係船舶の安全確保の任務にあ

たっている。先に述べたように、この派遣は米国の要請に応えつつもイランを刺激しないよう米国主導の「センチネル（番人）作戦」とは異なる形で実施され、防衛省設置法第4条の「調査・研究」の規定を活動の根拠としている。自衛隊の部隊がこの規定に基づき長期間にわたり海外に派遣される初めてのケースとなる。

　これに先立ち、4月には陸上自衛官2人がイスラエル・エジプト両軍の停戦を監視する「多国籍部隊・監視団（MFO）」の司令部要員としてシナイ半島に派遣されたことも特記すべき事項である。この派遣に際しては安全保障関連法の施行で可能になった「国際連携平和安全活動」の規定が初めて適用された。

経済安全保障と軍事科学技術

一方的に進む中国によるガス田開発

　19年は、米中間の戦略的競争が激化し、それが政治体制や価値観をめぐる世界の覇権争いにも発展したことに伴い、経済および科学技術分野における安全保障上の課題が顕在化した一年でもあった。なかでも東シナ海のガス田開発をめぐって日中間で対立が続いていることは懸念すべき事項である。この問題をめぐっては、もともと日中両国間で08年6月に合意があった。しかしながら、10年9月に中国が交渉の延期を発表して以来、日中中間線付近で中国は一方的にガス田の開発を続けている。13年7月までには16基の海上施設が建設され、現在そのうち12基が稼働している。18年6月および19年3月にも同海域付近で移動式掘削船による試掘とみられる活動が確認されている。また、16年8月にはレーダーと監視カメラが海上施設に設置されたことが確認されている。中国は19年においても交渉再開に応じる姿勢をみせていない。今日の南シナ海と同様、今後は東シナ海においてもヘリコプターや無人機の軍事拠点化する可能性があり、日本の安全保障上の懸念になっている。

日本を取り巻く海底調査の懸念

　4月以降、中国の調査船が日本領海内を調査していることが明らかになり、新

たな懸案材料となっている。報道によると、政府がこの一年確認したケースは、秋田沖および伊豆沖での洋上風力発電施設建設を目的とした海底調査2件、鹿児島沖での海底ケーブル敷設に伴う海洋調査1件であり、いずれも所管官庁がその安全保障上の影響を十分に確認・調整しないまま計画を進めていたことが明らかになっている。これらの経済活動は海底地形などのデータ収集を目的としているが、中国によって軍事利用されるリスクが高い。なかでも秋田沖の調査海域は「イージス・アショア」の配備予定地に近接している。

　これを受けて、4月および6月には政府が海洋調査を行う事業者に対して調査船の所有者やデータ管理の方法など事前申告するよう求めるようになった。海洋調査は日本の安全保障に及ぼす影響は大きいため、20年内に策定される経済安全保障に関する国家戦略に盛り込む予定になっている。

懸念が深まる海底ケーブル問題

　大陸間を結ぶ光ファイバー海底ケーブルも日本の安全保障上の問題になりかねない状況になってきている。現在、世界各地では約400本の海底ケーブルが敷設されており、これを通じて世界の通信やデータの99％が行き来しており、通信インフラの要になっている。海底ケーブルの世界市場のシェアは、米日仏の企業3社で90％を超えているが、近年中国の華為技術（ファーウェイ）社が価格の安さを武器に東南アジアおよびアフリカで事業を急拡大させていることから、問題視され始めている。中国企業がこの分野において事業を拡大していくことになれば、中国製品の使用が広がり、海底ケーブルの基点となる陸揚げ局および中継点で重要な機密データが抜き取られることの懸念が浮上している。

　今日米中間で科学技術をめぐり攻防が繰り広げられるなか、携帯電話の基地局などファーウェイ製の通信機器に対する警戒感が米国を中心に高まっている。日本も18年12月に政府調達からファーウェイ製品の排除することを決めているが、その懸念は海底ケーブル事業においても広がっている。これを受けて、20年1月、政府は光ファイバー海底ケーブルの輸出をめぐり日本企業の支援に乗り出すことになった。

「5G」-激化する情報通信分野をめぐる競争

　情報通信分野にも動きがある。今日高速・大量通信を可能とする次世代通信規格「5G」事業をめぐり各国の対応が分かれるなか、政府は国内企業が安全保障に係わるハイテク機器を導入する際、税制上の優遇措置などの審査によって日本製品を優先的に認定できるよう検討している。19年5月にトランプ大統領が安全保障上の脅威がある外国企業の通信機器を民間企業が調達することを禁じる大統領令に署名したが、日本の措置はこれに追随するものである。一方、現在、情報漏洩防止強化のため量子暗号技術の開発も進められている。

将来戦の行方を左右する人工知能（AI）

　安全保障分野における人工知能（AI）の役割と課題が注目を浴びている。19年11月、米国の人工知能国家安全保障委員会（NSCAI）は国家安全保障・国防を目的とした人工知能（AI）開発を促進するための手段に関する研究の中間報告書を公開した。本報告書は、AIにおける米国の優位性を維持するために必要な取組として五つの原則 - ①研究開発への投資、②国家安全保障上の任務への技術適用、③AI関連の人材の訓練・採用、④米国の技術的優位性の維持とその基盤構築、⑤AI関連分野における国際協力の主導 - を明らかにした。AI技術は、将来戦において情報・監視・偵察（ISR）、兵站、サイバー作戦、情報作戦、指揮通信、半自律型・全自律型車両、自律型致死兵器システム（LAWS）といった各分野で適用される公算が高く、河野防衛大臣が指摘しているように、「ゲーム・チェンジャー」として重要性が高まっている。防衛省は20年の予算で研究開発費として過去最大の1,678億円計上している。

重要性が増す経済安全保障と軍事科学技術

　米中間で科学技術の覇権争いが激しさを増すなか、経済および科学技術の分野が安全保障面に及ぼす影響を懸念する動きが高まっている。日本では20年4月初旬に経済安全保障を強化する一環として内閣官房の国家安全保障局（NSS）のなかに経済班（約20人体制）を新設することになった。この経済班の設置は日本の安全保障政策において大きな節目を意味するものである。

政府は20年内に経済安全保障に係る国家戦略を策定する予定であるが、この国家戦略は、国内の先端技術の保護・育成や海洋権益確保を目的として、①機微に触れる科学技術の保護・育成、②領海などの海洋権益保護、③次世代通信規格「5G」やサイバー対処、④貿易輸出管理や対日投資対策、⑤インフラ（社会基盤）協力の5本柱から構成される予定である。今後日本が経済の成長と発展を図っていくなか、安全保障をいかに確保していくかが喫緊の課題になっている。

深刻化する新型コロナウィルスおよびその対応

水際対処から感染拡大の防止、早期発見・治療へ

　20年3月末、グテレス国連事務総長が新型コロナウィルスの感染拡大について「国連の創設以来、最大の試練に直面している」と忠告したように、19年12月頃に中国の湖北省武漢市で発生した新型コロナウィルスは、いまや地球規模で人類に深刻な影響を及ぼし始めている。その被害の中心は、当初の中国から拡大し、欧州、その後米国へと移っている。日本でもその影響は日々大きくなっている。4月7日未明、日本国内の感染者数は4,902人、死者数は108人に上り（いずれもクルーズ船ダイヤモンドプリンセス号の事例を含む）、同日夕には安倍首相が「緊急事態宣言」を7都道府県に発出することとなった。そして、4月16日には、緊急事態宣言を全国に拡大することになったが、このとき国内の感染者数は1万7人、死者数は204人にも達している。

　1月中旬に日本国内で初めて感染者が確認されたとき、政府は検疫など水際でのウィルス侵入防止に力を入れてきた。しかし、2月に入り病院や屋形船で感染が拡大し、3月には国内の感染者とりわけ感染経路不明者が急増すると、対処方針の焦点をこれまでの水際対処から感染拡大の防止、そして早期発見・治療へと変えざるを得なくなってきており、いまでは検査や医療態勢の整備が急務になっている。その間、自衛隊も感染症の蔓延という国家の危機に対処してきた。集団感染が起きたクルーズ船への対処では約2,700人の自衛官が派遣され、1月末以降には自衛隊中央病院が第一種感染症指定医療機関として武漢からの

帰国チャーター便の有症状搭乗者や国内感染者を受入れている。3月中旬には自衛隊の災害派遣は一旦終了したが、この間感染症対策として過去最大規模約4,900人の自衛官が生活支援（食事・物資の配布など）、医療支援（PCR検査の検体採取、健康相談など）、車両輸送などにあたった。このほか、防衛省系統のホテルグランドヒル市ヶ谷でも、帰国待機者の受入れが開始された。また、政府は病院船の導入に伴う調査費として7,000万円を計上し、20年には海上自衛隊の艦船を「災害時多目的船」として運用する方針を固めている。早急な対応が求められている。

もはや公衆衛生上だけの問題にあらず

　新型コロナウィルスの影響は、公衆衛生だけの問題に留まらなくなってきている。各国では懸命にその拡大阻止に向け、渡航制限や入国制限・禁止が発表されており、なかには都市封鎖を強行する国々もある。それがもたらす経済的影響は計り知れないであろう。一方、疫病の感染拡大は日本の安全保障にも影響を及ぼしている。20年3月に予定されていたミリー米統合参謀本部長の訪日が中止になり、同年5月中旬予定の日仏「2プラス2」も延期された。例年6月開催のアジア安全保障会議の中止も決定している。自衛隊の訓練では、オーストラリアでの射撃競技会の参加が見送られたほか、各種国内合同訓練の延期・中止も決定された。さらに、昨今一般市民に加え、医療関係者、さらには安全保障・治安当局者、在外公館の職員が感染する事例が増えてきている。自衛官については、欧州出張からの帰国者が初めての感染ケースとなったが、その後陸上・海上・航空自衛隊の各部隊にも感染が広がっている。また、海賊対策にあたる多国籍部隊司令部（バーレーン）で活動していた自衛官も感染したことが確認された。自衛隊が活動しているジブチ国内においても感染が広がっており、部隊の補給や交代にも影響が出てきている。今後海外における自衛隊の部隊運用や日本の国際貢献の在り方にも影響をもたらす可能性がある。

　この疫病の感染拡大が今後どの程度広がるのか、現段階では読み切れない。現在在日米軍のみならず、米原子力空母4隻でも新型コロナウィルスの感染者が出ている。米国防総省によると、米軍の感染者は3月末までに累計603人に上り

10日間で8倍以上増えた。感染がさらに拡大していけば、米軍の即応態勢や前方展開、ひいては日米同盟の実効性・抑止力自体にも影響を及ぼすことになるであろう。

　一方、中国国内における感染の終息傾向に伴い、中国は世界の感染防止対策の先駆者として積極的に医療支援外交を展開し始めたが、中国の姿勢に対する各国の反発や不快感は小さくない。4月中旬にはトランプ大統領が世界保健機関（WHO）への資金拠出の停止を発表したが、これはWHOへの中国の影響力に対する反発の表れである。この疫病はいずれの時期に終息していくことになるが、この問題は今後各国内で安全保障と私権の関係、政治体制の在り方、人種差別などの各種問題に発展する可能性がある。国際的には、国際公衆衛生の在り方やサプライチェーンの変動を含む世界経済の動向、さらには国際関係の行方や国際機関と国家の在り方にも影響を及ぼしかねないであろう。これらの問題は、日本の安全保障にとっても重大な懸案事項となりそうだ。

（国家戦略研究所主任研究員　佐野秀太郎）

コラム　外交と音楽

伝統の継承と新たな創造 ―日本の音楽

　日本の外交を展開する上で重要な武器の一つとして芸術・文化があると思う。日本の経済がひと頃の輝きを失った昨今、その感を強くする。なぜなら、日本は他国に引けを取らない超一流の文化を持っているからだ。そしてその特質は、長い歴史の中で育まれた伝統をしっかりと継承しながら、新しい創造に努めていることにある。

　様々な芸術・文化の中で、音楽の分野も例外ではない。日本には古来から伝わる雅楽に始まって、歌舞伎、能、浄瑠璃等の中で使われる「邦楽」があり、楽器も琴、三味線、笛、太鼓と多様である。明治の文明開化以降は、欧米由来の音楽がどっと入ってきて、クラシック、ポピュラーなどの「洋楽」が花開くことになった。現代日本では「洋楽」が優勢だが、その根底には「邦楽」の伝統が脈々と流れていることを忘れてはなるまい。海外で活躍しているアーティストたちを見ると、日本の伝統と西洋発の文化を見事に融合させて成功していることが見て取れる。

　国際文化交流を実施する国際交流基金も、クラシック、ジャズ、邦楽等様々な公演を海外に派遣している。一昨年から半年以上にわたってフランスで展開した大規模な文化紹介行事「ジャポニスム2018」は、300万人を超える観客を集めて好評を博したが、音楽分野でフランス人が喜んでくれたのも、伝統的な作品と、その上に育った現代的な作品の双方であった。

　例えば、雅楽は西洋音楽の既成の価値観を揺さぶるものとして衝撃をもって受け止められ、千年以上前に生まれたにも拘わらず現代音楽として斬新で刺激的だとの評価を頂いた。本格的な能舞台を持ち込んだ能公演では、謡の音楽に叙事詩な美しさがあるとお褒めにあずかった。

　こうした伝統物だけでなく、現代のポップカルチャー的な音楽も人気が高かった。和太鼓の公演は、笛、琴、三味線等の和楽器を組み合わせながら、スピーディでダイナミックな現代風の演出を施して会場を沸かせたし、バーチャルシンガーの初音ミクによるライブコンサートでは、5,000席の大会場を埋め尽くした若者たちが一斉に立ち上がって踊り出し壮観だった。アニメや漫画を原作とする「2.5次元ミュージカル」もまた、欧州中からファンが大勢押し寄せて熱狂した。

　このように、いにしえの昔から現代へと続く創造活動を今後も活発に続けて行く上で、私たちはともすれば忘れられがちな「邦楽」をもっと大切にしていかなければいけない。特に学校教育において学ぶ機会をもっと増やし、継承に力を入れていくことが必要と思う。

安藤裕康
国際交流基金理事長

第2章　米　国

概　観

　2019年、米国防総省はインド太平洋地域の安全保障課題に対する包括的な目標を示した文書として、「インド太平洋戦略報告書」を発表した。国防総省のインド太平洋戦略は、米国を太平洋国家と位置付け、地域の同盟国とのネットワークを強化していくという点で、オバマ政権のアジア・リバランス政策との連続性を感じさせるが、トランプ政権が発足当初から追求してきた中国との対決姿勢をより鮮明にしている点や、同盟国に対して公平な負担分担を要求している点には、トランプ政権の独自性が表れている。こうした傾向は、国防総省で行われている世界規模での米軍の態勢見直しや、中国・台湾・朝鮮半島情勢などと連動して、日本や韓国などとの同盟関係に大きな影響を与えることが予想される。

　トランプ政権の独自性は、中東諸国との関係においても顕著となった。18年5月のイラン核合意（JCPOA）からの離脱に象徴されるように、トランプ政権はオバマ政権のレガシーを否定する形で、強硬な対イラン政策を推し進めてきた。19年には、イランに対する締め付けを一層強めたが、ホルムズ海峡周辺や湾岸地域においては散発的な攻撃が相次ぎ、地域情勢は不安定化した。更に19年末から20年1月にかけては、イラン側からの米軍施設への攻撃をきっかけに、米側による革命防衛隊コッズ部隊のソレイマニ司令官の殺害に発展し、両国の応酬が更にエスカレートすることが懸念された。

　一方、20年の大統領選挙で再選を目指すトランプ大統領は、公約に掲げていた中東からの米軍撤退の実現に乗り出した。シリアでは、同国北東部に駐留する米軍を突如全面撤退させることを決め、支援を続けてきたクルド勢力を事実上見捨てる形で、隣国トルコの越境軍事作戦を容認した。その結果、米軍がいなくなった空白地帯において、シリア政府とそれを支援するイラン、ロシアの影響力拡大を招くこととなった。アフガニスタンでは、01年以来初めて米・タリバン間の和平合意が結ばれ、米軍部隊の段階的撤退が始まったが、アフガニスタン政府とタリバンの関係は不安定であり、先行きは不透明である。

　そうした中、米軍の体制は中国との戦略的競争を見据えて、大きな変化を遂げつつある。19年12月には、第6の独立軍種として宇宙軍が創設された。宇宙軍は、宇宙作戦に通じた人材の育成や、相対的に軽視されてきた軍事宇宙関連システムに関する研究開発・取得を一元的に所掌することとなる。また8月にINF条約が失効したことに伴い、国防省は地上発射型中距離ミサイルの実験を開始した。地上配備型ミサイルの位置付けは、陸軍や海兵隊の新たな作戦構想と連動し、今後の同盟国とともに対中軍事戦略を具体化していく中で重要な論点となる。

　20年に入り深刻化した新型コロナウイルスのパンデミックは、あらゆる分野での米中の戦略的競争を先鋭化させている。各国は、コロナウイルスへの対処と同時に、コロナ危機後の回復力・影響力をめぐる米中の戦略的競争という二重構造に直面している。中国による危機に乗じた現状変更行動や、デジタル監視技術など社会インフラの他国への移転が、自由で開かれた秩序のあり方と不可分であるとすれば、米中の戦略的競争は、名実ともにかつての「冷戦」構造により近づきつつある。

インド太平洋地域と米国の同盟政策

　2019年6月1日、米国防総省は「インド太平洋戦略報告書（IPSR）」と題する報告書を発表した。「インド太平洋」という概念は、トランプ政権においては17年10月にティラーソン国務長官が行なった米印関係に関する演説で用いられはじめ、翌11月にはトランプ大統領がベトナムのダナンにおいてインド太平洋に関する演説を行った。しかしながら、トランプ大統領のインド太平洋演説は、公平で互恵的な二国間貿易を通じて、米国の貿易赤字を削減することに焦点が当てられており、戦略とは程遠いものであった。

　それと比較して、19年に国防総省から発表されたIPSRは、トランプ政権において初めて同地域の安全保障に関する包括的な目標と課題を示した戦略文書と言える。IPSRでは、米国を「太平洋国家」として位置付けた上で、①準備、②パートナーシップ、③ネットワーク化された地域の推進の三つの「P」を重視して、自由で開かれたインド太平洋地域を追求していくとされた。こうした方向性は、オバマ政権のアジア・リバランス政策—より具体的に言えば、16年のシャングリラ・ダイアローグにおいて、カーター国防長官が言及した「原則に基づく安全保障ネットワーク」—や、18年にマティス国防長官がカーター演説を踏襲する形で強調した「共有された原則」に基づく、同盟国やパートナー国とのネットワーク構想と強い連続性がある。

　一方で、明確な違いもある。第一は、国防省のIPSRは、18年に発表された「国家防衛戦略（NDS）」を踏襲する形で、中国を戦略的競争相手と位置付けている点である。報告書本文では、「修正主義国家としての中国」という項目を個別に設け、中国は自由で開かれた地域・国際システムから多くの恩恵を受けているにもかかわらず、「その利益を搾取すると同時に、ルールに基づく秩序の価値観と原則を侵食することで、国際システムを内側から蝕んでいる」とした。また報告書の発表と同じタイミングで行われたシャナハン国防長官代行のシャングリラ演説では、名指しこそしなかったものの、地域を不安定化させる国家が使う典型的手法として、①係争地域を軍事化し、軍事的威嚇で相手に強制すること、②他国の内政に干渉し、内部から不安定化させること、③強奪的経済や負債を抱えさせるような取引をすること、④国家主導で技術移転を強制することなどを挙げた。

こうした中国に対する厳しい追求は、オバマ政権が中国との直接的な対立や競争を避ける傾向にあったこととは対照的である。

　オバマ政権のアジア・リバランスとの第二の相違は、インド太平洋地域における安全保障を追求する上で、同盟国の公平な負担分担が重視されている点である。これは17年の「国家安全保障戦略（NSS）」やNDSを踏襲するもので、「同盟国が負担分担を拡大すれば、紛争を抑止する能力は強化され、挑戦に対処するための柔軟性を高めることになる」と説明されている。もっとも、IPSRでは米国の同盟国やパートナー国がすでに実施している政策の説明にかなりの分量が割かれている。特に、日本、フランス、インド、オーストラリア、ニュージーランドの高官が18年中に行なったインド太平洋地域に関する発言をまとめて記載しているのは、国防総省の文書としては異例である。同盟国の負担分担を主張しながらも、同時に各国が行ってきた努力を明記するという、ある種の逆説的な気遣いが見られるのは、トランプ大統領自身に同地域に対する関心が見られないどころか、ときに同盟国に対して理不尽とも言える負担増を主張しているためと考えられる。トランプ大統領が東アジアサミットや一連のASEAN首脳会議を連続で欠席したことや、韓国に対する18年の5倍以上となる50億ドル規模の防衛分担金の要求などはその一例と言えるだろう。

　こうした不安を払拭するため、米国議会でもインド太平洋地域に米国が関与し続けていることを示そうとする動きが活発になっている。代表的なものは、18年12月末に可決された「アジア再保証推進法（ARIA）」だが、19年にも米国と同盟国との軍事・外交・経済協力を拡大して中国と競争するための、一体化されたアプローチを展開するため法案として、「インド太平洋協力法」が提出されている。また、NATO、日本、韓国、オーストラリア、タイ、フィリピンなど主要な同盟国が米国との共同防衛において、具体的にどのような貢献をしているかを客観的に評価するための報告書の提出を義務づける「同盟負担分担報告法」が上下両院で提出されている。

世界規模での米軍の態勢見直しへの着手：同盟国への影響
　トランプ政権は、17年末から19年にかけて、国家安全保障戦略（NSS）、　国

家防衛戦略（NDS）、核態勢見直し（NPR）など主な安全保障政策の見直しを完了させた。これらすべてに共通するのは、米国の中長期的な国防投資の方向性を、中国・ロシアを念頭に置いた「戦略的競争（大国間競争）」にシフトすることを前提としている点である。これ以前に、米軍の戦力・前方配備態勢の基礎となっていたのは、G.W.ブッシュ政権期に行われた「世界規模での米軍の態勢見直し（GPR）」と呼ばれるイニシアティブである。GPRが行われたのは、01年以降の「テロとの戦い」、すなわち中東での小規模・非正規戦に対応するためであり、現在の在日米軍や在韓米軍の再編プロセスもGPRの一環として進められた経緯がある。したがって、中国・ロシアとの戦略的競争を前提に、米国がおよそ20年ぶりに世界的な米軍の態勢見直しを行うとなれば、日本や韓国などにおける米軍の前方配備態勢は、朝鮮半島、中国、台湾を含む地域情勢や、同盟国への「公平な負担」を訴えるトランプ大統領の志向とも連動する形で大きく変化する可能性がある。

　現在、国防総省内で行われている米軍の態勢見直しの方向性を読み解く鍵は二つあり、そのエッセンスはいずれもNDS2018に盛り込まれている。第一に重要なのは、米軍の計画・運用体制の「グローバルな統合」という観点である。従来、米国の潜在的脅威は特定の領域に限定されていた。朝鮮半島有事を例に挙げると、1990年代に想定されていた北朝鮮との有事シナリオでは、紛争は朝鮮半島周辺に限定され、地上戦・空中戦・水上戦などがそれぞれ個別の局面として展開されると考えられていたため、作戦計画の立案と実行は在韓米軍が主導し、それを地域統合軍（太平洋軍）が支援するという直線的な指揮統制体制が前提とされていた。しかし、今や北朝鮮は米本土を攻撃しうる核搭載ICBMや限定的なサイバー能力を備えていることを踏まえると、紛争が朝鮮半島に留まらず、在日米軍の防衛（インド太平洋軍・自衛隊との連携）、米本土防衛（北方軍）、サイバー防衛（サイバー軍）、核戦力の運用（戦略軍）などすべての領域に短時間でエスカレートする複雑性を考慮しなければならない。こうした実情を踏まえ、国防総省では、統合軍の計画立案、意思決定、戦力管理、戦力設計の各プロセスの抜本的な見直しが行われており、一例として複数の統合軍が参加する地域横断的なシナリオに基づく机上・実働演習が増加している。また20年1月からはエ

スパー国防長官の指示の下、中国・ロシア対処に必要なリソースの最適な優先順位づけを行うため、地域統合軍と機能統合軍の戦力構成の見直しが実施されている。この作業は20年9月までに完了し、次期NDSの基礎になると考えられる。

　第二に重要なのは、「動的戦力運用（DFE）」と呼ばれる概念である。DFEは、元々定期的なローテーション展開を行なっていた空母の運用を柔軟化するために導入された概念である。03年以降、米海軍は有事への即応とその後の作戦継続のため、30日以内に6隻、90日以内に2隻の空母を増派できる態勢をとり続けてきた。この態勢を維持するため、各空母は修理、整備および訓練に14カ月、その後22カ月の間に7-8カ月の実展開を行い、残りの期間で展開を継続するか、いざという時のために増派戦力として温存するかを判断するという計36カ月のローテーション・サイクルが組まれてきた。しかし、この運用方法には二つ問題があった。一つは、中東地域の混乱や北朝鮮情勢を受けた空母需要の高まりから、展開期間が伸び続けたことで修理・整備にかかる期間や予算を圧迫し、結果的に空母の稼働率が低下してしまったこと。そしてもう一つは、定期ローテーションを組む以上、一定期間に最大何隻の空母が展開できるか、あるいは現在活動中の空母がいつ交代するのかといった運用のタイミングをある程度予想できてしまっていたことである。米空母打撃群の動きが予想できるとすれば、敵は空母プレゼンスが手薄になるタイミングを逆算して、なんらかの現状変更を成功させる可能性が出てきてしまう。そこでNDS2018では、「戦略的には予測可能だが、運用上は予測不可能であること」を目指すとし、以後空母のローテーション・サイクルを不規則に切り替えている。例えば、18年に作戦展開した空母「ハリー・トルーマン」はわずか3カ月で展開を終え、母港に帰投している。この結果、「ハリー・トルーマン」は大規模紛争が発生した際に、短期間で再度任務に復帰できるよう、即応性を回復させるための期間が短縮されたという。

　こうした動きは米海軍だけでなく、空軍にも波及している。20年4月16日、空軍は04年からグアムのアンダーセン空軍基地で行なってきた爆撃機部隊の常駐運用（CBP）を終了させ、今後はDFEに基づき、必要に応じて本土から展開するアプローチに切り替えるとした。こうした動きについては、「中国や北朝鮮のミサイル攻撃を避けるために本土に後退した」、「米軍の防衛コミットメントが低下したと

受け止められる恐れがある」との見方もあるが、そうした懸念を払拭するように、4月21日には本土からB-1爆撃機が飛来し、日本周辺で在日米空軍のF-16、航空自衛隊のF-2とともに合同訓練を実施。また、5月1日には本土から4機のB-1がグアムに再展開し、以後台湾や南シナ海周辺で活発なプレゼンスオペレーションを実施している。進出速度の遅い艦艇と異なり、航空機は必要となれば当日にでも米本土から北東アジアまで展開することができるという特性がある。また、CBPは平時にプレゼンスオペレーションを行う場合の抑止態勢のためのものであるから、米本土から発進する場合の飛行時間とグアムから発進する場合の飛行時間の差が決定的な影響を及ぼすことは考えにくい。さらにアンダーセン基地は、FY2014以降、航空燃料や指揮所の抗堪化、攻撃を受けた滑走路を修復するための資材備蓄の拡張などを行なっており、有事の支援体制は強化されている。

　このようにDFEのもとで行われる米軍アセットの運用は、それぞれがどのような役割を果たすかという特徴の違いを含めて理解する必要がある。地球規模攻撃軍団が管轄する米本土の爆撃機は、西太平洋地域だけでなく、欧州にも頻繁に飛行しており、地域統合軍との連携や指揮統制の整理が一層重要になっていることを示唆している。また今後は、既存の地域統合軍・機能統合軍の垣根が薄れ、台湾有事シナリオに際してもインド太平洋軍だけで対処するのではなく、欧州軍や戦略軍などからも戦力を迅速に配分・展開するといった方法（または東欧侵攻シナリオに対して、インド太平洋軍などから戦力を提供する方法）も考えられよう。しかしながら、このような複雑な地域横断的な戦力運用を実現するには、ロシア対処のためにインド太平洋地域から戦力を追加投入した結果、そこで一時的に戦力低下することが中国や北朝鮮の戦略計算にどのような副次的影響を与えるかといった問題についても考慮する必要があるだろう。

　米国は、韓国との防衛費分担金特別協定（SMA）交渉において、朝鮮半島域外で行われる作戦や演習の経費負担を含め、前年度からおよそ5倍（9.23億ドルから50億ドル）の負担要求を突きつけ、交渉は妥結していない。一方、日米間で締結されている現在の在日米軍駐留経費負担特別協定も21年3月で終了するため、両政府は20年度中にも次期協定を交渉する必要がある。トランプ政権は、日本にも従来以上の負担増を要求してくる可能性が高いが、日本はすでに全体の

72％を負担しているため、単に労務費や光熱費、訓練移転費を増額しただけではすぐに100％に達してしまう。日米防衛協力をさらに深化させる中で、費用面での負担増が避けられないとすれば、米軍の作戦計画の立案やアセットの運用に日本が関与する余地を増やすことを条件に、米軍の爆撃機や戦略原潜、宇宙システム、サイバーなどの戦略アセットの関連費用を負担することは、単に駐留経費を増額するよりも、日本の安全保障にとってプラスの選択肢となるかもしれない。

米朝関係：非核化交渉の停滞

　米朝関係は、19年2月27日にベトナムのハノイで行われた2回目の米朝首脳会談以降、具体的な進展を見せていない。第二回米朝首脳会談では、米側は北朝鮮側が、①金委員長自身の非核化への明確な意思の再確認、②05年の六者協議共同声明に相当する提案、③非核化ロードマップの明確化という三要件を満たせば、朝鮮戦争の終結宣言、文化交流事業の実施、ワシントン・平壌連絡事務所の設置等に合意する準備があったものの、北朝鮮側は寧辺の核施設や他の核計画の扱いを曖昧にしたまま、制裁の全面解除を要求したため、会談は決裂に終わった。

　5月4日、北朝鮮は米国の出方を試すように約1年6カ月ぶりに弾道ミサイル発射を再開した。19年5月以降に発射されたミサイルのほとんどは短距離ミサイルで、グアムや米本土には届かない。この対応をめぐって、日米韓、さらには米政府内でも見解の相違が見られた。日本政府は一貫して、北朝鮮の弾道ミサイル発射は射程にかかわらず、明確な国連安保理決議違反であるとの立場を維持してきた。韓国は当初、短距離弾道ミサイルを「飛翔体」と表現して判断を曖昧にしていたものの、その後の国防部の情報評価や米国防総省の見解と足並みを揃える形で、発射されたのが弾道ミサイルであることを追認した。一方、米政府内では対応に明確な温度差が見られた。5月25日、ボルトン国家安全保障担当大統領補佐官はいち早く、「北朝鮮が行った弾道ミサイル発射は、国連安保理決議に違反した」と述べた一方で、トランプ大統領は一貫して「短距離ミサイルの発射を制限したことはなく、何も問題ない」との発言を繰り返した。トランプ大統領は金正恩朝鮮労働党委員長との間に信頼関係があることを強調しているものの、北

朝鮮はトランプ発言を「ゴーサイン」と見做すかのように、その後もミサイル発射を繰り返している。19年5月から20年3月末までに行われた北朝鮮の弾道ミサイル発射は計14回に及んだ。この中には、10月2日に発射された新型の潜水艦発射型弾道ミサイル（SLBM）「北極星3」が含まれる。

　これらのミサイルは、米本土に到達しなくとも、在韓米軍や在日米軍にとって大きな脅威である。しかし、トランプ大統領の北朝鮮に対する脅威認識は低いままであり、米韓両国は複数の合同軍事演習を中止ないし無期限延期している。6月30日、トランプ大統領は韓国と北朝鮮を隔てる軍事境界線上にある板門店を訪問し、金委員長との3回目の米朝首脳会談を行った（その際、米大統領として初めて北朝鮮側に足を踏み入れた）。会談では二国間の協議再開に合意したと伝えられたが、その後の米朝交渉は再度停滞している。10月には、スウェーデンのストックホルムにおいて、ビーガン北朝鮮特別代表と金明吉首席代表らとの実務者協議が行われたが、両者の議論はハノイと同様に平行線を辿り、具体的な進展を見ないまま協議は終了した。これ以後、北朝鮮側は米側との実務者協議を拒否している。

　北朝鮮情勢は、19年末から年明けにかけて何らかの動きがあるかのようにも見えた。12月には、李泰成外務次官が「今残っているのは米国の選択であり、クリスマスプレゼントに何を選ぶかは米国の決心次第」とする談話を発表したほか、一度は破棄を宣言していた東倉里の施設において液体燃料ロケットエンジンとみられる実験を行ったことが確認された。また20年1月1日付の労働新聞は、金委員長が信頼醸成のために核実験とICBM発射を中止し、核実験場を廃棄する重大な措置をとったにもかかわらず、米韓が軍事演習を継続していることを批判。その上で「これ以上一方的に縛られている根拠がなくなった」として、18年から行ってきた長距離ミサイル発射モラトリアムの放棄を示唆した。

　しかしながら、北朝鮮が3月までに行ったのは短距離弾道ミサイルの発射に留まり、ICBMのような長距離ミサイルの発射は行なっていない。この背景には、朝鮮労働党内での人事刷新や、国連制裁に基づいて行われている中朝間での北朝鮮人労働者の送還に合わせて新型コロナウイルス拡大防止に追われていたことに加え、トランプ大統領が1月に突如イランのソレイマニ司令官殺害を実行したこ

となども影響している可能性がある。

　いずれにせよ、19年の米朝非核化交渉は膠着状態に陥った。また19年9月にはボルトン補佐官が更迭され、政権内で対北圧力路線を支持する力学が失われた。20年に入ってからはコロナ・ショックの拡大もあり、トランプ大統領の北朝鮮政策の優先順位は低下している。11月の大統領選挙までに交渉が良い方向で進展することは考えにくい。そうした中で、北朝鮮が核・ミサイル能力の着実な向上を続けていることは、日本の安全保障にとって大きなリスクである。数少ない救いは、制裁が継続されていることであろう。また交渉の停滞期間を利用するように、GSOMIA破棄問題等で足並みの乱れた日米韓の間では北朝鮮政策の練り直しが行われており、20年には日米韓外相会談が短期間に2回開催された（1月14日：サンフランシスコ、2月15日：ミュンヘン）他、5月13日には日米韓防衛実務者協議（DTT）も行われている。

米イラン関係の不安定化

　18年5月のイラン核合意（JCPOA）からの離脱に象徴されるように、トランプ政権は発足当初からイランに対して強硬な姿勢をとってきたが、19年はその姿勢がさらに加速し、両国の軍事衝突にまで緊張の度合いを高めた。19年4月8日、トランプ政権は「最大限の圧力」を強化するため、イランのイスラム革命防衛隊を「テロ組織」に指定し、関連組織への経済・渡航に関する制裁を可能にした。さらに4月22日には、ポンペオ国務長官がイランの石油輸出をゼロまで追い込むことを目的として、日本を含むイランからの石油輸入国 8カ国・地域に認めていた米国の制裁免除を5月2日以降撤回すると発表した。さらに5日、ボルトン国家安全保障担当大統領補佐官が、イランや関連の武装民兵組織がシリアなど中東地域に展開している米軍部隊や施設への攻撃を準備している可能性があるとの報道を引用する形で、「エイブラハム・リンカーン」空母打撃群の展開を前倒しするとともに、ペルシャ湾岸地域に戦略爆撃機を派遣することを発表し、締め付けを一層強化した。

　これに対し、イランのローハニ大統領は5月8日、JCPOAの一部（規定水準の重水と低濃縮ウランの海外移転・売却）の遵守を60日間停止し、その間にEU諸

国がJCPOAの経済的利益を提供する約束を履行しない場合には、規定水準を超えるウラン濃縮を再開するとして、米国の一連の圧力に対抗する構えを見せた。また5月12・13日にかけて、UAEとサウジアラビアの石油タンカー4隻とサウジの石油パイプラインが攻撃を受けた他、19日にはイラクのバグダッドのグリーンゾーン内にロケット攻撃が行われた。さらに6月13日には、安倍首相のイラン訪問中に、日本企業が保有するタンカーがオマーン湾で攻撃を受けるという事件も発生した。これらの攻撃について、イラン政府は関与を否定したものの、米国防総省や情報当局は革命防衛隊や関連武装組織による攻撃と評価し、緊張が徐々に高まっていった。

　トランプ政権による対イラン強硬策は、JCPOA策定に関わったオバマ政権関係者だけでなく、多くの外交・安全保障専門家から現実的な落とし所を欠いているという批判にさらされた。ボルトン補佐官や一部の共和党議員は、イランの体制転換を意図していたとみられるが、経済・軍事双方の圧力を強化しても、イランの体制が屈することは現実的には考えにくかった上、トランプ大統領自身も中東への過剰介入を批判してきた手前、イランで泥沼の地上戦を行うような本格的な武力行使を行うつもりはないと見られたことから、落とし所のない圧力は偶発的衝突のリスクを高めるだけと受け止められたのである。一方のローハニ大統領らも、米側から攻撃を受けた場合には反撃も辞さないという意思表示をしつつも、米国との本格的な武力衝突は避けたいという点では一致していたが、イランの政治指導部が革命防衛隊や関連武装組織の行動をどこまで掌握しているかは不明確であり、偶発的衝突の可能性は常に存在していた。

　そうした中、6月20日にはホルムズ海峡上空を飛行していた米軍の高高度無人偵察機グローバルホークが、革命防衛隊によって撃墜されるという事件が発生した。トランプ大統領はすぐさまイラン領内の軍事拠点への報復攻撃を指示したが、空爆による死者が150人に及ぶと聞き、「無人機の損失に対して相応ではない」との理由から10分前に攻撃を中止した。

　米・イランが直接的な軍事衝突に至らないギリギリの駆け引きを続ける中、次に米国が検討し始めたのは、ホルムズ海峡周辺の安全確保のための有志連合構想であった。のちに「番人（センチネル）作戦」と呼ばれる同構想は、中東地域を

担当する中央軍が中心となり、各国の無人機や艦艇による監視活動と、船舶護衛の二つを行うことが柱とされた。

　米国の要請に対し、各国は難しい政治判断を迫られた。というのも、有志連合構想の裏には、米政府内部での様々な思惑が交錯していたからである。前述の通り、ホルムズ海峡周辺では5-6月のうちに計6隻の船舶が攻撃を受けており、これらの脅威に対する警戒監視を強化する必要があったことは事実である。他方で、一部の強硬派の間では、有志連合を多国間でのイランへの圧力強化の一環として位置付けており、イランとの関係上、これに正面から参加することを躊躇する国も少なくなかった。さらに判断を複雑にさせたのは、トランプ大統領個人の思惑である。トランプ大統領は自身のツイッターで、日本や中国などを名指した上で「これらの国は自国の船舶を自ら防衛すべきだ」と発言し、安全確保のために活動する米軍の負担軽減という文脈も含まれるようになっていった。

　これらの異なる利害を調整するためにイニシアティブをとったのは統合参謀本部であった。米軍幹部らは、ホルムズ海峡の警戒監視を強化しつつも、その名目はあくまで「航行の自由」という国際公共財の確保とし、イランへの圧力強化を全面に出そうとする政権内の強硬派を抑え込みながら、各国との負担分担という大統領の意向を汲んだ上で、政策説明と具体的な部隊運用の方針について現実的な方策を打ち出そうとした。結果的に、有志連合参加国は米英豪など7カ国に留まり、日本や韓国、フランス、ドイツなどの欧州諸国も有志連合に参加しないものの、独自に自衛隊や海軍を周辺海域に派遣し、情報共有などで連携するという形式となった。

　米・イラン間の軍事的緊張は、19年末から20年年明けにかけて再び激化した。事の発端は12月27日に、イラク北部キルクークにある軍事施設に対して30発以上のロケット攻撃が行われたことに始まる。この攻撃により、米国人の民間契約要員1名が死亡した他、米・イラク軍人にも負傷者が発生した。同様の攻撃は数カ月前から散発的に発生しており、米政府はこの攻撃をイランが支援するシーア派組織「カタイブ・ヒズボラ」によるものと非難した。12月29日、米軍はキルクークの軍事施設攻撃に対する報復として、カタイブ・ヒズボラの拠点5カ所に対して空爆を実施し、戦闘員25名を殺害。この報復攻撃の後、米国防省はイランと関連

組織に対し、米軍および関係国軍に対する攻撃をやめるよう声明を出した。

　ところが、事態はこれで収束しなかった。12月31日、米軍による空爆で死亡した戦闘員の葬儀後、バグダッドの米大使館前に集まった抗議者らが、大使館に侵入を試みるなどして放火や投石などの破壊行為を行ったのである。米政府関係者によると、この抗議者らの多くはカタイブ・ヒズボラの関係者であり、大使館の外側ではイランの支援を受ける司令官が大使館への襲撃を組織的に計画・煽動していたとしている。同日、エスパー国防長官は大使館スタッフの安全を確保するため、追加部隊の派遣を急遽決定した。ここで緊急派遣が決定されたのが、クウェート駐留の海兵隊緊急即応特殊部隊であった。同部隊は、12年9月にリビアのベンガジで発生した米領事館襲撃事件で救援が間に合わず、当時の駐リビア米大使や警備担当の契約要員ら米国人4名が死亡したことを契機に設置された。ベンガジ事件を「オバマ大統領やクリントン国務長官の"過失"」として非難してきたトランプ大統領やポンペオ国務長官にとって、米要員の死亡と大使館襲撃を経た事態のエスカレーションが「ベンガジ事件の再来」を予感させる政治的なプレッシャーとなったことは想像に難くない。実際、トランプ大統領は12月31日の時点で、「イラクの米大使館は安全だ！…彼ら（襲撃者）非常に多くの対価を支払うだろう！これは警告ではない」、「反ベンガジ！」とツイートしている。

　そして1月3日未明、トランプ大統領の指示により、イランの革命防衛隊・クッズ部隊のソレイマニ司令官に対する攻撃作戦が実施された。攻撃は米軍の無人機によって行われ、ソレイマニ司令官はイラクのバグダッド国際空港に到着後、カタイブ・ヒズボラの指導者であるムハンディス氏と車列で移動を開始したところをミサイルで攻撃された形となった。

　イラン政府は3日間の喪に服した後、報復を行うことを宣言。米側もイラン側の報復に備えて、米軍部隊の増派や関連施設の防衛、早期警戒体制の強化を行った。そして1月8日未明、イラク西部のアルアサド航空基地（米軍1,500名・イラク軍数千名が駐留）に対して、イランからの連続的な弾道ミサイル攻撃が行われた。もっとも、同基地には7日23時頃までの時点で、早期警戒情報に基づき攻撃の前兆を察知しており、人員の大半は掩体壕などに避難していたため死者は出なかった（ただし、後日64名の米兵が脳震盪などの症状と診断された）。

イランから発射された短距離弾道ミサイルは、およそ15 - 17発（イラン側は22発発射と発表）とみられているが、米兵が寝ているはずの宿舎などは攻撃対象にしていなかった。攻撃の時間帯が未明であったことも踏まえると、イラン側は多くの米兵を殺傷しうるターゲティングが可能であったにもかかわらず、あえて米国側の人的被害を局限する抑制的な報復に留めたと言える。この後、イランのザリーフ外相は国連憲章51条に基づく、自衛的措置を終了したとツイートし、またスイス代表部経由で「米側が再報復しなければ、攻撃を継続することはしない」という趣旨の書簡を米側に送付している。このことからも、イラン側が米側とのこれ以上のエスカレーションを避けたいと考えていたことは明らかであった。一方、8日に演説を行ったトランプ大統領も、（米軍基地が多数の弾道ミサイル攻撃を受けたにもかかわらず）イランの抑制的対応を評価し、米側から再報復するといった反応を避けたため、19年末から続いた米・イラン間の軍事的緊張は一応収束に向かった。

加速する中東地域からの米軍撤退

トランプ大統領は、16年の大統領選挙の時点ですでに中東からの米軍撤退を公約として掲げていたが、2度目の大統領選挙を翌年に控えた19年には、その公約を些か強行的とも言える形で実現しようとする姿勢が顕著になった。

皮切りとなったのはシリアである。15年以来米国は、イスラム国（IS）の掃討作戦を支援するため、航空機による作戦に加えてシリアの要衝となる地域に小規模の地上部隊を展開してきた。また18年以降は、①クルド勢力を含む現地のパートナー部隊を訓練することによるIS再台頭の防止、②新憲法の起草と国連監視下での選挙を求める国連安保理決議2254に基づくシリア内戦の政治的解決、③イランが指揮する部隊の全面撤退の三つをシリア政策の柱としていた。ところが10月6日、トランプ大統領はトルコのエルドアン大統領と電話会談を行なった後、トルコがテロ組織とみなしているISとクルド勢力の戦闘員を対象に、シリア北部で軍事作戦（「平和の春」作戦）を実施することを容認した上で、当該地域から米軍部隊を撤退させることを表明。13日には、シリア北東部に残る約1,000人の米軍部隊の全面撤退を指示した。

　シリアに展開する米軍部隊の規模は17年時で2,000人程度であり、イラクやアフガニスタンほど大規模であったわけではない。しかしながら、米軍地上部隊の役割は対IS作戦の支援に留まらず、シリア政府軍やトルコ軍によるクルド系住民や難民に対する非人道的攻撃を抑止したり、シリア政府を支援するロシアやイランの影響力拡大を牽制するという戦略的意味合いもあった。支援を続けてきたクルド勢力を見捨て、シリア安定化のための方針を歪めることになる突然の撤退命令に対しては、米国内からも党派を超えて強い批判が寄せられた。

　従来、トルコ北東部ではシリア民主軍（SDF）が自律的な政治体制を確立していたが、米軍の撤退により後ろ盾を失い、トルコ軍に攻められる形となったクルド勢力は、これまで敵対していたシリア政府と暫定的な和平協議を行い、SDFを含む一部のクルド勢力はシリア政府の支配下に置かれることとなった。また、クルド勢力の支配地域に拘束されていた約1万1,000人のIS戦闘員が混乱に乗じて逃亡したとも報じられている。12月5日の時点で、シリア北東部からの米軍部隊の撤退は完了した。この結果、かつて米軍とクルド勢力が支配していた北東部地域には、シリア政府軍とロシア軍が入れ替わるように進出しており、非軍事的な支援活動を行う国務省職員や米国開発庁（USAID）職員が円滑な活動をすることが困難となる見方が強まっている。トルコ、シリア、イラン、ロシアが何らリスクを犯すことなく勢力を拡大した一方で、米国はどのような利益を得たのかは検証されるべきであろう。

　米軍の撤退プロセスが進んだもう一つの地域はアフガニスタンである。01年10月に米国がアフガニスタンで軍事作戦を始めた当初の理由は、同年9月11日に発生した同時多発テロの首謀者であるビンラディン氏と国際テロ組織アルカイダ、それらを匿っていたタリバン政権を打倒するためであったが、タリバンを政権から追放し、11年5月のビンラディン殺害に象徴される形でアルカイダを弱体化させた後も、米軍と同盟国はアフガニスタン政府の統治を支援するため同国に残り続け、18年間で2兆ドルに相当する支援を行なってきた。米国がアフガニスタン政府への支援を続けてきたのは、政権を追われたタリバンの残党が、パキスタンの部族地域に拠点を移して勢力を回復させ、02年以降アフガニスタン東部から南部にかけて、同国政府や駐留軍に対するテロ攻撃を繰り返してきたからであ

る。とりわけ、18年10月時点ではアフガニスタン全行政区の12%を支配・影響下
におき、他の地域でもアフガニスタン政府軍との戦闘を継続していた。

　こうした状況を受けトランプ大統領は、18年9月にハリルザド元駐アフガニスタ
ン大使を和平担当特別代表に任命し、和平協議のためにカタールでタリバンと
交渉を行なってきた。この交渉過程で提示されたのが、タリバン側はアルカイダ
のような国際テロ組織がアフガニスタンを拠点に活動を行うことを阻止すると約
束し、これまで正統性を否認してきたアフガニスタン政府とも協議を行う代わり
に、米国側は段階的に兵力を削減するという案であった。トランプ大統領は9月
にキャンプ・デービッドで予定されていた和平協議をカブールで直前に発生した
爆弾テロを理由に一度キャンセルしたものの、感謝祭に合わせた11月28日には
アフガニスタンを電撃訪問して米兵をねぎらいつつ、ガニ大統領らと会談し、タ
リバンとの和平協議を継続するとした。

　そして20年2月29日、ポンペオ国務長官の立ち会いのもと、カタールにおいて
米国とタリバンの和平合意が締結された。この合意で、米側は約1万2,000人
の駐留米軍を135日以内に8,600人程度まで削減し、その上で14カ月以内に残る
米・NATO軍は完全撤退を行い、8月末までにタリバンへの米国および国連の
制裁をすべて解除する。一方タリバン側は、国際テロへの協力をせず、停戦と政
治的解決のために3月10日までにアフガニスタン政府との交渉を開始することと
なった。

　米・タリバン間の和平合意は、01年のアフガニスタン戦争開始以降初めてであ
り、米国史上最長となった戦争からの撤兵を成功裏に実現することができれば、
トランプ大統領の大きな成果となる。しかしながら、合意の実施とアフガニスタ
ン情勢の今後については、懸念材料も多い。懸念の一つは、タリバン側の合意
遵守と米側の撤退条件とのリンケージが不明確であることである。エスパー国
防長官は、米軍の完全撤退は「条件付きだ」と説明しているものの、合意文書に
おけるタリバン側の義務は、アフガニスタンを米国の脅威となるテロに使わせな
いという検証の困難なもので、アフガニスタン政府との和平交渉の進展との関係
性は曖昧にされている。実際、タリバンは3月2日の時点で、アフガニスタン政府
による捕虜（タリバン兵）の解放が進まない限り和平交渉を進める気はなく、米

軍ら国際治安部隊は対象にしないが政府軍への攻撃は再開すると宣言している。これは、米国はアフガニスタン政府の参加なしに、タリバンとバイの交渉は行わないという従来の原則を変更した弊害でもある。アフガニスタン政府とタリバン間の交渉にかかわらず、すでに米軍部隊の一部撤退は開始されている。米・NATO軍の完全撤退までに、同国内の情勢が再び悪化し、タリバンが勢力を再拡大した場合の対応や、パキスタンやイラン、中国などの影響力が高まることも懸念される。

「二つの宇宙軍」の創設

19年12月20日、空軍省内に第6の軍種として宇宙軍（USSF）が創設された。米国で新しい軍種が創設されたのは、1947年の空軍以来72年ぶりである。

宇宙軍が必要とされた背景には、安全保障環境の変化に伴う外的要因と、米国・米軍内の政治的要因の両方が存在する。米国の安全保障にとって、宇宙空間の位置付けは徐々に変化してきた。冷戦期の米軍は、宇宙を米ソ核競争の延長線上の空間として捉えており、弾道ミサイル技術に直結するロケットの打ち上げ技術や、人工衛星の基礎的な機能—偵察、通信、早期警戒、測位・航法・時刻同期—も、主として核戦力の統制やソ連のミサイル監視など戦略的用途を中心に利用されてきた。しかし冷戦終結直後となる1991年の湾岸戦争では、これらのシステムが巡航ミサイルの精密誘導や、イラク軍の地上部隊の動向監視に用いられ、以後宇宙システムの利用が戦術的用途にまで拡大されることとなった。

今日の米軍にとって、宇宙利用の自由の確保（宇宙コントロール）は、統合作戦の遂行に不可欠な要素となったが、裏を返せば、宇宙利用を妨害できれば、地球上における行動を直接阻止できなくても、米軍の作戦行動を効果的に妨害できることをも示唆していた。顕著な例として、中国は衛星を直接攻撃する対衛星ミサイルや、偵察衛星の機能に障害を与えうる地上配備レーザーなど様々な対宇宙能力を発展させつつある。またロシアも停滞していた対宇宙能力の開発を再び活発化させている。

こうした安全保障環境を反映して、トランプ政権では二つの異なる役割を持つ「宇宙軍」が創設されることとなった。最初に創設されたのは、統合宇宙軍

（USSPACECOM）である。米国では、地域的もしくは機能的な統合戦闘能力を持つ軍を「統合軍」と呼ぶ。インド太平洋軍や核戦力を総括する戦略軍などがそれにあたり、統合軍は部隊の運用に対して責任を持つフォースユーザーとして位置付けられている。これまで統合宇宙軍は戦略軍の下部組織であったが、トランプ政権はこれをインド太平洋軍などと同格の"宇宙"という任務領域を持つ地域統合軍に格上げした。一方、12月に創設された宇宙軍（USSF）は、陸軍・海軍・空軍・海兵隊・沿岸警備隊と並ぶ「軍種（Service）」としての組織である。各軍は、予算の獲得、人員の組織・訓練、装備品の取得に責任を持ち、統合軍が行う作戦に必要となるリソースを供給するフォースプロバイダーとして位置付けられている。

　統合宇宙軍とは別に、軍種としての宇宙軍が必要とされた理由としては、主に三つの点が挙げられる。

　第一の点は、米政府機関内で宇宙に関する権限と責任がバラバラになっていたことである。16年の会計検査院（GAO）の調査によれば、国防総省と情報機関には宇宙関連システムの取得に責任のある組織が60以上にわたって分散していた。例えば、非機密分野の宇宙関連予算の80％以上は空軍が所掌しているものの、衛星を管理する地上コントロールステーションの整備や衛星の一部、これらを運用する人員など、宇宙アーキテクチャを構成する要素は、陸・海軍にも分散されていた。国防総省において予算権限を持つことは、各軍に対する実質的な権限を持つことと同義であるが、宇宙安全保障に関連する予算が様々な組織に散らばっていた結果、一元的な意思決定や合理的な優先順位づけに基づく取得・研究開発プログラムへの投資ができないことを意味していた。

　第二の点は、宇宙関連システムの運用や取得を担う人材が、各軍と情報機関に分散していたことである。従来、宇宙関連業務を担当する人々は各ポストを数年で交代することが多かったため、深い専門知識を身につける環境が整備されていなかった。またそうした理由も重なって、宇宙担当者は各組織内でも人数が少なく発言力が小さいことから、優秀な人材が集まりにくいキャリアパスとなっていた。ある空軍の将官によれば、空軍将校がキャリアに悪影響を与えることなく、2年以上宇宙関連ポストに留まることは稀であったという。他の軍種では、戦略や

ドクトリン開発の専門家がいるが、宇宙ではそうした立案のノウハウを持つ人材を育てる制度がなかったのである。

　第三の点は、各軍内での予算配分の問題である。各軍において宇宙関連の機能・プロジェクトは、あくまで補助的なものと位置付けられていたため、後回しにされる傾向が強かった。例として、国防予算の削減を余儀なくされていたFY2010 - 14には、空軍の航空機調達費と宇宙関連調達費はともに30％以上削減されたが、その後の国防予算回復期に航空機調達費が50％以上回復した一方で、宇宙関連調達費はさらに17％削減されていた。これまで宇宙関連予算の80％が空軍に集中していたことは前述の通りだが、空軍はパイロット・航空機中心カルチャーが支配的であり、予算配分においてもその傾向は顕著であった。

　これらの点を改善するためには、運用を司る統合宇宙軍の独立を達成するだけでは不十分であり、人材育成や予算配分を司る独自の軍種として、宇宙軍の位置付けを同時に確保するという構造的変化が必要とされていたのである。現時点での宇宙軍は、各軍の参謀総長と同格の宇宙軍作戦部長ポストを有するものの、行政機構としては空軍省のもとに置かれており、海軍・海兵隊の関係と類似した構造になっている。また当面の態勢は、これまで空軍で宇宙関連任務に携わっていた要員を中心に約1万6,000人で構成されることとなるが、これは軍種別最小の海兵隊（約19万人）に比べても、かなり小規模な組織である。この中で、軍事宇宙問題に関する専門職の育成、宇宙戦力のためのドクトリン開発、軍事宇宙システムの取得、統合軍司令部のための宇宙戦力の運用支援を行う部署を確立していくこととなる。

　創設後初となるFY2021予算要求では、宇宙配備機、打ち上げロケット、宇宙指揮統制システム、地上配備型端末など関連装備の取得・開発に約155億ドルの要求を行なっている。これらは従来、空軍予算に含まれていたプログラムを踏襲しているが、宇宙関係の研究開発費はFY2020で議会が承認した額よりも5億ドル多い103億ドルが計上された。中でも、ミサイル防衛用の次世代赤外線早期警戒衛星（OPIR）のための研究開発費は、23億ドル（前年度から9億ドル増）と伸びが大きい。より宇宙分野に特化した予算権限を持つ組織が誕生したことにより、従来と比べて大きく進展する宇宙関連プログラムや運用ドクトリンの開発

が行われるかどうかが注目される。

INF条約失効後の米軍の態勢と作戦構想

19年8月2日、米ロ間の軍縮・軍備管理条約であった中距離核戦力（INF）条約が失効した。1987年に締結されたINF条約は、核・非核を問わず、射程500-5,500キロメートルのすべての地上発射型ミサイルの開発・保有を禁止していたが、14年以降ロシアが一方的な違反を続けたことを受け、トランプ政権が同条約の破棄を決定した。もっとも、米国がINF条約を破棄するに至った背景には、ロシアの条約違反だけでなく、条約の枠外でおよそ2,000発の中距離ミサイルを保有する中国に対抗する狙いもあった。

8月18日、米国防省はINF条約失効後初となる地上発射型巡航ミサイルの発射実験を実施した。実験は、地上に設置した垂直発射システムからトマホークを発射するというもので、技術的に特筆すべき点があったわけではない。初回の実験が非常に簡素なものであったのは、当初から国防総省が早期に配備可能なシステムへの投資を優先していたこととも関係しているが、裏を返せば、トランプ政権によるINF条約破棄のタイミングが唐突であったために、条約失効の6カ月以内に完全新規設計の地上発射型巡航ミサイルを用意するのが現実的に不可能だったからとも言える。米政府高官は、「既存の巡航ミサイルを改修する場合であれば、18カ月以内に実戦配備が可能」との見立てを示しており、これに従えば技術的には21年1月頃までに、対地攻撃用の地上発射型トマホークが配備可能となる計算になる。

地上発射型トマホーク実現に向けた動きは、米軍の作戦構想や調達計画にも反映されつつある。20年2月に発表されたFY2021国防予算要求では、海兵隊がトマホーク48発分の取得費用として1億2,500万ドルを要求している。バーガー海兵隊総司令官は、同年3月に発表された海兵隊の新たな戦力態勢指針「Force Design2030」を説明する中で、「（地上発射型トマホークは）過去20年以上にわたり海兵隊が実施してこなかった制海と海洋拒否作戦を担う」ためのツールであるとした上で、「小規模部隊による長距離精密火力により、艦艇や陸上から敵の海軍戦力をリスクに晒すことのできる能力」であると述べた。これは海兵隊が対

艦攻撃能力を備えた最新型の「海洋打撃トマホーク」の取得を目指していること
を意味する。海洋打撃トマホークが初期運用能力を獲得するのは23年とされて
いるため、実際に海兵隊に地上発射型トマホークが配備されるのは、21年よりも
後になる可能性もある。

　海兵隊が長射程の対艦攻撃能力を重視しているのは、16年以降海兵隊が海
軍とともに進めている「遠征前進基地作戦（EABO）」と呼ばれる作戦構想に基
づいている 。EABOは、18年に海軍が打ち出した「分散型海洋作戦（DMO）構
想」の一要素として位置付けられており、その中で海兵隊は、同盟国・パートナー
国との近接性を活用して海軍の火力・センサー機能を陸地にまで分散させ、敵
の意思決定を複雑にすることを狙いとしている 。ここで重要となるのが、グレー
ゾーンや危機の初期段階において迅速に機動展開が可能な火力であり、この需
要を埋めるのが地上発射型トマホークに代表される長射程の対艦ミサイルだと
考えられる。

　INF条約の失効によって開発・配備が可能となるもう一つのシステムが、射程
500 - 5,500キロメートルの地上発射型弾道ミサイルであり、国防省は12月12日
にその発射実験を行なった。実験に先立ち、匿名の米政府高官は「射程1,000
 - 3,000キロメートルの弾道ミサイルを実験する」としていたが、公表されたのは
パーシングⅡをスリムにしたような形状の固体燃料式・機動弾頭搭載のミサイル
発射だけで、射程や配備方式などの詳細は不明である。

　なお国防総省は明示的に言及していないものの、INF条約の規制カテゴリー
に類似するミサイルが他に2種類開発されている。

　一つは、陸軍で開発が進められている精密打撃ミサイル（PrSM）である。
PrSMの要求射程は、従来INF条約の制限上499キロメートルとされていたが、
若干の設計変更により750キロメートル程度までの射程延伸は可能とみられる。
移動式ランチャーとして、既存の多連装ロケットシステム（MLRS）およびMLRS
の小型版である高機動ロケット砲システム（HIMARS）を流用するため、23 - 25
年には初期運用能力の獲得を予定している。PrSMには、①取得・運用コストが
低い、②機動性が高い、③命中精度が高い（将来的に目標識別・対艦攻撃能力
も想定）という利点があるが、最大射程が750キロメートル程度だとすると配備

場所は限定されることが予想される。

　もう一つは、陸軍が開発している長射程極超音速兵器（LRHW）である。LRHWは、海軍が開発している34.5インチの2段式固体ロケットモーターと極超音速滑空体からなる中距離即時打撃（IR‐CPS）システムを路上移動式に転用するというプログラムで、射程2,250キロメートルほどのミサイルを移動式ランチャー1両に2発搭載することを計画している。LRHWに用いられるペイロードは、弾道軌道をとらない滑空弾頭であるため、厳密にはINF条約の規制カテゴリーには該当しないが、LRHWに用いられるロケットモーター、キャニスター、移動式ランチャー等の技術は、通常の弾道ミサイル用弾頭を搭載する際にも流用できる。

　これらの地上発射型ミサイルと並行して、陸軍は「マルチドメインオペレーション（MDO）」と呼ばれる新たな作戦構想を開発している。MDOは、かつてエアシーバトル構想などで強調された軍種間の統合や領域横断作戦をさらに発展させるに留まらず、米軍が貢献すべき作戦（オペレーション）の概念を幅広く捉え、事態がミサイルの撃ち合いのような直接戦闘が必要となる「紛争」段階にまでエスカレートする以前の「競争」段階においても、前方展開戦力、米本土からの遠征部隊、同盟国の戦力とが連携して優位を生み出すことを目指している。この競争段階においては、敵の既成事実化や軍事目標の達成を断念させるために、様々な軍事的能力を見せつけることが重要とされており、そのための具体的能力の一例として、敵の長距離システムを無力化しうる、前方展開された長距離火力と戦域内に十分に備蓄された弾薬の重要性が指摘されている。

　海兵隊の地上発射型トマホークにしろ、陸軍で開発中の各種ミサイルにしろ、それらの射程はいずれも700－3,000キロメートル程度と見られるため、これらを対中戦略に用いるためにはアジア地域への前方展開が不可欠となる。言い換えれば、ポストINF時代における地上発射型ミサイルをめぐる問題は、日本を含むアジアの同盟国と米軍との役割・任務・能力をめぐる問題と同時に議論すべきアジェンダであることを意味している。

コロナ危機と米中対立の激化

　19年末に中国の武漢から始まった新型コロナウイルスの世界的蔓延は、あらゆ

る分野において米中の戦略的競争を一層先鋭化させることになりそうである。

　軍事分野においては、中国は南シナ海の係争地域に新たな行政区を設置し、マレーシアやフィリピン、そして日本の民間船舶を公船によって追跡するなどした。また台湾周辺を含む海空域で艦艇・爆撃機等の活動を活発化させている。一方の米軍は、空母「セオドア・ルーズベルト」艦内で1,000人近い感染者が発生し、一時的に任務が不能になったほか、感染拡大防止のため同盟国と行ってきた合同演習の多くを中止、延期、縮小せざるを得なくなっている。これまで米国の幅広い同盟ネットワークと連帯は、中国にはない米国の強みとされてきたが、密集を避け、社会的な距離をとることが推奨されている中で、その強みが活かしづらい状況が生まれている。

　経済分野においては、コロナ危機以前から米国の基盤産業・ハイテク技術に対する中国の投資を抑制するために米中経済を切り離す、いわゆる「デカップリング」が議論されてきたが、コロナ危機はこの問題をより複雑にしている。例えば、米国内でも不足した生命維持装置や医薬品、医療用マスクなどの生産が中国に依存していることが明らかになったことから、デカップリングと米国内産業の再建をめぐる議論が、従来のハイテク産業・投資分野だけでなく、低価格の製造業をめぐる議論にも拡大しつつある。

　技術分野においては、米中が凌ぎを削ってきたデジタル監視技術やAI、5G通信、先進医療などの分野での競争が、政治体制やイデオロギーと結びつく形でより先鋭化している。中国は、平時からデジタル監視技術を積極的に導入してきたことで知られるが、パンデミックのような有事においては、プライバシーや自由経済、自由な人の移動といったリベラルな価値を制限することを人々がどの程度許容するかについて、米国式と中国式という対処方式に二分されていく可能性もある。

　長らく米国の知識人層では、中国との間には安全保障、台湾、人権、知的財産の保護といった対立点はありながらも、感染症のパンデミックや気候変動のような国境をまたぐ問題については、協力する必要がある（あるいは協力の余地がある）とする議論がおおむね受け入れられてきた。しかしながら、中国は強行的な都市封鎖や個人情報の一元的な集約が可能な政治・社会システムを使い、コロナ危機からいち早く回復しようとしている。それだけでなく、中国外交部副報道

局長の「米軍が武漢にウイルスを持ち込んだかもしれない」との発言に見られるように、パンデミックの責任を転嫁するようなプロパガンダも同時に行っている。中国がコロナ危機と危機からの回復を、米国との国際的影響力をめぐる戦略的競争において差をつける機会と捉えているのであれば、従来協力の余地があるとも見られてきた分野においても、前向きな協力を見込めないかもしれない。各国は、新型コロナウイルスにどう対処するかという問題と同時に、コロナ危機後の回復力・影響力をめぐる米中の戦略的競争という二重構造にどう向き合うかについて、自覚的になる必要があるだろう。中国による危機に乗じた現状変更行動や、社会インフラ技術の他国への移転が、自由で開かれた秩序や生活様式、政治体制といった要素と不可分であるとすれば、米中の戦略的競争は、名実ともにかつての「冷戦」構造により近づいていくことになる。

（ハドソン研究所研究員　村野将）

コラム　外交と音楽　変化する米国の音楽外交

　米国には積極的な音楽外交を展開してきた歴史がある。冷戦期には、欧州諸国に対して、米国における高級文化の存在を売り込みながら知識人を中心とした反米主義を和らげるため、管弦楽団の派遣がなされた。急速に影響力を増すアジア諸国には、米国内の人種問題の改善傾向を訴えるため人種混成的なジャズ楽団が派遣された。このように音楽は戦略的に利用されたのであるが、とくにジャズは「アメリカの音楽」として重視され、国務省はこの音楽に内在するとされる「自由」や「民主主義」を宣伝しながら、デューク・エリントンやルイ・アームストロングのような重鎮からチャールズ・ロイドのようなやや前衛的な音楽家まで、幅広い音楽家に「アメリカ」を表象させてグローバルに送り込んだのである。

　冷戦勝利史観は、その後も米国外交と音楽との間の政策的結合を保った。「表現の自由」や「民主的協働」を象徴する音楽としてのジャズの強調は不変だが、近年はヒップホップ等も国務省の新企画「アメリカン・ミュージック・アブロード」を介して対外発信されている。アメリカ音楽を耳にする機会の少ない地域を中心に送られる音楽家は文化使節団でもあり、コンサートの他に報道機関との会見や音楽教室、現地音楽家とのジャム・セッションも行う。対象がエリート層でないことや、派遣されるのが必ずしも著名な音楽家でないことは、かつての音楽外交と対照をなしている。他にも、DJの国外派遣による交流促進を狙った「ネクスト・レベル」、逆に世界中の若い音楽家を米国に招聘して音楽活動を促しつつ全米ツアーを支援する「ワン・ビート」があり、いずれも国務省企画である。

　音楽外交の効果を検証することは困難であり、その実施主体（国務省）と媒体（音楽家）や対象（聴衆）との間の世界観も同質的であるとは限らない。むしろ近年はそのギャップが批判的検討に付されているが、実務的には音楽外交の成果が強調され続けるだろう。だがオンラインで音楽を聴取できる時代に音楽外交を続ける意義を問い直す必要もあり、旧来の音楽外交からの質的転換も求められている。

齋藤嘉臣
京都大学准教授

第3章　中　国

概　観

　2019年末から20年にかけて、事態は劇的な展開を見せた。19年の秋頃まで、米中間の摩擦、香港問題や台湾情勢が注目され、中国はこれらに直接関わる一方、外交も活発に展開しつつ、軍事プレゼンスを増大させた。香港情勢は、米中経済紛争の激化とほぼ並行して緊迫し、「一国二制度」の信頼性を大きく傷つけた。台湾の総統選挙でもそれまで不利であった民進党の蔡英文の再選をもたらし、中国側の希望とは逆の結果となった。

　年末ごろから、中国をめぐる国際状況はまったく別の急激な展開を見せた。新型コロナウイルス（COVID - 19）の感染である。この感染症は「パンデミック」として急激に世界的に広がり、20年に入ると、ほぼすべての主要国で、経済、社会、教育、文化など各分野の活動をほぼ停止する巨大なコストを払ってでも押さえ込むべき緊急の最優先課題となった。当初、感染の拡大は、湖北省の武漢で起こり、武漢は封鎖された。20年1月の春節（この年は1月24日）の前後に武漢から500万人以上が移動したと言われ、中国当局がすぐに移動を制限しなかったことが、中国が批判される理由になった。

　この問題は、安全保障にも影響を与えた。感染の急速な拡大が中国や関係諸国の即応態勢や挑発的行為への早期対応などにも影響を与え、抑止力に影響を及ぼすものとして懸念が高まった。総じて、中国国内の不満増大と演出による自己満足、「医療外交」の展開と準同盟国や友好国の苦境、西側はじめ諸外国の対中不信と対中依存からの脱却の動き、そして対中依存の持続、国際協力の必要性増大と国際的リーダーシップの欠如という矛盾し合う局面が併存していた。20年3月にはすでに「ポストコロナ」の時期における新たな国際秩序が議論された。事態が一段落した後、協調と対立のうち、どちらが国際秩序の主要な局面として現れるか、一つの方向への変化が不可逆に起こるか、いろいろな方向への変化が振幅大きく反復するのかなど、不確実性が大きく、現時点での具体的な予測は困難である。

（同志社大学教授／平和・安全保障研究所研究委員　浅野亮）

内政

新型コロナウイルス感染への対応

　2019年末の湖北省武漢市発と見られる新型コロナウイルスの感染は、20年に入り中国全土に拡大し、習近平政権はその対応に追われた。その影響から、例年どおり3月5日から開催と発表されていた全国人民代表大会第3回会議が延期された。

　1月20日に習総書記が重要指示を発したことで、感染防止・抑制対策が本格化した。周先旺武漢市長は27日、「私は地方政府として情報を得た後、（中央政府から）権限を授けられて初めて、発表できる。この点が当時、理解されなかった」と初動の遅れを認める発言を行った。また19年12月30日にSNS上で新型ウイルスの存在を示し、感染拡大の警鐘を鳴らした医師の李文亮氏に対し、武漢市当局はこの発信を削除し、李氏を処分した。この対応に、市民をはじめ全国で批判が高まった。その後、李自身が感染し、2月7日に死去した。党中央は2月13日、湖北省党委員会書記の蒋超良氏と武漢市党委員会書記の馬国強氏を解任した。初動の遅れの引責と民衆の不満を和らげるためと考えられる。

　習氏のリーダーシップのもと、李克強首相を中心とする中央政府のチームが地方政府と連携し、感染拡大を抑え込んでいった。2月23日、習氏が感染抑制と経済再開の同時進行を指示し、4月8日には武漢市の封鎖が解除された。29日には全人代を5月22日から開催することが決定され、状況の改善がアピールされた。

　このように一連の対応の中に、地方幹部の指導力の低さ、そして当局の隠蔽体質、SNSによる情報発信の統制、習氏の強いリーシップといった現代中国政治の特性を見てとることができる。

国家ガバナンスの現代化と民族問題

　19年10月1日、中国は建国70周年を迎えた。軍事パレードが行われ、習近平氏は閲兵し、最高指導者としての権威を内外に示した。習氏の党内の権力基盤は盤石であり、習氏の政権運営に対する抵抗勢力が組織化されることはなかった。

　しかし、経済成長の停滞、それによる社会不安に対し、習氏の政権運営は相変

わらず強権的であり、習氏への反発が党中央、地方幹部の中にないとはいえない。習政権は6月から全国の党幹部に対し「初心を忘れず、使命を胸に刻む」特別教育と題する政治思想教育をスタートさせ、習氏への忠誠の再確認と職務遂行上の形式主義、官僚主義の是正を求めた。この特別教育は12月末まで続いた。

10月28日から31日まで開かれた党19期中央委員会第4回全体会議（19期4中全会）では、「中国の特色ある社会主義制度の堅持と整備、国家ガバナンスのシステムと能力の現代化の推進における若干の重大な問題に関する党中央の決定」が採択された。長期的な一党支配に向けた党の指導の制度化を進めるために、「決定」では、党創設100年の21年までに各方面の制度を一定のものとする、「決定」の内容を35年までに基本的に実現し、建国100年の49年までに全面的に実現するという目標を掲げた。その際、各級の党委員会と政府および各級の指導幹部が制度意識をしっかりと強化し、率先して制度の権威を守り、制度執行の模範となることを求めた。それに伴う、「宣伝工作条例」、「農村工作条例」などの党内法規の整備を進め、法に基づく党のガバナンスをいっそう強化した。

前年18年に新疆ウイグル自治区の再教育施設に100万人以上のウイグル人が収容されていることが国際的に非難された問題は19年に入ってもくすぶった。7月30日、同自治区トップは被収容者の大半が出所し職を得ていると説明し、非難の沈静化に努めた。しかし収まる気配は見られなかった。例えば、9月16日には『ニューヨームタイムズ』紙が、ウイグル族の大量拘束に関する党上層部の指示などが書かれた400ページ以上の「内部文書」をスクープした。これに対し、中国側は文書を「ニセモノ」とし、中国の対テロ政策と「脱過激化」の取り組みを中傷したと非難した。また11月20日には「宗教団体管理弁法」が公布されるなど、宗教に対する監督管理を強めた。

香港「逃亡犯条例」改正反対デモへの危機感

習政権が難しい対応を迫られたのは、19年2月に香港特別行政区で発生した「逃亡犯条例」改正に反対するデモだった。8月7日に国務院香港マカオ弁公室主任の張暁明氏が「香港は（1997年の）中国返還以来最も厳しい局面にある」との認識を示した背景には、香港でのデモが民主化要求へとエスカレートし、大

陸に波及し共産党批判のデモを引き起こすことを警戒してのことだった。習政権は、香港政府を通じてデモ隊・民主派への締め付けを強化し、香港社会を分裂させ、デモ隊・民主派の自壊を待つというのが一貫した戦略だった。

先述の19期4中全会では、香港・マカオについて、行政長官と主要幹部に対する任免制度とメカニズムを含めた厳格な管理のための法制度の強化を確認した。その直後の11月4日、習氏はデモ以降初めて林鄭月娥・香港特別行政区行政長官と会談し、条例案の完全撤回（9月）や「覆面禁止条例」の制定（10月）などデモへの対応を支持した。

また習氏は11月14日、新興5カ国（BRICS）第11回会合で「香港へのいかなる外部勢力による干渉にも反対する」として米国やEUの中国批判を非難した。習政権は、香港デモへの外国政府の関与・支援に共産党による一党支配を崩壊させる意図があると捉え、たびたび警戒感を示した。

20年1月4日に中央人民政府駐香港特別行政区連絡弁公室主任に、山西省党委員会書記を歴任した65才の駱恵寧氏が任命された。一線を退いたとはいえ元省部長級の高級幹部の抜擢は中央による香港の管理の強化を示すものだった。

こうした香港での大規模なデモを目の当たりにした習政権は、19年2月18日に党中央と国務院が発表した「広東省・香港・マカオ大湾区発展計画」という三地域の一体化を目指す政策の実施を急いだ。香港の広東省への「吸収」を前倒ししたいものと思われる。

（防衛大学校准教授　佐々木智弘）

経済

「一帯一路」構想をめぐる「債務の罠」論の噴出と本格化した米中の経済対立

20年1月17日に中国国家統計局が発表した19年の国内総生産（GDP）の成長率は6.1%で、18年の6.6%から大幅に鈍化、1990年以来29年ぶりの低水準となった。19年、経済のもと振れ圧力が増大した背景には、生産・消費や国内外での投資の低迷に加えて、18年から本格化した米国との「貿易戦争」をはじめとする中国経済を取り巻く国際環境の変化がある。

20年4月26日には、北京で第2回「一帯一路」国際協力サミットフォーラムが開催され、37カ国の首脳級を含む数多くの国や国際組織の代表が参加した。17年に党規約にも明記された「一帯一路」構想は、提唱から丸5年が経過した今日、参加国も増加して実体を伴うようになってきたとの評価がある一方、中国からの多額の債務によって、債務国が中国に有形無形の拘束を受ける「債務の罠」をめぐる懸念や批判が高まっている。

また、米中間の貿易交渉は、18年12月の米中首脳会談で一時「休戦」となっていたが、19年5月に再び決裂し、米中双方は追加関税の「第3弾」として関税率を10%から25％へと引き上げた。さらに12月15日には残りの品目に対しても追加関税「第4弾」の発動が予定されていたが、発動直前の12月13日、再び行われた交渉で、中国が米農産物の輸入を拡大することと引き換えに、追加関税を緩和する「第1段階の合意」に至った。

その一方で中国は、米国による経済・外交・安全保障政策上の利益保護のための輸出管理強化や中国が先端科学技術を窃取することに対する取締りの強化にも直面している。米国は18年に米国輸出管理改革法（ECRA）を制定し、19年には米商務省産業安全局が、「華為技術（ファーウェイ）」とその関連会社、スーパーコンピューター関連企業やAI関連企業などの新興先端技術関連企業および28の中国政府機関を「エンティティ・リスト（禁輸措置対象リスト）」に追加した。

春節を前に武漢で肺炎が流行、新型コロナウイルス感染症拡大をめぐる対応と経済停止

このように、内需の低迷に加えて米中の貿易投資およびサプライチェーンのデカップリングが進む懸念が高まったことで、中国経済に急速な下振れ圧力が働いた。そのため、19年12月10日から12日にかけて開催された中央経済工作会議では、「内外リスク・試練が顕著に上昇する複雑な局面」にあると一段と厳しい認識が示された。そうしたなか、19年11月に武漢で肺炎（新型コロナウイルス感染症）の初の感染者が確認された。

新型コロナウイルス感染症は、春節を前に中国全土に広がり、その対応のために経済が停止した。20年4月20日付の『人民日報』では、同月17日に開かれた中

共中央政治局会議を受けて、評論員が「突然の新型コロナウイルスの発生が中国の経済・社会の発展に未曾有の衝撃を与えた」と指摘した。少なくとも、20年のGDP成長率は、1989年の天安門事件や08年のリーマンショックの影響よりも大きくマイナスになる見込みとなっている。

　実際、4月17日に国家統計局が公表した中国の20年第1四半期のGDP成長率は前年同期比マイナス6.8%となった。これは、四半期ごとのデータが公表された1992年以降、初めてとなるマイナス成長である。ただし、月別に見てみると、新型コロナウイルス感染症の影響で1-2月の鉱工業生産は13.5%減となったものの、3月は前年同月比1.1%減となっており、大幅な落ち込みを見せた1、2月と比べて、3月には生産活動を戻しつつある。

　しかし実際には、4月8日に武漢の都市封鎖が解かれ、観光地にも人が戻ってきていると報じられる一方で、北京をはじめとして各地で封鎖が続けられ、生産回復のみを先行して行っているのが現状である。世界需要が見込めない情勢下では、輸出の回復は程遠い状況にあり、本格的な経済回復のためには、欧米諸国をはじめとする諸外国の感染拡大が収束し、外需が戻るのを待つ必要がある。

新興技術や軍民融合の促進によるV字回復を模索する中国

　新型コロナウイルス感染症の再拡大に見舞われるリスクを抱えながらも、中国政府が国内の経済活動の早期再開に踏み切ったのは、体力のない中小企業や資金調達が困難になったスタートアップ企業の経営破綻、地方都市の大幅な景気減速が深刻なものとなってきたからである。そこで、中国政府は、企業に対する減税や融資、補助金などを拡大するとともに、インフラ投資や産業チェーンの移転、消費の拡大などの経済政策を打ち出している。

　また、感染拡大の影響で新興技術の社会実装が急速に進められる中、中国政府は、伝統的なインフラ投資に加えて、5GやIoT、衛星インターネット、AI、クラウドコンピューティング、ブロックチェーンなどの戦略的新興産業に関する新型インフラ投資を強化することを掲げた。とりわけ、ブロックチェーン技術は19年10月の中共中央政治局集団学習会でも取り上げられ、同技術を応用したデジタル人民元の導入や安全保障利用を目指している。

また、20年3月には、国家標準化委員会がこれら新興産業における国際標準化を目指す戦略「中国標準2035」に向けた「2020年国家標準化工作要点」を公表した。「中国製造2025」や「軍民融合」への懸念が米国をはじめ諸外国に広がったことで、これらの用語を表立って使用しなくなっているが、実態は19年11月の4中全会のコミュニケに示されたように、戦略的新興産業による経済改革や軍民融合による経済発展を引き続き模索している。

　こうした中、20年3月31日、軍改革によって停止された営利性サービス産業とその不動産および人員の受け皿として、資産を管理、運用する国有企業「中国融通資産管理集団有限公司」が創設されるなど、新たな動きもみられる。中国経済が内憂外患の未曾有の危機を迎える中で、今後、内需拡大のための資金調達や運用のために、戦略的新興産業分野や軍民融合分野へ同企業の資産が投入する可能性があると見られる。

（京都先端科学大学准教授　土屋貴裕）

外交

　19年から20年にかけて、中国外交は、主に米中関係を軸に展開した。貿易、知的財産権や先端技術をめぐり、米中間の経済紛争の緊張の高まった中、中国は米国以外の国々との外交を精力的に展開して、これらの国々と米国の関係を「淡化」し、中国との関係を強化した。新型コロナウイルス関連では、中国は、主に欧米諸国から感染拡大の責任を問われる中、医療器具や専門家チームの派遣など、「医療外交」とも言われる活動を展開した。

米中関係

　一般に、米中貿易戦争とも呼ばれた問題は、厳密には貿易、投資、知的財産権と科学技術にまたがり、外交や安全保障とも密接に絡んでいた。その大きな特徴として、経済が安全保障に影響を及ぼすというだけでなく、経済や科学技術開発そのものが安全保障のイシューとなったことが挙げられよう。

　米中交渉では、劉鶴氏を交渉の責任者として協議が重ねられ、19年12月に

は、米中双方で、米中貿易協議の第一段階に関する声明が発表された。第一段階という表現からわかるように、双方に不満があっても、この時期で合意の演出をしたということである。米中の駆け引きが行われる中、米中間の「デカップリング」によるグローバルチェーンやネット空間の分断についての議論が国際的な広がりを見せた。一方、中国は多国間主義を守るとし、米中関係の摩擦や分断を背景に全方位の開放を進めた。米中の経済紛争は、体制をめぐる競争というイデオロギー的な性格が強くなった。国内では、「中国の制度」、「中国の理念」、「中国の方案」など、中国の政治体制や手法の優越性を強調する宣伝キャンペーンを展開した。

　19年5月習近平国家主席は「アジア文明対話大会」を開いた。この大会のメッセージは、中国は孤立しておらずアジアの代表で、それは欧米とは異なる価値観を持つが、衝突はしないというものであった。「文明対話」は、ほぼ同時期に開かれた中国ASEANメディア協力フォーラムの理論的基礎をも提供した。中国側が、4月スキナー米国務省政策企画室長による米中は「文明の衝突」という趣旨の発言に対して強く反応したのも、大会の開催直前であったことが大きい。

　これまで主に米露二国間の戦略的安定の観点から語られてきた中距離核戦力（INF）も、19年8月米国のINF条約離脱が示したように、米中関係との連動が大きな役割を果たしていた。中国でも、米国のINF条約離脱は中国を真の対象としていると分析され、早くも5月には外交部は、核軍縮に関する米中露の三者協議交渉には参加しないと述べていた。中国は、INF条約離脱によって引き起こされる米国による中距離ミサイルのアジア配備に強く反発し、ミサイルのアジア配備は同盟国を滅ぼすと日韓に対して警告した。

　19年は、通貨そのものにある地政学的な性格が国際的な注目を集めた。中国は以前から人民元の国際化を試みてきたが、デジタル技術と結合したデジタル人民元が国際的に広く使われるようになると、ドル決済よりも速くしかも手数料が安価となってドルの独占的地位が根本的に揺らぐ可能性があると考えられるようになった。

　10月の世界インターネット大会に習氏がメッセージを送ったように、中国は米国主導のサイバー空間とは別に中国が主導権を持つサイバー空間を構築しつつあ

り、米中の競争は様々な分野に拡大しつつある。11月には、ウイグル政策に関する中国の内部文書が米国のメディアに流出して米中関係がこじれ、米中双方が相手の外交官の活動に制限措置を課した。

日中関係：韓国との関係を絡めて

　中国は相対的に力が低下した日本との関係を二国間だけでなく、日中韓など北東アジア地域の「周辺」の中で捉えるようになってきた。対米関係を有利に進めるための位置づけで、国内に対しても外交上の得点としてアピールできる手段の一つであった。一方、日本では日中接近は日米関係との両立が可能な範囲で進められるべきとの考えが主流であった（『日本経済新聞』19年2月28日など）。

　19年の大きな出来事として、6月のG20サミット（大阪）出席のための習近平訪日がある。これは習氏が国家主席就任後初めての訪日であった。27日の日中首脳会談で、安倍首相は、翌年の「桜の咲く頃」に習氏を国賓として招待したいと発言した。秋ごろには、日中間で日中共同声明などに続く「第5の政治文書」について検討が進められたことが明らかとなった。日本も中国を無条件に信頼していたわけではなく、その動きを注視しながらの接近であった（『読売新聞』20年01月14日）。中国の調査船が日本の領海内で海洋データの収集活動を行い、日本では、これを経済安全保障に関する問題として国家戦略に取り入れる動きがあった。

　8月には、外交部副部長の楽玉成氏と外務次官の秋葉氏が軽井沢で12年以来の「日中戦略対話」を行ない、習近平国家主席の訪日などについて意見を交換した。新型コロナウイルス感染症の急拡大の中、両者は20年1月に西安でも対話を行なっており、20年2月末には中国共産党政治局員として外交を統括する楊潔篪氏が訪日した。日本政府はこれを「踏まえた上で引き続きやりとりを」行い（菅官房長官）、習氏の訪日は延期となった。4月末の楽氏と秋葉氏の協議は電話によるものとなった。

　日中関係は、日中韓の北東アジアという枠組みでも展開した。19年8月、王毅・外交部長が、北京で開かれた日中韓外相会議で米国の陸上発射型中距離ミサイルのアジア配備に反対するとともに、日韓の融和を促した。12月には、北京で日

中韓首脳会議が開かれた。中国の建設的役割を演出し、日中韓の結びつきを強調して米国との間に楔を打ち込めると期待したのであろう。

　10月20日から22日まで韓国国防次官が訪中、第5回中韓戦略対話を行なった。終末高高度防衛ミサイル（THAAD）で5年間中断した国防省高級実務接触の再開であるが、話し合いを再開しただけで、特に実質的な譲歩はしなかった。11月、タイで行われた拡大ADMMプラスで中韓国防相会談が持たれた。

中朝関係

　中朝関係では、19年6月、習近平国家主席が訪朝し、金正恩朝鮮労働党委員長と会談を持った。冷えていた関係は、まず金氏の訪中によって改善が見られた。金氏は、18年3月、5月、6月、また19年の1月と繰り返し訪中した。18年3月と5月の訪中は「歴史的」とされた米朝会談の前、6月の訪中は米朝会談の後、19年1月の訪中は2回目米朝首脳会談の前にそれぞれ行われた。中国は、金氏が文政権下の韓国と接近して朝鮮半島情勢が安定した状況を背景に、米朝間を取り持つ形で双方に恩を売り、対米交渉力を高める狙いがあったと考えられる。しかし、北朝鮮がその核兵器を廃棄することにはならず、米国側の失望を招いた。

多国間外交

　中国は、多国間会議をG20のように二国間首脳会談を行う場として、またはBRICSのように結束をアピールする場として使い分けた。

　6月大阪でG20首脳会議が開かれ、習近平国家主席はトランプ大統領や安倍首相ともそれぞれ二国間会談を行った。BRICS首脳会議や中国アフリカ首脳会議も大阪で開かれた（BRICS首脳会議は11月にブラジルで再び開催）。6月、G20の開催前に、習氏はサンクトペテルブルグ国際経済フォーラムに出席した。また、キルギス、タジキスタンも訪問し、上海協力機構（SCO）の首脳会議とアジア相互協力信頼醸成措置会議（CICA）にも参加した。11月タイで開かれた中国・ASEAN首脳会議、ASEANプラス3首脳会議）、東アジアサミット（EAS）および東アジア地域包括的経済連携（RCEP）首脳会議には、李克強首相が出席した。李氏は、11月に北京で開かれた第4回「1＋6」円卓対話会で、世界銀行

やIMFなどのトップらとも会談を持った。

「一帯一路」構想

　19年は、前年まで進められてきた大々的な「一帯一路」構想キャンペーンは影を潜めた。この背景には、第一に、中国による過剰債務が諸外国から強い批判を浴びたことがある。第二は、国内的な要因で、経済情勢の悪化から、「小康社会」の目標達成など国内経済に宣伝のキャンペーンの重点が移ったことがある。しかし、これによって「大国外交」から「韜光養晦」への回帰があったとは言えない。

　キャンペーンは縮小したものの、「一帯一路」構想が象徴する中国主導の地域秩序や国際秩序の実質的な構築は依然として進められた。6月には、「一帯一路」沿線国での「経済情報共有ネットワーク」の構築が報道された。これには、中国製通信インフラに対応したスマートフォンなども急増した上、中国版GPSである「北斗」測位衛星網の稼働数が増大し、宇宙インフラ網が整備されたことがある。「一帯一路」沿線国で5Gを提供した上、サイバー安全保障政策の主導権を握り、データ覇権を握ろうとしていると観察されている（『日本経済新聞』8月20日、10月21日など）。

　また「一帯一路」構想が東アジアに留まらないこと、さらに「一帯一路」構想とは別枠で軍事協力が進んでいたことも見逃せない。7月には、「一帯一路」構想の枠組みで中国はアラブ10カ国と協力協定を締結している。また、「一帯一路」構想の枠外で軍事安全保障のメカニズムが動いていた。同じく7月に、第1回中国アフリカ平和安全フォーラムが北京で開かれ、国防相や参謀長など、50カ国、100名が参加した。これは、国防部国際軍事合作弁公室副主任の宋延超氏が開幕式の祝辞を述べたように、軍事外交の一環である。

東南アジア

　中国はASEAN諸国を米中関係に従属するものと見る傾向が強いが、ASEAN側には自律的な動きもある。中国側は海軍や海警のような実力装置の運用を、米国の本格的な介入を招かないと思われるゆっくりとしたペースで、しかし確実に

東南アジア諸国にメッセージを伝えるに十分な強度を持って行ってきた。しかも、その運用は、話し合いとともに行われ、ASEAN側に一定の役割を持たせてきた。話し合いは基本的にゆっくりとしたペースで、中国側の手を縛るような法的制度化は慎重に避け、またASEAN諸国間の分断も図ってきた。中国から見れば、協力も摩擦も限定的で、状況は基本的にコントロールできてきたと言える。

19年7月、中国ASEAN外相会議に続き、11月には中国ASEAN首脳会議が開かれた。南シナ海行動規範（COC）をめぐり協議が重ねられたが、外相会議では内容は公表されなかった。首脳会議では、李克強首相が協議進展を強調し、中国は「域外国」との合同軍事演習には関係国の同意を必要とする規定を目指したと報道された。しかし、ASEAN側は繰り返し反発した。8月に訪中したフィリピンのドゥテルテ大統領も、11月の首脳会議では李氏に南シナ海での軍事的な活動を控えるべきだと発言した。他方、中国海警の船がフィリピンに寄港し、海警海上合作聯合委員会第3回会議も開催された。

19年4月、中国とマレーシアは「東海岸鉄道」の建設凍結を解除し、工事再開で合意した。18年に首相に返り咲いたマハティール氏はこの建設計画を一時凍結していたが、対米関係が悪化する中国に恩を売った形である。なお、18年6月には、習近平国家主席に近いアリババの馬雲氏がクアラルンプールを訪問しマハティール氏と会ったように、マレーシアが一方的に中国から離れたとか、逆に中国寄りになったと考えるのは早計である。19年12月12日、マレーシア政府は国連大陸棚限界委員会（CLCS）に、北部海域に200海里を超える大陸棚の限界確定を要請する文書を提出し、中国政府はこれに抗議した。

19年11月、中国とASEAN諸国の国防相はバンコクで会議を開き、18年に続き2回目の海洋合同演習の開催で合意した。なお、ASEAN諸国は、9月に不審船の追跡など米国と海洋演習を行ない、米中間でのバランスをとっていた。

19年は中国と太平洋等諸国との間の関係進展に注目が集まった。9月、ソロモン諸島とキリバスはそれぞれ台湾と断交した。10月には、第3回中国・太平洋島嶼国経済発展フォーラムがサモアで開かれた。これらは、20年1月の台湾総統選挙に合わせた中国側の圧力と見られている。10月には、中国企業がソロモンの島を75年間賃借するとの報道もあった。一方、米国側もインド太平洋に関する報告

書で太平洋島嶼国の重要性に触れ、パラオ、マーシャル諸島とミクロネシアの首脳を招待するなど関係の強化を図った。

新型コロナウイルス感染症と中国

　新型コロナウイルスの世界的蔓延には中国に大きな責任があるというイメージが国際的に広がった。20年4月8日には武漢市の封鎖が解除されたが、中国側の報道を額面通りに受け取る人は日米欧を中心にほとんどいない。

　20年3月上旬、トランプ大統領は「中国ウイルス」という表現を使い、ポンペオ国務長官はたびたび「武漢ウイルス」と言い、新型コロナウイルスに対する中国の対応を批判した。これに対して、3月12日、中国外交部報道官の趙立堅氏は、新型コロナウイルスは米国が中国に持ち込んだものとする主張をツイッターで行った。駐米大使の崔天凱氏は、これを狂った主張と一蹴し、4月7日、趙立堅氏は釈明を行って米中間の協力を提唱、収拾を図った。

　WHOのテドロス事務局長は、中国寄りと見なされ、トランプ政権だけでなく、英仏独などからも批判を浴びた。トランプ大統領がWHOへの資金拠出停止の声明を発表すると、4月24日、中国政府はWHOへの3,000万ドルの寄付を発表した。この頃、WHO以外の国連機関への中国の影響力増大に対する警戒感が日本を含め諸外国で強まった。

　中国が進めた「医療外交」は、中国の成功という演出、権威主義体制の方が優れているというキャンペーンとも並行して進められた。国際的に高く評価された台湾の新型コロナウイルスへの対応を黙殺しつつ、習近平国家主席は、友好的な外国要人の訪中を受け入れた他、途上国の首脳を中心に連日電話会談を行い、中国の国際的な存在感を高めようとした。

　欧米諸国や日本は、中国の「医療外交」を米国主導の国際秩序への挑戦と受け取っていた。3月4日の新華社通信は、医療品の対米輸出を禁止すれば米国は非常に困る事態に陥ると論評した。また、4月23日のオーストラリア紙のインタビュー記事によると、成競業・駐豪大使は中国の市民がオーストラリア製品の購入やオーストラリア留学を考え直すかもしれないと警告したという。これらは、中国が医療を地政学的な目的のために威圧的に利用していると受け取られた。し

かし、「一帯一路」沿線国や途上国など中国の影響力が圧倒的に大きい国々は中国の援助を受け取っている。

　中国の「医療外交」は国内向けの性格も強い。企業の債務不履行の増大など、中国経済は下降気味で、習氏は弱みを見せるわけにはいかない背景があった。同時に、新型コロナウイルスの蔓延は、原油価格の歴史的な下落をもたらし、ロシア、カザフスタンやイランのような中国に近い産油国に大きな打撃を与え、中国外交にとっては不安材料となった。

（浅野亮）

軍事

概観 - 米中政治戦の激化と中国の危機感

　米中新冷戦ともいうべき構造が固定化されつつある。米中の攻防は、世論工作の領域を越えて、経済および安全保障の領域に拡大し、政府の力と民間の力、経済力および軍事力をも相互に行使する政治戦（Political Warfare）の様相を示す。米国防総省の定義によれば、政治戦とは、「国の目的を達成するための政治的手段の攻撃的使用」を指し、国家目的達成のために、軍事的、諜報的、外交的、財政的、および、通常兵力を用いた戦争に至らない他の手段を採用することであるとも定義される。

　米中政治戦が激化した19年には、中国の軍事的意図および能力を示す二つの主要なイベントが行われた。一つは国防白書の発表であり、もう一つは国慶節を祝う軍事パレードである。それらの中では、米中政治戦において不利に立たされる中国が、米国の軍事力行使を抑止する能力を誇示する一方で、二国間対立の構造を避け、他の国家との軍事協力を進める意図を示している。また、中国が核抑止能力で米国に追い付こうとする一方で、無人機を含む自律型兵器において対米優位を築こうとする意図も示された。

中国国防白書『新時代的中国国防』に見る中国の軍事的意図

　19年7月24日、4年ぶりに発表された中国の国防白書『新時代的中国国防』は、

米中新冷戦とも言われる二国間対立の構造を否定し、米国と国際社会の対立といった構図を描こうとする中国の意図を示している。

中国は、同国防白書の「国際情勢認識」の項で、「米国が国家安全保障戦略と国防戦略を調整し、単独行動主義政策を展開し、大国間競争を惹起し激化させ、軍事費を大幅に増加し、核、宇宙、ネットワーク（サイバー空間）、ミサイル防衛等の領域における能力向上を加速し、グローバルな戦略的安定を損ねている」と米国を非難した。

同国防白書は、国際社会対米国という構図を示すのに続いて、中国は国際社会のために大国としての責任を果たすとし、中国の軍備増強が透明性を担保した合理的で適正なものであると主張している。

同国防白書が示す主要な手段がロシアとの軍事協力である。ロシア側の発表によれば、19年7月23日、竹島周辺で「領空侵犯」として韓国軍の警告射撃を受けたロシア軍機は、中国軍機と合同パトロールを実施した航空機であった 。翌24日に記者会見した中国国防省報道官も「中露両空軍は北東アジア地域で初めて共同で戦略的な哨戒を実施した」と述べている。こうした行動には、中露の軍事協力を誇示する政治的メッセージ発信の目的があると考えられる。

ロシアに続いて欧州との軍事協力について述べるのは、トランプ政権の政策に反感を持つ欧州が「戦略的自立」を模索する現状を受け、米国と距離を置く欧州を取り込む好機だという中国の認識を反映したものである。次に、アフリカ、南米、カリブ、南太平洋の途上国との軍事協力に言及する。これら、中国が軍事協力の対象とする国や地域に関する記述は、中国の軍事外交の重点を示すものだとも言える。

建国70周年記念大会軍事パレードに見る中国の軍事的能力

19年10月1日、北京で「慶祝中国成立70周年大会閲兵式和群衆游行」が行われた。大会における習近平国家主席の講話は非常に短かったが、一方で、中国が追求する米国との関係も示している。「今日、社会主義中国は世界の東方に巍然とそびえ立ち、如何なる勢力も我々の偉大な祖国の地位を揺るがすことはできず、中国人民および中華民族の前進の歩みを止めることはできない」という一

節は、もし米国が中国の発展を妨害しようとすれば、中国は米国に対抗するという意図を示したものである。

　一方で、「中国が世界の東方に巍然とそびえ立つ」という表現は、世界の西方である欧米には米国がそびえ立つということを含意する。米中が並び立つことは、必ずしも戦争することを意味しない。双方が相手の存在を容認すればこそ並び立つのであり、中国は米国が「中国の台頭」を妨害しないよう求めているということでもある。

　米国の妨害を抑止するために中国が軍事パレードで示そうとしたのは、ネットワーク中心の戦い（NCW）の能力と核抑止能力である。中国は、軍事パレードで、最新技術を用いたこれら兵器を並べ、米国を抑止する能力を誇示した。軍事パレードを中継した中国中央電視台（CCTV）は、軍事パレードに参加した武器装備品の40%が初めて公開されたものであったと紹介している。中国メディアによれば、参加した58の部隊の内、装備部隊は32であった。

　NCW能力の第一は、初めて軍事パレードに参加した「情報作戦」隊である。NCWとは、情報の優位を利用して展開する作戦の概念であり、各戦闘ユニットを情報通信ネットワークで結ぶことによって、情報共有、意思決定の速度を上げ、戦闘力を向上させるものである。

　軍事パレードを報じた中国メディアは、情報・ネットワーク技術の急速な発展に伴い、情報作戦が、平時から未来の戦争を貫く一種のまったく新しい作戦様式であるとし、情報作戦部隊を、情報化時代における新しいタイプの作戦兵力とした。情報作戦の主要な手段は、電子戦、情報戦、指揮管制戦、ネットワーク戦、心理戦等であり、その目的は、自己の作戦情報システムの安全を保護して、敵の同システムを破壊し、あるいは敵が情報を取得し処理し共有し使用する能力を低下させることである。

　こうした中国人民解放軍の情報化は、情報通信技術（ICT）の向上とデジタル化の流れに沿ったものだ。「軍民融合」の方針のもと、15年に発表された「中国製造2025」および17年の「新一代人工知能発展計画的通知」にも沿ったものである。習氏は、「軍民融合」戦略の一環として、民間企業に対して国防契約に応札するよう求め、民間企業が取得した外国の技術の軍事転用を進めている。

軍事パレードの最後を行進したのは弾道ミサイル部隊である。この部隊の先頭を飾ったのは16基のDF-17通常弾頭ミサイルである。DF-17の弾頭部は極超音速滑空体となっている。極超音速とはマッハ5以上の速度を言い、この速度では通常の翼形では揚力を発生できないため、DF-17はウェーブライダー形状を有している。続いて登場した16基のDF-100（長剣100）超音速巡航ミサイルも中国の高い技術を示す中距離ミサイル兵器である。

　しかし、中国が軍事パレードの中で最も誇示したかった兵器は、DF-41大陸間弾道ミサイル（ICBM）である。16基のDF-41が軍事パレードの最後を飾った。CCTVは、軍事パレードの中継において、DF-41について、「戦略的均衡、戦略的制御、戦略的決勝である東風41大陸間弾道ミサイルは、わが国戦略核戦力の真ん中にある大黒柱である」と、他の兵器より多くの形容表現を付して紹介した。

自律型兵器としての無人機

　軍事パレードでは無人機も関心を引いた。注目を集めた無人機の一つは、ステルス形状の高空高速偵察無人機「無偵8（DR-8）」である。超音速飛行性能およびステルス性の付与は、敵の組織的攻撃が予想される空域での任務が想定されることを示唆する。もう一つの注目機である「攻撃11」は制空権を獲るための突撃、制圧防空等の作戦任務を行う全翼無人機である。同機は、アレスティングフック（機体制動用フック）を装備し、空母からの運用が想定されている。

　中国メディアは、無人化および智能化は未来の戦争の趨勢であり、まさに現在、人類の戦争の形態を深刻に変化させようとしていると主張する。中国は、情報化・デジタル化のためのネットワークおよびIoTの技術を軍の武器装備品にも応用している。「攻撃11」には衛星通信用のアンテナが装備されており、衛星情報ネットワークが無人機の運用を支えている。

　実は、中国が「攻撃11」を開発する以前から、米国海軍は「攻撃11」に似た形状のX-47B無人機を開発していた。 X-47Bは空母上で自律的に発着艦を行なった初の無人機で、空中給油も初めて自律的に実施した。しかし、X-47Bは、戦闘機、爆撃機、偵察機といった作戦機を想定して開発されたものではなかった。さらに、多くの成果を挙げたにもかかわらず、X-47Bは、11年2月に初飛行に

成功して以降、16年3月に開発計画が中止されるまで、わずか5年間しか飛行していない。その後、米国海軍は、初の実戦的な空母搭載無人機MQ-25を開発しているが、空中給油機としての運用が想定されている。米軍が作戦機として無人機を開発しないのは、自律型致死兵器システム（LAWS）に作戦任務を委ねることに強い懸念を有しているからである。

智能化戦争とLAWSに対する意識

　中国の自律型無人兵器に対する認識は米国と異なるようだ。中国の「智能化戦争」という概念は、その認識を示している。早くも17年10月に開催された中国共産党第19回全国代表大会で習近平総書記が行った「報告」において「軍事の智能化を加速させ、ネットワークを基にした情報システムの統合戦闘能力と広域作戦能力を向上させなければならない」とされ、前出の『新時代的中国国防』でも、「戦争形態の情報化戦争への変化が加速し、智能化戦争の端緒が見える」とされている。

　18年11月の『解放軍報』は、「未来の智能化戦争はIoT情報システムを基盤とし、智能化された武器装備および相応の作戦を用い、陸、海、空、宇宙、電磁波、サイバー空間、心理領域において遂行される一体化された戦争である。平たく言えば、人工知能の技術および手段に支えられた戦争である」と述べている。また同記事は、「ナレッジグラフ、ニューラルネットワーク、遺伝的アルゴリズム、ファジー推論など新技術のシステム統合革新により、戦争は「人対人」から「機械の自律的殺人」へと変化し、智能化戦争のひな型を戦史の部隊に登場させた」とする。さらに、19年8月の『新華社』の記事は、智能化戦争は近いとし、20年1月の『解放軍報』の記事は、智能化戦争がもたらす変化として「自律」という言葉を繰り返している。

　中国の無人作戦機開発、メディア報道等を見れば、攻撃の意思決定のループに人間が介在すべきと考える欧米諸国と異なり、中国はLAWSの使用に積極的であることが理解できる。中国がLAWSの使用に積極的な理由には、熟練した航空機搭乗員の不足などが挙げられるが、今後、考え方の異なる欧米諸国との間で、自律型兵器に関する規制などに関する議論が必要になる。

新型コロナウイルスがもたらす国際秩序の変化

　19年末に始まった新型コロナウイルスのパンデミックは、米国と中国が、経済的には市場を分割しようとし、軍事的には核兵器等の軍拡競争を行ってアジア太平洋地域における潜在的な戦争に備え、価値観やイデオロギーでも対立し、その結果、米中新冷戦とも言える構造が固定化するかに見える時期に生起した。中国はこの危機に乗じてその影響力を増大させようと企図し、米国はさらに警戒感を高め、米中政治戦はより烈度を高めている。

　米中両国は新型コロナウイルスの発生源、感染拡大の責任などをめぐって非難し合い、中国がいわゆるマスク外交を展開すれば、その意図に懸念を示す欧米諸国が中国を批判するといった言葉の応酬が継続している。また、米中攻防の場はWHO等の国連専門機関にも及ぶ。中国が国連に対する影響力増大を企図すれば、国連の権威、国際的問題の解決能力を損ねかねない。

　米国の対中強硬姿勢の背景には、国際社会が新型コロナウイルスとの闘いに集中する中、中国だけがいち早く国内のウイルス感染を抑え込んだとして経済活動を再開し、軍事行動を維持していることに対する危機感がある。欧米諸国が他国を支援する余裕がないこと、空母「セオドア・ルーズベルト」に新型コロナウイルス感染者が発生して米国海軍が活動を低調化させたこと等をもって、中国がインド太平洋地域および国際社会に「力の空白」が生じたと認識し相対的に影響力を高めていることに、米国は懸念を強めている。

　特に、20年2月から3月にかけて、台湾周辺から南シナ海にかけての海空域において中国海空軍の行動が活発化している。台湾に対する軍事的圧力強化の背景には、中国批判と対照的に、台湾の新型コロナウイルス対策が称賛され存在感を増していることに対する危機感があり、新型コロナウイルスパンデミックはアジア地域における軍事的緊張をも高めていると言える。

　米国のグローバルリーダーとしての地位に中国が挑戦し続ければ、国連の権威低下の中で、国際社会が米国ブロックと中国ブロックに二分化される可能性すらあり、その緊張感の高まりは軍事的対立にも及ぶ。そして、軍事的対立が最も先鋭化するのは、台湾周辺から南シナ海にかけての海空域である可能性が高い。

（笹川平和財団上席研究員　小原凡司）

香港・マカオ

　「一国二制度」をめぐり、「光復香港、時代革命（香港を取り戻せ、革命の時だ）」というスローガンのもと、香港社会は激しい抗議活動に揺れ続けた。

　「香港以外の中国」へ容疑者の引き渡しを可能にする「逃亡犯条例」改正案が19年4月3日に立法会で審議入りすると、市民の抗議は急速に拡がっていった。逃亡犯条例改正に反対したのは汎民主派だけではなかった。中国に都合の悪いことを発信するジャーナリストや経済アナリスト、反腐敗運動にひっかかりそうなビジネスマンまでも含む香港人と香港で暮らす外国人の身に危険が及ぶことになると、従来当局に従ってきた香港財界からも反対の声があがった。11月24日の区議会選挙（投票率71.2%）において汎民主派が385議席、建制派（親香港政府派）が59議席を獲得し、建制派が292議席も議席を失ったことから、広範な香港市民の政府に対する批判が読み取れる。

　5月には、渡米した李柱銘氏ら汎民主派がポンペオ国務長官と面会し、香港の人権や自由への支援を求めた。また、EUの在香港事務所が香港政府に抗議したり、英国とカナダの外相が香港在住の自国民への影響を憂慮する声明を出したりした。5月末には香港法曹界の選挙委員までもが公開会談を香港政府に求めたが、行政長官の林鄭月娥氏は頑なに拒否したのであった。

　6月9日に103万人が抗議デモに参加したものの、林鄭氏は早々に審議続行を表明した。11日に梁君彦立法会議長が前倒し採決の方針を示すと、翌日、民意を無視する立法会での改正審議を阻止するために、数万人のデモ隊が立法会周辺の道路を占拠した。そのほとんどが平和的に行進していたにもかかわらず、香港警察は催涙弾などを使い、多数の負傷者が出た。政府の姿勢に憤った市民のデモは、6月16日、200万人へと膨れ上がった。752万人が暮らす香港において200万を超える市民が繰り出すとは、その衝撃の大きさが窺える。それまで平和的であった抗議活動は激しさを増し、当局がそれに対して暴力を振るうほど、市民が益々反発する「負の連鎖」に陥っていった。もはや市民の要求は、逃亡犯条例改正の撤回だけでなく、①逃亡犯条例改正案の完全撤廃、②デモへの「暴

動」という定義の撤回、③デモ参加者の逮捕取り下げ、④デモ参加者に対する警察による暴力についての独立調査委員会の設置と責任追及、⑤林鄭月娥の行政長官辞任と普通選挙の実現の「5大訴求、欠一不可（5大要求はひとつも欠くことができない）」へ拡がっていった。

　7月になると一部のデモ隊と警察の衝突が過激になり、21日にはデモ隊が中央の出先機関「中央政府駐香港連絡弁公室（中連弁）」を包囲した。デモが中央政府機関に直接抗議したのは初めてであった。林鄭氏の鈍い対応と警察の過剰なまでの暴力が、香港の未来が見えない若者を追い詰め、「一線」を超えさせていったのである。「香港政府に対する抗議」から始まった活動が「中国中央の権威に対する抵抗」へ発展したことは、中央からすれば、17年に習近平国家主席が決して許されないと語った「三つのボトムライン（①国家の主権と安全に危害を加えること、②中央の権力と香港基本法の権威に挑戦すること、③香港を利用して大陸に浸透し破壊活動を試みたりすること）」への抵触であった。こうした情勢を受けて、7月24日、それまで香港の内政には干渉しないとコメントしてきた軍が、駐留部隊関与の可能性について公言するに至った。8月7日には、中国当局は、香港の全人代代表や立法会議員や財界人など約550名を集め、「香港情勢座談会」を深圳で開催した。この席で、香港マカオ事務弁公室主任の張暁明氏は、香港情勢を「カラー革命」と表現した。カラー革命とは、資本主義勢力が社会主義国内の勢力と結託して体制を平和的に転覆させようとする陰謀という認識である。8月に開かれた北戴河会議では、香港情勢について「カラー革命とみなす勢力」、「カラー革命でないとみなす勢力」、「態度を保留した勢力」に別れた。しかし、香港における暴力がエスカレートするたびに「カラー革命と認識する勢力」が勢いを増し、中央指導部が香港情勢を「カラー革命」、「テロに近い行為」と認識するに至った。

　このような読み違いは、中連弁が保身のために、抗議活動を少数の暴力的犯罪分子によるものという歪めた情報しか中央に上げてこなかったことにある。王志民氏をはじめとする中連弁は、香港の富裕層や本土からのエリート層と交流しても、香港の一般市民と距離を置いてきた。それゆえに情勢を正しく読み取れなかったのである。103万人デモ直後には、王志民氏への不信から、韓正氏（副

総理・中央香港マカオ工作協調小組長）は林鄭氏に対して中連弁経由でなく韓正氏の事務所と直接連絡を取ることを許し、事実上の「ホットライン」を作っていた。しかし、林鄭氏はそれさえも機能させられなかったのである。

8月末までに、曽慶紅氏（初代中央香港マカオ工作協調小組長）と韓正氏が逃亡犯条例改正案の撤回を求めたが、習近平氏と意見が大きく異なり、結論は習氏に一任されることになった。9月3日、習近平氏が中央党校で「香港が非常に重要な闘争に直面している」と語った直後、曽慶紅氏と韓正氏が緊急会議を開いて香港情勢について議論し、4日に林鄭月娥氏が改正案撤回を正式に発表したのであった。しかし、決断が遅すぎた。もはや市民の怒りは収まることなく、抗議の激しさはエスカレートしていった。20年1月以降、新型コロナウイルス感染予防のために街頭での反政府活動は一時的に停頓したが、終息していない。

とはいえ、中央は、香港に譲歩すれば内地に飛び火することを恐れ、香港の民主化を抑え込もうとしている。3月には、何君尭議員ら親中派勢力が、中国政府への反逆行為を禁止する「国家安全条例」の制定に向けて、香港各地で署名活動を行った。署名した約100万人のうち、香港人の比率は1／4でしかなかった。香港政府と中国中央が香港市民の声を聴かずに「一国二制度」を形骸化したことで開けられてしまった中央への抗議という「パンドラの箱」には、民主化という希望を期待することがいっそう難しくなっている。

（駒澤大学教授　三船恵美）

台湾

香港情勢と台湾総統選挙

19年初の習近平演説が「一国二制度の台湾版」を呼び掛けたのに対し、蔡英文総統は「統一」および「一国二制度」は受け入れられないという意思を直ちに表明した。これに対し、習近平政権は「恵台政策」を継続しつつ、台湾周辺での軍事活動など蔡英文政権に対する圧力を畳み掛けるように強めた。ところが、中国が台湾に圧力をかければかけるほど、低迷していた蔡氏への支持は回復した。さらに、香港で逃亡犯条例改正に反対するデモが勃発すると、すでに民主化

を果たしている台湾は「一国二制度」を受け入れないとする声明を蔡氏は改めて発表した。

これに対して、野党国民党の候補者となった韓国瑜氏は、習近平演説と香港情勢によって苦境に立たされた。韓氏は18年11月の統一地方選挙で高雄市長に当選し、その勢いで国民党の公認候補となった。しかし、19年3月に市長として訪中した際に香港に立ち寄り、台湾の地方首長として中央政府駐香港連絡弁公室を初訪問したことは、台湾を「一国二制度」に押し込みたい中央政府の意図に乗ったのではないかと批判された。さらに、香港のデモに対する見解を問われた韓氏は、明確な立場を示せなかった。

主要候補が出そろった19年9月以降、総統選挙戦の蓋を開けてみれば、蔡氏のリードが覆ることはなかった。20年1月11日に投開票が行われた選挙では、74.9%という記録的高投票率のなか、蔡氏は総統選挙史上最多の817万票以上を獲得して再選を果たした。同日に投開票が行われた立法委員選挙において、民進党はより苦戦すると見られていたが、これも113議席中の61議席を獲得し、快勝した。これらの結果は、香港情勢に対する危機感や、それを捉えて蔡英文・民進党が打ち出した「自由と民主の防衛戦」という訴えが、台湾市民、とりわけ若年層に支持された結果であると見るべきであろう。つまり、習近平政権の台湾および香港に対する強硬策が招いた結果でもあったと言わざるを得ない。

明確化する米国の対台湾関与

台湾総統選挙戦の期間と重なるかたちで、米政府は従来よりも踏み込んで、台湾の現職政権を支持する姿勢を見せた。このことも蔡英文・民進党陣営の選挙戦に有利に働いたように思える。19年は米中国交正常化40周年であると同時に、米華（台）断交40周年でもあった。米台間では「台湾関係法40周年」というかたちで様々な記念行事が行われ、蔡英文総統は米戦略国際問題研究所（CSIS）の記念シンポジウムにビデオ参加し、中国からの軍事的威嚇、サイバー攻撃やフェイクニュースの脅威を訴え、米台協力の重要性を主張した。

また、選挙戦が本格化した19年夏、トランプ政権は台湾への大型軍備売却を立て続けに発表した。7月8日、トランプ政権はM1A2「エイブラムス」戦車108

両や携行式地対空ミサイル「スティンガー」など総額約22億ドルの兵器を台湾に
売却する旨を承認した。続いて、同政権は8月20日、F16‐V戦闘機66機、総額約
80億ドルを台湾に売却する旨を発表した。特に、F16‐V戦闘機については、陳
水扁政権も馬英九政権も達成できなかった台湾にとって27年ぶりの戦闘機購入
であり、トランプ政権の決定が中国および台湾に与えた政治的メッセージは大き
かったと考えられる。

　さらに、台湾海峡や台湾周辺海空域での軍事活動を活発化する解放軍に対し
て、米軍は同区域での軍事活動を積極的に公表することで、牽制の意思を示し
ている。最も象徴的なのは、米海軍艦艇の台湾海峡通過が、18年夏頃から米海
軍第七艦隊のプレス・リリースに基づいて頻繁に報道されるようになったことで
ある。香港紙サウス・チャイナ・モーニングポストが独自の情報公開請求に基づ
いて行った報道によれば、米海軍艦艇の台湾海峡通過はこれまでも未公表のう
ちに行われており、オバマ政権期の方がその頻度は高いほどであった。しかし、
トランプ政権はそれをあえて公表することで、中国を牽制しようとしていると見ら
れる。米海軍艦艇の台湾海峡通過は19年には9回、20年1月から4月まではほぼ
月に一度のペースで報じられている。

新型コロナウイルスと緊張の高まり

　習近平政権が台湾における選挙の結果を受けて、強硬路線を改める様子は見
られず、国務院台湾事務弁公室は選挙後直ちに「92年コンセンサス」を引き続き
堅持するという姿勢を示した。続く1月19日に開催された中共全国対台湾工作会
議では、「一つの中国」原則の堅持が確認された。また、同時期にミャンマーを
訪れた習氏は、中・ミャンマー共同声明に「台湾、チベット、新疆ウイグル自治区
などは中国の不可分の一部である」との文言を盛り込んだ。

　この頃、中国国内では新型コロナウイルスの流行が深刻化しており、同感染症
への対応をめぐり、中国と台湾および米国との溝はさらに深まった。台湾との関
係において、習近平政権は蔡英文政権のチャーター機派遣要請を拒み、中国在
住の台湾人が台湾へと引き揚げるのが大幅に遅れた。また、マスクの輸出制限な
ど蔡英文政権の防疫政策を批判する一方で、同政権からの防護服供給申し出を

拒絶していたことも明らかになった。そして、台湾の防疫政策が大きな成果を上げているにもかかわらず、WHOへの台湾の参与を認めず、妨害している。これらの対応を正当化するのみならず、台湾の政権にその責任を転嫁しようとする中国の宣伝攻勢を受け、台湾の民意はますます「一つの中国」から離れつつある。

　中国は新型コロナウイルスが国内で猛威を奮っていた期間も、周辺海空域での軍事活動を継続し、国内での感染拡大が収まったとされる3月頃からは攻勢を強めている。台湾海峡においても、中国は台湾が「感染症に乗じて独立を謀っている」ことを理由に、軍事的圧力を強めている。解放空軍機は春節明けから台湾周辺空域での訓練を活発化し、3月中旬以降は台湾東部の海域に海軍艦が見られるようになった。これに対し、偵察機を中心とする米軍機が台湾周辺を飛行する頻度を増やし、解放軍の動向を牽制している。このように、新型コロナウイルスへの対応をめぐる政治的駆け引きの裏側で、台湾海峡における米中間の軍事的緊張も高まっている。

（法政大学教授　福田円）

中国のファースト・レディーは国民的歌手

コラム　外交と音楽

　習近平国家主席の夫人の彭麗媛は、中国を代表する国民的歌手としても有名である。彭麗媛は、地元の文化施設の責任者であった父親と劇団員であった母親のもと、1962年11月に山東省で生まれた。両親の影響を受けて芸術の道に進み、山東芸術学院で学んだ。1980年に済南軍区前衛歌舞団に入団して人民解放軍所属となった後、中国音楽学院で声楽を専攻した。1990年5月には修士号を取得した。

　1982年に中国の国営テレビ局である中央電視台の第1回春節聯観晚会（日本の紅白歌合戦に相当）に出演して「在希望的田野上（希望の野原に）」を熱唱し、スターとなった。1984年には総政治部歌舞団に移籍し、翌年に中国共産党に加入、中国音楽家協会理事にも選ばれた。そして、1986年に知人の紹介によって習近平と知り合い、翌年9月に結婚した。当時、中国では習仲勲元国務院副総理の息子の習近平よりも彭麗媛の方が知名度は高かったという。

　彭夫人はその後も順調に活動を続け、中国を代表する歌手として、50カ国以上を訪問してコンサートを行った。2005年9月にはニューヨークのリンカーン・センターで中国オペラ『木蘭詩篇』が上演されたが、そこで主役を務めたのは彭麗媛であった。

　外交の舞台ではファースト・レディーの立ち居振る舞いが話題になることがある。ヒラリー・クリントンやミッシェル・オバマといった米国のファースト・レディーは国内外で注目を集めてきたが、これまで中国のファースト・レディーにはほとんど注目が集まらなかった。華々しいキャリアの持ち主である彭麗媛は異色の存在である。

　彭麗媛は、少将の肩書を持ち、人民解放軍歌劇団長を務めているが、かつて1989年の天安門事件で学生を弾圧した戒厳部隊を慰問したり、文化交流活動のために1997年に台湾を8日間訪問した経験もある。彭麗媛が音楽を通じて中国のソフトパワーの向上や中国外交のイメージアップに貢献するのかどうか、習近平国家主席の訪日とあわせて注目に値する。

渡辺紫乃
上智大学教授

第4章　ロシア

概　観

　2020年5月でプーチン政権（含首相期）は20年になる。振り返ると、00-08年は原油価格の高騰で、ソ連邦崩壊後の「屈辱の90年代」を経済的に克服して大国の自信を取り戻した。しかし貧富は拡大し、国民生活は悪化、不正な議会選挙を契機に11年末-12年には大規模な反プーチン集会が各地で生じた。13年の「クリミア併合」などでプーチン大統領は何とか危機を乗り切ったが、14年以後は原油価格下落やG7の対露制裁などによる経済不調に陥り、腐敗・汚職が相変わらず蔓延している。モスクワなどはオイルマネーで欧米都市以上に近代化したが、国民の貧困層は増加した。プーチン政権にとって深刻なのは、社会の閉塞感ゆえ、今後政権を支えるはずの若い世代の過半数が国外移住を望むまでになっていることである。

　この状況下で、20年にはプーチン氏も全く予想していなかった3つの大事件で番狂わせが生じた。一つは原油価格の大暴落だ。年初にはバレル約60ドルだった原油価格は一時10ドル台に下落し、5月半ばに30ドル台に戻った。背景は世界経済の落ち込みと「OPECプラス」でのロシアとサウジアラビアの対立で、やがて両者は減産に合意した。構造改革が進まず資源依存経済を脱却できないロシアにとって原油価格下落は死活問題である。第2は、3月にプーチン氏が彼の24年迄の任期を36年まで延期可能とする改憲案を承認したことだ。第3は、新型コロナウイルス問題で、ロシアは世界で最も被害の大きい国の一つとなった。5月段階で首相など3閣僚と大統領報道官も感染した。コロナ問題はロシア経済を直撃しただけでなく、ロシア政治にも深刻な打撃を与えている。4月22日には、前述の改憲案を盛沢山の福祉条項と抱き合わせて全国投票にかけて圧倒的支持を得る予定だった。そして5月9日には対独戦勝記念日に各国代表を招いて、プーチン氏は「圧倒的支持を受ける大統領」を世界にアピールする予定だったが、コロナ問題で全て延期となった。

　注目されるのは、近年対外政策で地政学的にロシアが中東で影響力を強めていることだ。米国が手を引いて「力の空白」が生じ、クルド人問題を契機にトルコがシリアに越境侵攻して、両国と関係の深いロシアが仲介役を果たそうとしていることなどが背景にある。また、イランとサウジアラビアの対立に関しては、やはりロシアは両国と関係を保って影響力を強めようとしている。旧ソ連諸国はコロナ問題で国家エゴを強め、「ユーラシア経済連合（EAEU）」も欧州連合（EU）と同様に揺らいでいる。

（青山学院大学名誉教授／新潟県立大学名誉教授／
平和・安全保障研究所研究委員　袴田茂樹）

内政：コロナ、原油安直撃で最大の試練

　ロシアのプーチン大統領は2020年初頭、憲法改正方針を打ち出し、大統領任期制限を撤廃して自らの長期政権固定化を図った。しかし、4月22日に予定された改憲国民投票は、新型コロナウイルスの感染拡大で延期となった。20年5月で就任20周年を迎えたプーチン大統領はこれまで、さしたる政権危機がなかったが、国内のコロナ感染拡大や歴史的な原油価格下落、それに長期政権に伴う閉塞感も加わり、最大の試練の時期に入った。

当初は「院政」を想定

　プーチン大統領が改憲方針を表明したのは20年1月15日の議会での年次教書演説で、「現行憲法は25年以上前、深刻な政治危機の中で採択された。当時から状況は大きく変わった」と指摘し、政治システムを大幅に刷新する必要があると強調した。具体的な改革案として、首相や閣僚を決める権限を大統領から議会に移す、国家評議会の役割を強化する、大統領の任期を通算2期に制限するなどを挙げ、幅広い議論を呼び掛けた。

　その直後、メドヴェージェフ首相は「改憲に向けて、大統領が必要な決定を下せるよう配慮する」として内閣総辞職を断行した。プーチン大統領は後任の首相に、連邦税務庁のミシュースチン長官を指名、下院で承認された。メドヴェージェフ氏は安全保障会議副議長という新設ポストに転出したが、これにより、08年のメドヴェージェフ大統領就任後、プーチン、メドヴェージェフ両氏がトップと2位を務める体制が12年間で終了した。

　ミシュースチン新首相は納税の効率化で手腕を挙げたテクノクラートだが、無名で政治的指導力はない。ラブロフ外相、ショイグ国防相ら主要閣僚は留任した。

　この改憲案では、プーチン大統領は24年の任期満了時に辞任しなければならず、権限が強化される国家評議会議長に就任し、「院政」を敷くのではと憶測された。権力が分散し、現在の大統領一元支配が集団指導体制に変わる印象を与えたが、一方で大統領は、「ロシアは強い大統領制国家であり続けるべきだ」な

どと矛盾した発言もみられた。

若者に反政府機運

　プーチン大統領が唐突に提案した改憲は、「一月革命」と呼ばれ、1993年制定の現行憲法が初めて大幅に修正されることになる。そこには、経済の低成長や国民の所得減、欧米の経済制裁長期化、国際的孤立など内憂外患に直面する中で、新体制を早期に築き、社会混乱を抑える狙いがあったようだ。

　ロシアでは、長期政権特有の閉塞感が広がる中、若者の間で民主化後退や強権統治への不満が強まっており、19年夏、モスクワなど大都市部で若者らの反政府デモが毎週土曜日に行われた。モスクワのデモは、モスクワ市議会選で一部改革派候補の立候補登録が拒否されたことに抗議するもので、最高6万人が参加。「プーチンなきロシアを」などと叫び、2011-12年に起きた10万人デモ以来の大規模な反プーチン運動となった。19年春のウクライナ大統領選で、コメディアン出身のゼレンスキー氏が当選し、旧ソ連各国に民主化を呼び掛けたことも影響したとの見方もある。

　政権側は毎回、数百人を一時拘束して徹底弾圧した。結果的に、抗議デモは統率がとれず、秋には終了したが、経済不況による就職難、長期政権による利権固定化や貧富の格差を受けて、若者の不満が鬱積していることを示した。

延命路線に急転換

　改憲プロセスはその後、当初の大統領提案を軸に急ピッチで下院の審議が進んだが、採決を目前にした20年3月10日、女性初の宇宙飛行士で与党のテレシコワ議員が、「2024年の大統領選でプーチン氏の名がないと、有権者は戸惑ってしまう」と述べ、現職大統領と大統領経験者の通算任期数をゼロにする改正案を突然提案。プーチン大統領は直後に議会に現れ、「国家に多くの問題がある時は、政権交代より安定の方が重要だ」と述べ、任期撤廃案を支持した。

　それまでプーチン氏は、「大統領の終身制は有害だ」と述べていただけに、意外な豹変となったが、ペスコフ大統領報道官は、「世界の情勢がより不安定になった。困難な時代には、政権安定や政策の一貫性が重要になる。他の主要国

もそうだ」と説明した。ロシア紙『ベドモスチ』によれば、大統領続投に向けた改憲を主導したのは、コンスタンチン・マロフェーエフ氏ら若手民族派新興財閥だったとされる。ロシアでは、「院政」の歴史がなく、新大統領の登場で、政治的混乱が起きることへの懸念がエリート層に強かったようだ。改憲が成立すれば、プーチン氏は5選、6選に道が開かれ、83歳になる36年までの超長期政権が可能になる。

改憲案はこの条項を盛り込んだ上で、隣国との国境画定を除き領土割譲を認めない、神への信仰と歴史的に形成された国家の一体性を尊重する、祖国防衛の偉業の意義の矮小化を許さない、結婚は男女間の行為、大統領経験者に免責特権付与など保守的な要素が明記された。改憲案は下院を通過し、4月22日の国民投票実施がいったん決まった。

首相も感染、原油は歴史的安値

だが、中国で発症した新型コロナウイルスはロシアに波及し、感染者急増、病院崩壊など膨大な被害をもたらした。ロシアは当初、中国国境を封鎖するなど水際作戦を進め、感染者は少なかったが、3月にアルペンスキーを楽しんだ富裕層が北イタリアからウイルスを持ち込み、夜の街を通じて一気に広がった。当初はモスクワ首都圏が中心だったが、全土に拡散し、ミシュースチン首相ら閣僚らも感染した。ロシア政府は4月から国民の外出禁止や産業活動停止など世界的にも厳重なロックダウン（封鎖）を導入したが、感染者は増え続けた。

「2カ月で収束する」、「事態をコントロールしている」としていた3月のプーチン発言も誤算となった。感染急増により、改憲国民投票は延期された。国家最大の行事である5月9日の対独戦勝75周年式典も9月3日に延期となった。プーチン政権は当初、憲法改正を経て、戦勝式典にトランプ大統領や安倍首相ら各国首脳を招き、国際的威信をてこに大統領選を前倒しで実施し、五選を目論んでいたとされる。だが、予想外のコロナ禍で延命戦略に狂いが生じた。プーチン大統領の支持率も3月には63％となり11年以来の低い数字となった。

ロシアにとって、コロナ禍に伴う原油価格の下落も経済に大打撃となり、社会的・経済的不安定をもたらしかねない。石油・ガス収入は国家予算の4割を占め

るだけに、赤字予算や国民の所得減、生活苦に繋がる。プーチン体制の過去20年の安定は、原油価格高騰が大黒柱だっただけに、経済苦境が深刻化すれば、政権基盤が揺らぎかねない。

（拓殖大学海外事情研究所教授　名越健郎）

経済：プーチン登場20年で何が変わったか

　2019年のロシア経済は、18年までは顕著であった成長回復が腰折れした。これは、18年のサッカーワールドカップ主催でのインフラ投資効果が終息したこと、そしてこれに次ぐべき24年までのインフラ大投資「国民プロジェクト」のスタートが遅れたことによる。

　他方、西側は対露制裁を続けたが、ロシアの株式・債券に対する需要は高まり、政府・民間とも数度にわたって西側での起債に成功した他、株式市場は最高値をつけるに至った。

　14年の原油価格低落でルーブルのレートが大きく低下したが、この時、ロシア中央銀行はルーブル買い支え介入を停止し、ルーブルは対ドルで半値に低落した。インフレ率が高まったため、国民の実質可処分所得はその後一貫して下落していたが、19年はインフレ率が2.3％に下落したため、プラス0.8％に転じた（但し算定方法がこれまでより数字を押し上げる方向に変更されている）。

　生活の諸方面でデジタル技術やスマホの活用（例えばタクシー、ピザや寿司の宅配、民宿）が進んで都市居住環境は世界でも高位のものと評価されるに至っている。さらに世界銀行のビジネス環境の現状（Doing Business）指標では、ロシアのビジネス環境は日本、中国、フランスを抜いて世界28位に位置付けられるに至った。

　ただ19年末には世界原油価格の低落が始まり、20年に至って底なしの様相を見せる。石油の時代が終焉に近づくにつれ、ロシア経済の化石燃料への依存が一向に軽減されないことは、将来への懸念の種である。

　20年初頭にかけて、ロシア政府は西側の大勢にならったか、財政赤字容認（ロシアは19年も財政黒字を維持した）、金融緩和の方向に舵を切ろうとするが、そこ

でコロナ禍と原油価格の暴落に見舞われることとなる。19年までのパラダイムは大きく変わり、ロシアは経済政策の大きな修正を余儀なくされることになるだろう。

国内の経済動向

　14年のクリミア併合を機とした原油価格の急落で、マイナス成長を示したロシア経済は、17年には1.6％、18年には2.3％と回復傾向を固めていたが、それは19年に腰折れし、19年を通じての成長率は1.3％で止まった。民間消費は、低金利の中で消費者ローンが対前年比20％も伸びたことで1.3％の増加を示したが、投資と政府消費の伸びが低水準に止まった。

　他方、財政は好調で、年間を通じて約1.9兆ルーブル（歳出額の約10％に相当）の財政黒字となった。この背景の一つに、20年1月首相に就任するミシュースチン氏が、13年以来国税庁長官として精力的に進めた電子納税の進展で、徴税率が大幅に高まったことがある。18年の税収は21.3兆ルーブルで、1年間で23％増とされる。税収の約25％を占める付加価値税（消費税）は、小売店に特別なレジスターの購入を義務付ける等の手段で、税収を4年間で64％向上させている。なお、付加価値税収入は、法人税、個人所得税収入をはるかに上回る。

　また、原油価格が予算での予定価格を上回った時には、その上回った分が振り込まれる国民福祉基金は19年末で7.8兆ルーブル、そして金・外貨準備は5,544億ドルに達した。直接投資は出入りを差し引くと6億ドルの純増で（流入は269億ドルで、18年の59億ドルの5倍）、久しぶりのプラスとなった。

停滞の諸相

　上記のように明るい要素もいくつかあるが、社会では停滞感が支配的である。18年6月には国民の大きな反発を呼んだ年金支給年齢の引き上げは、段階的に実行されるために国民の怒りをもはや招いておらず、19年1月に付加価値税が18 ％から20％に引き上げられたことも騒ぎを呼ばなかったのだが、前記の如く実質可処分所得が14年以来下げ止まらなかったことが、社会の停滞感を強めたものと思われる。

　18年末に国家統計局長官が交代し、実質可処分所得は算定方法が変えられてこれまでのものより数値が引き上げられ、19年はプラス0.8％だったとされたが、

世帯の6分の1が食費だけで精一杯、50%は日用品購入にも苦労する一方、自分を中産階級に位置付けるロシア人は、14年の63%から54%に低下し、代わって低所得層は27%から39%に増加したとする調査の方が、実態に近いだろう。

　プーチン大統領は18年5月新たな任期に踏み出すに当たり、「5月布告」を公布。24年の任期終了までに官民合計25.7兆ルーブルの投資で、ロシアのGDPを世界5位以内に引き上げ、貧困水準にある国民の比率を17年の13.2%から6.6%に引き下げること等を公約とした。

　これを実現するために、「ナショナル・プロジェクト」と称してインフラ等大規模投資計画が立てられることとなった。しかし、プロジェクトの選定・策定に当たっては各省、そしてオリガーク（新興財閥）の利害が交錯。加えて政府は機械設備の購入手続きや監査体制をなかなか決められず、19年度予算で予定された金額は、9月になっても52%しか消化されなかった。年末にこれは91.4%にこぎつけているが、ジャンプスタートを狙っていたプーチンの意に沿うものではなく、20年1月、メドヴェージェフ首相は辞任に追い込まれている。

対外経済関係

　ロシアの対外経済関係に大きな変化はなかった。ただし、ロシアは19年、政府・民間とも数度にわたって外国資本市場での起債に成功した。これは西側による対露制裁が次第に緩んでいることを意味するが（起債自体は制裁対象ではない）、他方西側、特にEU諸国との貿易が伸びない中、原油輸出も含めて対中貿易の比重がますます高まった。19年も中国は、EU全体を除けばロシアの最大の貿易相手国であり続けた。

　ロシアは中国への依存を深め、ともに「米ドルによる世界支配」を打破する意気込みを表明しているが、実際には両国間の貿易でさえ元・ルーブル決済分は全体の10%程度に留まっている。

　またプーチンはAI、ロボットの重要性をしきりに指摘しているが、対ロシア制裁の一環で先端技術の対露輸出がこれまでよりさらに規制されつつあることは、ロシア経済の将来に大きな負担となるだろう。ウクライナ、シリア問題等で米国に歩み寄ることが求められている。

プーチン時代の総決算

　プーチン氏が大統領に就任して20年が過ぎた。この間、1999年に1バレル17.8ドル（ブレント）だった原油価格は08年には97.8ドルと約4.5倍に跳ね上がり、その間GDPの8.5倍増というロシア経済の奇跡を実現した。ロシアのGDPは19年末で1.7兆ドルだが、購買力平価では4兆ドルを超えて、ドイツに迫る。国民一人当たりのGDPは名目で11,530ドルに達し、中国、メキシコを上回っている。商店でのサービスは、ソ連時代とは比べ物にならないほど近代化されたし、1990年代には「原始資本主義」と揶揄された、やらずぶったくりのビジネスマナーも、西側のものに近づいてきた。

　しかし今後、原油・天然ガス輸出収入を失った場合、自律的に成長を続けられる経済体質は、いまだまったく構築されていない。ロシア人はIT技術に優れており、インターネットを使ったスタートアップの勢いは西側並みであるが、これですべての国民を養うことはできない。20年4月のウラル原油の価格は奇しくも、プーチンの大統領就任直前の底値に戻っているので、下手をすればロシアの経済は元の木阿弥ということになる。

　ロシア経済は大幅な民営化をしないと効率化、活力を獲得することができないが、企業の資力が西側大企業にはるかに劣るため、国営にしておかないと存続が難しい。またインフレ防止のために金利水準が高めに維持されており、19年でも市場では実質20%の金利が課された。これではほとんどの事業はできない。基本的なジレンマを抱えているのである。

　プーチン統治の20年間の間に、企業関係の法制は整備されたし、税制も透明、効率的なものになった。しかし08年のリーマン金融危機で、企業救済のために公的資金が注入されて実質的に国営化が進展したことを契機に、経済においては国営部分が60 - 70%を占有、銀行資産においても国営銀行が3分の2を所有しており、民営部門は中小企業にほぼ限られることとなっている。

　またプーチンは、エネルギー資源部門を国営とすることで、政府による強力な構造改革投資を進める資金源とすることを狙っていたが、国営化の目的は達したものの、構造改革での成果は「点」に止まり、「面」はおろか、まだ有機的なサプライチェーンさえ構築できていない分野がほとんどである。

したがってロシア経済は、西側メジャーが、利益率が低下する一方の石油に見切りをつけて、再生可能エネルギーに転換を図る場合には、目も当てられないこととなる。石油・天然ガス関連の所得は、価格が大幅に下がった19年でもGDPの39.3％相当に上っている。ノヴァク・エネルギー相は20年2月、「化石燃料の時代は、あと20年は続く」と述べているが、西側メジャーが利益率低下で原油ビジネスに見切りをつける時は意外と近いものになろう。

　ロシアは、人口の3％にしかならない富裕層が金融資産の89％を所有するという格差社会なので、経済が不振の場合、24年の大統領選に向けて社会の安定性は大きく揺らぐことになるだろう。

（Japan‐World Trends代表　河東哲夫）

対外政策

　プーチン大統領は20年を、大国としての地位を再構築する年と位置付け、対独戦勝記念日や憲法改定をそのために利用するつもりだった。しかし、最近のロシアの対外政策は、国内経済の悪化や原油価格の暴落、それに深刻化した新型コロナウイルス問題が追い打ちをかけた。米国などとの軍縮交渉も進展していない。ロシアが漁夫の利を得たのは、中東政策のみである。今日のロシアの対外政策に関して、以下の項目に分けて概観する。「近い外国」との関係、対欧米政策、中東（中近東）との関係。なお対東アジア政策や日露関係、軍事政策に関しては別項に譲る。

「近い外国（旧ソ連諸国）」との関係

　プーチン大統領は15年発足のユーラシア経済連合（EAEU）を基礎に、ロシアが主導して旧ソ連諸国をロシア勢力圏として再統合しようとする野望を持っている。しかし独立した旧ソ連諸国は、ロシアとの諸協力を継続しながらも、政治的なロシア支配を強く警戒している。特にバルト三国は強い警戒心を抱いて、NATOとの協力を強めている。新型コロナウイルス問題は、各国間の政治・経済対立をさらに深めている。

　経済的には旧ソ連諸国間の経済・貿易摩擦やエネルギー問題、パイプライン

問題などをめぐる衝突が生じており、ロシア主導の統合は順調に進むどころか、近年はむしろ分裂傾向が強まっている。ロシアメディアさえも、「EAEUは、その参加国にとって魅力がますます小さくなっている」と述べている（『独立新聞』2019年7月11日）。加盟国間で貿易戦争も生じている。14年から16年にかけての原油価格下落とルーブル下落によるロシア経済の深刻な落ち込みは、旧ソ連諸国の経済に打撃を与えた。ロシアの国民総生産はEAEU全体の9割を占めているからだ。中央アジアやウクライナからロシアへの多くの出稼ぎ労働者が失業状況に陥り、仕送りの減少も各国経済にとって打撃になった。カザフスタンの政治学者サトパエフ氏も「カザフスタンのEAEU加盟は経済的にだけでなく政治的にもわが国の足を引っ張っている」と述べた。

　最も深刻なウクライナとの対立に関しては、昨年大統領になったゼレンスキー氏はポロシェンコ前大統領と同じく、クリミアも東部ウクライナもウクライナ領だと主張しているが、ロシアとの対話姿勢も打ち出した。それを受け、ロシアも話し合い姿勢を示し、19年11月には、前年にケルチ海峡で拿捕したウクライナ海軍艦船3隻と乗組員24名を、互いの拘束者交換でウクライナに渡した。しかし両国間の和平は成立しておらず、ロシアはウクライナに軍事、サイバー、電子攻撃を続けている。安全保障面でロシア側が最も警戒するのは、NATOおよびEUに加盟したバルト三国に続いて、ウクライナ、ジョージア、モルドバ、アゼルバイジャンなどにNATOやEU、西側の影響が強まることだ。

　新型コロナウイルス問題で、EAEU諸国の国家エゴイズムが強まっている。どの国も自国の生き残りのために、他国への配慮を失っている。EAEUの各国は利己主義的に勝手に国境閉鎖や検疫隔離、移動制限などを実施している。また、ロシアの国境閉鎖、移動制限、経済の落ち込みによって、中央アジアなどからの出稼ぎ労働者たちは人道的に深刻な事態に陥っている。ロシアではコロナ感染者が急増しているが、彼らの劣悪な住環境、医療環境がロシアのコロナ感染者問題を急速に悪化させたのではないか。

対欧米関係

　米国とロシアの関係は、トランプ政権下で改善されるとの期待に反して、冷戦

終結後最悪の状況が続いており、「クリミア併合」後のG7の対露制裁も、日本を除き、近年むしろ強化された。ただ、トランプ大統領は個人的にはプーチン大統領を高く評価し、19年8月には、20年米国で開催予定のG7にプーチン氏を招く意向を示した。しかし米国内ではロシアの選挙介入（ロシアゲート）疑惑ゆえに、大統領も対露制裁を保持せざるを得ない。

　米国との間の最重要の問題の一つは、軍縮問題だ。トランプ氏は19年2月初めに、中距離核戦力（INF）条約をロシアが遵守していないとして離脱を表明し、それに強く反発したロシアは、米国こそが違反しているとして直後に離脱を表明した。さらに21年2月に期限が切れる米露間の新戦略兵器削減条約（新START）は、ロシアはその延期を望んでいるが、米国は同意していない。米国が強調しているのは、中国が核・ミサイル大国になった以上、中国抜きに米露間だけでINF条約や軍縮条約の延期をするのは不合理だというものだ。ロシアも中国参加には賛成しているが、核で後れている中国は参加を拒んでいる。

　対欧州政策だが、プーチン政権の眼目の第一は、米国と欧州の切り離し、第二は、EUの分裂である。トランプ氏はNATO諸国の対米貿易が大幅黒字、NATOの米国負担が大きすぎること、EU諸国の対露エネルギー依存が高いことなどに強い不満を抱いている。この状況はプーチン政権にとって好ましい事態だ。

　欧州分裂だが、南北の経済対立、移民問題、極右勢力の台頭、ブレグジットなどによりEU加盟諸国は国境を高くし新型コロナウイルス問題以前に、EUは危機に陥っていた。対ロシアでのEU団結を最も警戒しているロシアにとって、EU危機は好ましい事態であり、そのために陰に陽に介入してきた。イタリアのコンテ首相やフランスのマクロン大統領、ハンガリーのオルバン首相などは親露的姿勢を示している。EU各国でポピュリスト政党が勢いを強めて、EU本部と対立した。ポピュリスト政党の多くは、親プーチン姿勢を示し、プーチン氏も積極的に彼らを支援してEUの分断を謀っている。

　ドイツはフランスとともにEU統合の機関車ともなったが、ロシアからのエネルギー輸入問題ではEU本部や米国と真っ向から衝突した。バルト海海底を通ってロシアからドイツに通じる海底ガスパイプライン「ノルドストリーム2」の建設にロシアは力を入れている。これには、エネルギーの欧州市場を狙う米国だけでなく、

エネルギー安全保障の立場から輸入先を分散化しようとしているEU本部も批判的だ。しかし、欧州のエネルギーハブを目指すドイツはロシアを支持している。

　新型コロナウイルス問題では、EU各国が「自国第一主義」に走り、各国が勝手に国境閉鎖や諸対策を取り、EUの分裂をさらに深めた。このこと自体はロシアに好都合だ。しかし、新型コロナウイルスによる世界経済の落ち込みと原油価格の暴落は、ロシア経済だけでなくロシアの対外政策にも大打撃を与えている。国際社会での大国の地位回復というプーチン氏の目論見が水泡に帰す危険性が高まったからだ。なお、19年12月に、世界反ドーピング機関（WADA）はロシア選手団を五輪や22年のサッカーワールドカップ等から4年間除外することを決定したが、これもロシアの威信を大きく低下させた。

中東との関係

　中東ではシリア内戦の収束が最も重要課題の一つとなり、その解決のためロシアは17年1月以来、ロシア、イラン、トルコを保証国とする会議をカザフスタンの首都アスタナ（現ヌルスルタン）で開催してきた（通称「アスタナ会議」）。オバマ以来の米国の中東からの後退姿勢を、プーチン大統領はロシアにとり地政学的絶好の機会と見ている。ちなみにトランプ大統領も、19年にはイスラム過激派ISが打破されたため、同年10月、油田地帯保護の少数部隊を除き、シリアなどからの米軍引き揚げを声明した。

　「アラブの春」以来内戦が続き、欧米諸国が独裁を非難しているシリアだが、プーチン氏はアサド政権を支えてきた。また核問題で米国が制裁を課しているイランとロシアは良好な関係を保っている。イスラム教シーア派のシリアとイランは連合しており、ロシアはイランの核開発には反対だが、この連合を中東での足場にしている。

　問題を複雑にしているのは、クルド人（中東各国に居住）の独立運動を抑えるために、シリアに越境して軍事侵攻したトルコ（19年10月）ともロシアは友好関係を保っていることだ。プーチンは14年12月に、ウクライナを迂回してトルコ経由で欧州に達するガスパイプライン「トルコストリーム」計画を発表してトルコと協力している。

　NATOの一員であるトルコのエルドアン大統領は、16年7月のクーデタ未遂事件以後、特に独裁色を強めた。それ以後欧米はトルコに批判的態度をとってきた

ので、トルコはロシアからS-400最新ミサイルシステムの導入を決めた。これに反発した米はトルコをF-35戦闘機製造のプロジェクトから排除し、一方トルコはロシアのSu-35戦闘機の購入についてロシアと協議に入った。トルコとシリアは当然対立しているが、その間に挟まったロシアは、両国の仲介役を果たして、欧米より強い立場に立とうとしている。エルドアン大統領は19年10月にロシアのソチでプーチン大統領と首脳会談を行い、シリア北部に「緩衝地帯」を設け、ロシアとトルコが共同でパトロールする合意をしたが、シリアは反発した。プーチン氏は一方で「シリアの主権と領土の一体性を尊重すべき」と述べてシリア軍とロシア軍の協力を謳いながら、「自国の安全保障を確立したいトルコの立場は理解できる」として、苦しい弁明をしている。

　翌月にはエルドアン大統領は訪米してトランプ大統領と会談している。米国の政府や議会は、シリアに侵攻しロシアからS-400を購入するエルドアン独裁政権を批判しているが、トランプ氏は個人的に彼を高く評価している。会談は両国の問題点は引き続き協議するとして終わった。

　さらに、ロシアとサウジアラビアの関係も複雑化している。イスラム教スンニ派の指導的国家サウジアラビアは、伝統的にシーア派の大国イランと真っ向から対立しており、米国と親密な関係を維持して安全保障面でも米国の武器およびその武力を後ろ盾としてきた。このサウジで19年9月に世界最大の石油精製施設がドローンと巡航ミサイルで攻撃されたのだ。この攻撃にイランが関与していることはほぼ確実と見られている。この事件が世界に衝撃を与えたのは、サウジおよびその後ろ盾の米国の安全保障能力に、あるいは米国の信頼性に強い疑問を投げかけたからである。ちなみに、プーチン大統領はこの事件の翌月、ロシアでサウジのサルマン国王と、サウジを訪問して国王と実権を握るムハンマド皇太子と会談し、サウジ側はS-400 その他のロシア武器の購入で合意した。ただ、20年3月6日のOPECプラスの会合では、サウジ提案の原油減産にロシアが真っ向から反対し、サウジは逆に大幅増産に転じて、ロシアとサウジの「石油戦争」となったが、米国の仲裁で4月12日に両国は妥協した。

（袴田茂樹）

極東政策

対中政策

　米中対立が長期的な覇権争いの様相を示すなかで、欧米と対立状態にあるロシアは中国と外交、経済、軍事など各方面で、戦略的なパートナーシップを深化させた。

　プーチン大統領は19年6月5日、モスクワを訪問した習近平国家主席と首脳会談を行った。両首脳は安全保障や経済でのさらなる緊密化で一致し、米国が離脱したイラン核合意の維持や、反米政権と民主派勢力の対立が激化するベネズエラ情勢、朝鮮半島の非核化など国際政治の主要な争点で連携を確認、結束して米国に対抗する姿勢を誇示した。

　プーチン氏は、習氏が参加した7日のサンクトペテルブルク経済フォーラムで、米中貿易摩擦について「米国は国際的な基準を無視し、自国の基準を世界に押しつけている」と中国を擁護。ロシアの通信大手MTSは5日、米国が排除を呼びかける中国の通信機器大手「華為技術（ファーウェイ）」と、次世代通信規格5G技術の開発での協力で合意した。

　7月23日には、ロシアの爆撃機Ts-95MS2が中国の戦略爆撃機「轟6K」と、日本海、東シナ海の公海上空で日米韓に中露連携を誇示するかのように初の合同哨戒任務飛行を行った。ロシア機はさらに韓国が不法に占拠する竹島領空を侵犯した。竹島の領有権問題や輸出管理問題などで日韓が鋭く対立し、日米韓3カ国の安全保障上の連携にきしみが生じていることに乗じて、中露が3カ国の連携にくさびを打ち込もうとの狙いもあるだろう。

　中国との軍事連携強化は大規模軍事演習でも示された。ロシア軍が9月16日から21日にかけて中央軍管区などで行った大規模軍事演習「ツェントル2019」には、旧ソ連の中央アジア各国やインド、パキスタンのほか中国の人民解放軍の1,600人規模の部隊が初めて参加した。ロシアの大規模軍事演習への人民解放軍の参加は前年9月の「ヴォストーク2018」に続き2年連続となった。

　プーチン氏は10月3日、中露軍事協力が新段階に入りつつあることを印象づけ

る注目すべき発言を行った。ロシア南部ソチで行われたバルダイ会議において、ロシアが中国の弾道ミサイルの早期警戒システム開発を支援していると初めて明らかにし、「こうしたシステムを保有しているのは米露だけで、中国の国防力を大幅に向上させる」と強調した。米国のINF条約離脱に中露が共同で対抗する姿勢を強調したといえよう。

　中露の急速な軍事面での提携強化について一部の専門家の間では「中露同盟」の現実的可能性について懸念される状況だが、6月の中露首脳会議で発表された「包括的なパートナーシップの構築と新時代への戦略的相互関係に関する共同声明」では、改めて「同盟関係の構築を拒否する」と記された。

　プーチン氏が対中政策で最重視するエネルギー協力でも重要な動きがあった。ロシアが東シベリア・イルクーツク州から中国東北部に直接、天然ガスを送る全長約3,000キロメートルの初のパイプライン「シベリアの力」が完成し、12月2日、供給を開始した。ウクライナ南部クリミア半島の併合で欧米から制裁を課されたロシアが中国に活路を見出し、14年5月、供給契約で合意。約5年半後に、稼働にこぎつけた。ただ中国側にとってロシアはあくまで供給国の一つに過ぎず、新型コロナウイルス感染拡大で中国のガス需要も大幅な落ち込みは避けられないだけに、価格交渉を含め対中交渉は難航するとみられる。

　ただ、ロシアはトランプ米政権などが新型コロナウイルス感染拡大をめぐり対中批判を強めていることにも強く反発し、中国を擁護する姿勢を鮮明にしている。プーチン氏は20年4月16日、習氏との電話協議で「一部の者が中国の顔に泥を塗ろうとしているが受け入れられない。中国批判の試みは非建設的だ」と述べて、米国を批判した。ロシアは経済苦境で中国依存がさらに進むのは避けられないだろう。

対北朝鮮

　ウクライナ危機や米大統領選介入などで対米関係が過去最悪の状態にあるロシアにとり北朝鮮は、ロシアが国際政治の主要プレイヤーとして存在感を示すことが可能な数少ないテーマのひとつである。プーチン氏は19年4月25日、北朝鮮の金正恩労働党委員長を極東ウラジオストクに招き、初の首脳会談を行った。両首脳は北朝鮮の核問題に関し、段階的な非核化を目指すとの考えで一致した。

一方で双方の思惑は微妙に異なっていた。ロシアは北朝鮮核協議での影響力確保のために、6カ国協議再開を目指しているが、北朝鮮は6カ国協議再開よりも難航する米朝交渉の再開をにらんで、中国に加えてロシアの後ろ盾をも得ることで対米交渉力を高める狙いが明白だった。

　露朝首脳会談は約8年ぶりだったが、北朝鮮への制裁が継続される状況では、朝鮮半島縦断のガスパイプライン建設や南北鉄道連結計画など関係拡大に向けたプロジェクト具体化の見通しは立っていない。軍事、外交両面での対話も活発に行われ、フォーミン国防次官が7月、平壌を訪問し、努光鉄人民武力相（当時）と会談し軍事協力を協議。チトフ第1外務次官は11月、モスクワを訪問した北朝鮮の崔善姫第1外務次官と初の「戦略対話」を実施、ラブロフ外相も崔と個別に会談し、米国に対して露朝の結束を改めて誇示した。

対日政策

　プーチン氏は19年6月、G20大阪サミットで16年12月以来、約2年半ぶりに来日し、安倍首相と通算26回目の首脳会談を行った。最大の懸案である北方領土問題について、ロシア側の強硬姿勢に変化は見られず、首脳会談では前回来日時に両首脳が表明した「平和条約問題を解決する真摯な決意」を再確認しただけだった。

　ロシアは日本が、18年秋にシンガポールでの日露首脳会談で、従来の択捉、国後、歯舞、色丹の四島に関する帰属交渉から、歯舞、色丹二島返還を目指す方針で決着を急ぐ方針に事実上譲歩したにもかかわらず、第二次大戦の結果を承認し、北方四島のロシア主権を認めることが交渉の前提との強硬姿勢のまま交渉は完全に暗礁に乗り上げており、進展する経済協力との落差が際立つ一方である。その意味ではプーチン政権の思惑通りの展開となったといえよう。

　経済協力では、ウクライナ南部クリミア併合による欧米からの経済制裁で苦しむロシアにとり大きな成果があった。北極圏のギダン半島で、ガス大手「ノバテク」がプーチン政権の期待を背負って進める天然ガス田「北極2」の開発事業への日本参画が決定したからだ。19年6月29日、両首脳の立ち会いで政府系の石油天然ガス・金属鉱物資源機構（JOGMEC）と三井物産が総額3,000億円の投資を行うことで調印した。ただ、原油価格・ガス価格の大幅下落が長期化する可

能性がある中で、この事業が計画通り進むのか、またその採算性が合うのかは不明である。日本政府が領土交渉の環境整備と位置付ける北方四島での共同経済活動にむけた作業でもロシア側の姿勢は頑なで、観光開発の視察団の入域も難航するほどの状況だった。

　プーチン氏が主導して20年3月に策定された憲法改正案に「領土割譲の禁止」条項が盛り込まれたことは対日強硬政策の一環と理解すべきだろう。同条項で念頭にあるのが、併合したウクライナ南部クリミア半島と北方領土であるのは明白である。改正案の策定過程でプーチン氏は領土割譲禁止条項に賛同しつつ「外務省による国境画定作業を妨げないような文言を見い出すように」などと要請。これを受け「隣接国との国境画定や再画定を除いて」と例外が設けられた。このため、一部ではプーチン氏が日本に配慮したとの誤解も生まれた。プーチン政権は日本との領土交渉は国境線画定交渉とはみなしていない。プーチン氏は、政権2期目の05年から第二次大戦の結果、北方四島のロシア帰属が確定したと言明。国境線画定交渉すら否定する強硬な立場に転換している。改憲案に「祖国防衛者の記憶を尊重し、歴史の真実を擁護する」と第二次大戦での勝利を絶対視するかのような「戦勝史観」が明記されたことも注目すべきだ。

　14年のクリミア併合以降、対露制裁が緩和される見込みの薄いロシアにとって、日本はロシアが最強硬姿勢を取り続けても経済協力強化など、宥和的政策を継続する稀有な存在だ。対日配慮のようなポーズを示すことで、ロシアに有益な交渉を持続しようとの意図は明白であろう。

　新型コロナウイルス感染拡大で、憲法改正にむけた全国投票や、戦勝記念日の軍事パレードなど一連の行事は延期された。これに伴い、安倍氏の訪露も中止された。1月以降、日露の外交当局間の協議も行われておらず、5月中旬に開始する予定だった北方4島でのビザなし渡航も延期された。

　プーチン氏は4月、ソ連時代に対日戦勝記念日だった9月3日を、延期された20年の戦勝記念日とする新たな決定を下したことでさらなる対日強硬姿勢が明確になったといえる。

（東京新聞外報部次長　常盤伸）

軍事

軍事態勢全般

　19年から20年初頭にかけて、ロシアの軍事態勢全般には目立った動きは見られなかった。15年に空軍と航空宇宙防衛部隊が統合されて以来、ロシア連邦軍（以下、ロシア軍）は陸軍、海軍、航空宇宙軍の三軍種、空挺部隊及び戦略ロケット部隊の二独立兵科を中心として構成され、その定数も18年の大統領令によって規定された190万2,758人（うち、軍人101万3,628人）から変化していない。軍事行政区分である西部、南部、中央、東部の4個軍管区体制と、統合運用体制である西部、南部、中央、東部、北方艦隊の5個統合戦略コマンド（OSK）体制についても同様である。

人員充足及び人事

　ロシア軍を構成する軍人の定数は、前述のように101万3,628人である。実勢については公表されておらず、常時即応部隊の人員充足率も18年以降非公表となったが、英国際戦略研究所（IISS）の『ミリタリー・バランス』2020年版では約93万人（他に予備200万人）と見積もられている。組織別内訳の見積もりは表-1のとおりである。

表-1　組織別に見たロシア軍の人員内訳

軍種	陸軍	28万人
	海軍	15万人
	航空宇宙軍	16万5,000人
独立兵科	戦略抑止部隊*	8万人
	空挺部隊	4万5,000人
その他	特殊作戦軍	1,000人
	鉄道部隊	2万9,000人
	指揮・支援要員	18万人

* 戦略ロケット部隊、海軍のSSBN部隊、航空宇宙軍の爆撃機部隊等の合計
（出典）The Military Balance 2020, The International Institute for Strategic Studies, 2020, pp. 194-202.

ロシア軍の軍人は、徴兵（勤務期間1年、無給）と契約軍人（最低勤務期間2年、有給）、そして職業軍人である将校から成るが、その比率は過去10年間で大幅に変化してきた。2000年代までのロシア軍では兵士と下士官の大部分を徴兵で賄ってきたが、近年では徴兵を減少させる代わりに契約軍人を増加させる方針が採用されている。この結果、09年には徴兵が57万1,500人、契約軍人16万人程度であったのに対し、19年には徴兵26万7,000人、契約軍人39万8,000人と比率が大きく変化した。徴兵は安価に大量の動員が可能である一方、練度は低いため、より高い練度を期待できる契約軍人が重視されるようになったのである。

　また、従来は大部分の部隊が少数の兵力しか充足されていない「動員部隊」であったのに対し、近年では部隊数を大幅に削減する代わりに残った部隊に常時人員を充足して常時即応部隊化されるようになった。ただし、ロシア国防省は有事の動員予備を確保するために軍隊勤務経験者を社会の中に一定数確保しておく必要があるとして徴兵制は廃止しない方針であり、動員部隊も維持されている。経済的に考えても、有給の契約軍人で徴兵を全て代替することは（定数を大幅に減少させない限り）困難であろう。

　将校については2000年代末まで定数35万人とされていたが、前述の部隊数削減によって大幅に削減され、現在では定数22万人（19年の充足率は95%）とされる。

　国防首脳部人事については若干の動きが見られた。20年1月のメドヴェージェフ内閣総辞職後に組閣されたミシュースチン新内閣においてはショイグ国防相が再任され、国防省内でもゲラシモフ参謀総長兼第一国防次官及びツァリコフ第一国防次官も引き続きその任に留まるなど大枠は変化していない。これはショイグ国防相を中心とした国防指導部が概ねプーチン大統領以下の政治指導部から高く評価されていることを示すとともに、ロシアの国防政策が今後も大きく変化しないであろうことを示唆するものと言える。

　他方、これ以下のレベルでは、イングーシ共和国大統領であった元空挺部隊軍人のエフクロフ中将が国防次官に任命されたほか、海軍総司令官が前任のコリョフ海軍大将からエフメノフ海軍大将に交代した。

装備調達

　ロシア軍は11年以降、「2020年までの国家装備プグラム（GPV-2020）」に基づいて装備近代化を進めてきたが、18年にはこれが新たな「2027年までの国家装備プログラム（GPV-2027）」へと発展解消された。GPV-2027では10年間の総予算が19兆ルーブル（この他に軍事インフラ整備費用1兆ルーブル）とされており、額面ではGPV-2020（19兆ルーブル）とほぼ同水準であるが、インフレ率を加味した実質購買力は低下していると見られる。

　GPV-2027の具体的な調達項目やその数的目標は明らかにされていないが、最優先項目はGPV-2020と同様、核戦力の近代化に置かれている。ロシアは自国の通常戦力が米国やNATOに対して劣勢であるとの認識を有しており、抑止力としての戦略核戦力と、抑止が敗れた場合に戦闘遂行能力を補完する手段としての戦術戦力が重視されているためである。戦略核戦力については、2000年代末以降、RS-24ヤルスICBMによる近代化が継続しており、19年には極超音速滑空核弾頭を装備する「アヴァンガルド」の配備が開始された。今後については多数の核弾頭を搭載可能なRS-28サルマート重ICBMの配備が予定されているほか、ポセイドン原子力魚雷やブレヴェストニク原子力巡航ミサイルといった従来の核軍備管理枠組みに捕捉されない新型戦略核兵器も開発されており、21年に失効する新STARTの後継交渉ではこれらの扱いが焦点の一つとなろう。

　戦術核戦力については詳細が明らかでないが、核・通常弾頭両用のイスカンデル-M戦術弾道ミサイルが年間2個旅団という早いペースで配備されており、19年には全13個ロケット旅団の装備更新が完了した。このほかには航空機搭載型のキンジャール極超音速対地ミサイルや艦艇搭載型のカリブル巡航ミサイルの配備も進んでいる。これらは通常弾頭型がメインと見られており、核兵器に頼らない「非核戦略抑止力」の中核を担うと考えられる。

　さらに19年8月、米国がINF条約を破棄したことに伴い、ロシア側は自国も中距離ミサイルの開発・配備を再開する意向を示した。これに先立ち、ショイグ国防相は、カリブル巡航ミサイルの地上発射バージョン、地上発射型の長距離極超音速ミサイル、現存する地上発射型ミサイルの射程延伸型の開発をクリボルチコ国防次官（装備計画担当）に指示している。20年代のロシア軍は、これら核・非

核両用の多様なミサイル戦力によって抑止力と戦闘遂行能力を確保していくものと見ることができよう。

　他方、通常戦力については明らかに調達がペースダウンしている。特に航空機調達のペースダウンは著しく、ピークであった10年代半ばに比べると19年の調達実績は5分の1まで減少した。陸軍用装備については比較的大規模な調達が続いているものの、大部分はソ連時代に開発された旧式装備のアップグレード型が中心であり、10年代に開発されたT-14アルマータなどの新世代装備の大量配備には目処が立っていない。

訓練及び演習

　19年中におけるロシア軍の訓練及び演習は1万8,500回実施された。

　中でも中央軍管区で行われた戦略指揮参謀部演習（SKShU）「ツェントル2019」は兵員約12万8,000人、武器及び軍用装備2万点以上、航空機約600機、艦船15隻以下を動員するという大規模なもので、外国がイスラム過激派を支援して中央アジアでロシアに圧力をかけるという想定が採用された。なお、「ツェントル」演習は従来、旧ソ連5カ国で構成される集団安全保障条約機構（CSTO）によって4年ごとに実施されていたが、19年には同機構を脱退したウズベキスタンが初参加した。20年に入ってからウズベキスタンがロシア主導のユーラシア経済連合（EAEU）へのオブザーバー参加を決定したことと併せて、ミルジヨーエフ政権成立後の同国の対外政策が軌道修正を図っている兆候として注目されよう。

　さらに「ツェントル2019」には、インド及びパキスタンとともに中国が初参加した。ロシア軍のSKShUに中国軍が参加するのは前年の東部軍管区大演習「ヴォストーク2018」に続いて2回目である。また、19年には中露の爆撃機が日本海から東シナ海にかけて合同で空中哨戒を実施したほか、中国の早期警戒システム開発をロシア企業が支援していることをプーチン大統領が明らかにするなど、両国の軍事的接近は従来に比べて拡大傾向にある。

国防支出

　19年度連邦予算における国防費の総額はそれ以前と同様に公表されていない

が、同法の審議過程において採択された文書等から判断するに、予算項目「国防」への割り当て額は約3兆2,100億ルーブル程度と考えられる。名目額でみると、これはプーチン政権下で最大規模の国防支出が行われた15年（16年については軍需産業の債務補償分を除いて計算）を上回る数字であるが、インフレ率を考慮した購買力平価ではほぼ横ばいであり、対GDP比も低下傾向にある。

20年以降については22年度までの計画予算を含めた3ヶ年予算が成立しており、毎年概ね3兆-3兆2,000億ルーブル程度の支出が予定されている。対GDP比は2%台半ばと10年代の平均（3%台半ば）よりも大きく低下することになり、財政における軍事負担の低減が図られていることが読み取れよう（表-2）。経済状況が好転しない限り、ロシアが西側諸国と軍事的対峙を継続することは次第に難しくなりつつある。

表-2 2018-2022年の国防費

		2018年*	2019年**	2020年***	2021年***	2022年***
主要指標	国防費総額（10億ルーブル）	3,032,674.0	3,210,898.7	3,056,233.9	3,199,695.3	3,285,167.7
	対GDP比（%）	3.0	3.0	2.4	2.7	2.6
	対連邦予算比（%）	17.6	16.8	15.7	15.9	15.9
内訳（10億ルーブル）	ロシア連邦軍（02-01）	2,262,492.3	2,342,578.4	2,263,965.6	2,413,187.0	2,559,989.7
	動員及び部隊外での訓練（02-03）	7,318.6	7,523.1	7,508.7	7,536.4	7,646.1
	経済の動員準備（02-04）	3,202.9	3,228.7	3,498.4	3,198.4	3,198.4
	核兵器コンプレクス（02-06）	44,142.0	46,026.6	47,251.0	44,536.9	46,624.1
	軍事技術協力に関する義務の履行（02-07）	10,464.3	10,057.2	9,784.9	9,875.0	9,929.3
	国防の分野における応用科学研究（02-08）	378,419.8	342,079.4	311,219.8	362,839.2	371,273.2
	国防の分野におけるその他の問題（02-09）	325,634.2	477,405.3	412,995.4	358,522.4	286,506.8

* 実績
** 2020 年度予算法案提出時点での想定
*** 2020 年度予算法案における想定
（出典） 2019 年度及び2020 年度連邦予算法の審議過程において採択された下院国防委員会決議等より筆者作成

新型コロナウイルスによる影響

　19年末に発生した新型コロナウイルスの影響は、当初、ロシアでは限定的であった。しかし4月以降、ロシアで爆発的な感染拡大が始まるとロシア軍内部でも感染事例が増加し、5月半ばの段階では軍人約1,700人、その他の国防省職員約1,600人の感染が報告されている。徴兵や訓練といった軍事活動への影響は最小限に抑えられているものの、すでに軍需産業では人員や運転資金の確保に困難をきたしていることが報告されている。予想される経済の落ち込みによって国防費の抑制圧力がさらに強まれば、軍事力近代化にも影響が出ることは避けられないと考えられよう。

（東京大学先端科学技術研究センター特任助教　小泉悠）

コラム　外交と音楽
歴史の刻印—
勇壮・悲壮ないまぜのロシア国歌

　オスマン・トルコの軍楽隊、19世紀西欧の国民国家が制定した「国歌」と、音楽は国家に大いに利用されてきた。ロシアは、その先頭グループにいる。頭より心でものを考えるロシアの大衆に、自分はこの広い大地を守ってきたロシアという国の人間なのだと感じさせるためには、音楽が一番。

　ソ連時代、ラジオから流れ出る時報のチャイム、テレビ・ニュース「ヴレーミャ」の開始を告げた勇壮なメロディー、天気予報のバックに流れる歌謡「別れ」のメロディーなどは、今でもそのまま。世代を超えた、国のアイデンティティーとなっている。

　ソ連は当初、フランスで生まれた国際労働運動の歌「インターナショナル」を国歌としていたが（世界共産主義革命を目指していたので）、1944年独自の国歌を制定した。そして現在のロシアの国歌は、メロディーはそのまま、しかし歌詞はかなり変えて、ソ連時代のものを使っている。

　ロシアの国歌、軍隊の行進曲は非常に勇壮なのだが、それに「悲壮」感が短調でからむところに特徴がある。長調だけで行け行けどんどんの米欧諸国の国歌に比べ、何回も受けた侵略で多数の犠牲者を出したことを無意識に想起させ、このいとしい祖国を守らねばという意欲を掻き立てるのだ。もっとも、老年世代は昔の歌詞が頭にこびりついているし、若年世代はあまり学校で教えられていないようで、双方とも口だけ開けて歌うかっこうをしている場合も多いし、とにかく長くて、オリンピックの表彰式などではげんなりするが、勇壮で美しいことでは比類がない。

　ロシアの音楽は、西欧のクラシック音楽はもちろん、米国のミュージカル、ジャズもみごとに消化しているし、中東の音楽にも通じる要素を持つロシア民謡、フランス・シャンソンの影響を受けたギターの弾き語りバルド、切ないロマンを漂わせる歌謡曲、西側では珍しくなった詩の朗読等々、独特で深いものを持っている。

　しかし、国家つまり役人が手を触れると、なんとも陳腐なものとなる。赤の広場での軍事パレードでは、背景にチャイコフスキーの「1812年序曲」とか交響曲第5番の終楽章が大音響で流されるが、大袈裟に過ぎる。

　ロシア政府が外国で展開する「文化交流」も多くの場合、イマジネーションに欠ける。ユーロビジョン等、世界の大衆レベルではロシアのポップが人気を博しているというのに、それが政府の文化交流行事に登場することはあまりない。ロシアはひと頃、「ソフト・パワー」を外交の武器にするのだと言っていたが、まだまだなのだ。

河東哲夫
Japan-World Trends代表

第5章　朝鮮半島

概　観

　韓国は、文在寅政権発足以来、歴代保守政権の不正・腐敗を明らかにし処罰する「積弊清算」を進めてきたが、2019年後半からは文政権の不正疑惑にむしろ捜査が迫る厳しい状況となっていた。そのような中、20年に入ると新型コロナウイルスの感染が一気に広まり、国民の関心は新型コロナウイルスへの対応に集中した。韓国政府の対応は、各国の首脳やマスコミ等、世界から賞賛を得るとともに国民の支持も得た。その結果、20年4月の総選挙では全300議席のうち、与党が180議席、最大野党が103議席となり、与党が圧勝する形となった。

　米韓関係は、米軍が保有している韓国軍の戦時作戦統制権の韓国への移管のための準備が進む一方、日韓軍事情報包括保護協定（GSOMIA）および在韓米軍の駐留経費をめぐる対立がみられた。日韓関係は輸出管理、GSOMIAをめぐる対立に発展し、歴史問題が経済・安全保障協力、国民の交流まで停滞させることとなった。

　韓国軍は、北朝鮮の核・ミサイルの脅威だけでなく、全方位の安全保障の脅威に備える姿勢を明確にした。ミサイルを増強するほか、ミサイル発射用の「合同火力艦」および軽空母の獲得を目指すことが初めて発表された。国防費は50兆ウォンを初めて超えた。

　ハノイで行われた第2回米朝首脳会談が想定外の「合意無し」に終わった北朝鮮は、憲法改正を通じた国務委員長の地位・権限の強化や大規模な党幹部の刷新などにより、金正恩朝鮮労働党委員長の威信を護持し、求心力の向上を図った。

　F‐35Aステルス戦闘機の導入など軍備拡張を進める韓国の動向を念頭に、北朝鮮は新型短距離弾道ミサイルを頻繁に発射し、開発を進めた。一方、トランプ大統領との「親書外交」で6月に板門店で米朝首脳の会談を実現し、実務協議の開催で合意したが、ストックホルムで行われた実務協議では、核実験・ICBM発射中止の「見返り」が得られないことを理由に「決裂」を表明し、交渉は再び頓挫した。

　中国との関係では、19年6月に14年ぶりとなる国家主席の公式訪問を実現させたが、中朝双方の対米交渉への思惑から、実務的な性格の強い訪問となった。日本との関係では、安倍首相が無条件の日朝首脳会談への意欲を表明したものの、日本側による拉致問題追及への猜疑心を隠さず、依然として対話は実現していない。

　南北関係では、米朝交渉の停滞から、北朝鮮が韓国に対し、南北経済協力に向けた主体性の発揮を促したが、国連制裁の枠組みの範囲内での協力を模索する韓国側の姿勢に変化は無かった。

（東京国際大学教授／平和・安全保障研究所研究委員　伊豆見元）

韓国（大韓民国）
内政

「積弊清算」

　文在寅政権は発足以来、歴代保守政権の不正・腐敗を明らかにし処罰する「積弊清算」を進めている。その対象は、李明博元大統領、朴槿恵前大統領に続き、国家情報院や軍の情報機関である機務司令部、さらに検察、警察等の政府機関にまで広がった。

　「積弊清算」の背景には、かつての軍事政権とその流れをくむ保守勢力が、大統領とそれを支える政府機関に権力を集中させ、長年にわたり、国民の権利、生命、財産を奪い、利益を独占し続けてきたという不満がある。また、文大統領が師と仰ぐ盧武鉉元大統領を自殺に追い込んだ保守政権や検察に対する文大統領の思いは強いといわれている。

　文大統領は2019年1月新年の記者会見で、これまでは各組織に自ら改革させるという手法をとってきたが、次はその改革を法制化することによって仕上げる旨、表明した。法制化によって政権が代わっても改革の成果を維持させることが狙いである。

　文大統領は2月15日、「大韓民国臨時政府」100周年にあたる19年は「日帝時代を経て、歪められた権力機関の影を完全に剥ぎとる元年にしなくてはならない」と述べ、国家情報院、検察、警察の改革を本格的に推し進める旨、表明した。

　保守勢力が有利となるようインターネット上などで工作活動をした国家情報院は、国内情報の担当部署が全面廃止され、海外の情報収集に専念する組織へ改編が進められている。歴代大統領をはじめとする政府高官に対する捜査を行ってきた検察は権限を新設の「高位公職者犯罪捜査処」に移管する。警察も地方警察に権限を分散させるなどする。

　文大統領は、19年9月9日、「私自身を補佐し、私とともに権力機関の改革のために邁進し、成果を見せてくれた曺国長官にその仕上げを任せたい」と述べ、曺国氏を法務部長官に任命した。しかし、曺氏およびその家族による資産隠し、不

正進学、兵役忌避等が報じられ、大きな反発と混乱が起き、曺氏は10月14日に辞任した。また、11月から12月にかけ、盧政権期に文大統領の部下であった元釜山副市長の収賄疑惑を大統領府がもみ消した（17年）との疑惑や蔚山市長選（18年）で文大統領や曺氏と近い候補が有利になるよう、大統領府がライバルの保守系候補側近の不正捜査を警察に指示したとの疑惑が浮上し、これらを指示した中心人物は曺氏であると報じられた。韓国与党は12月27日、少数政党に有利となる公職選挙法改正案を通過させる一方、少数政党からの協力を得る形で検察の権限を縮小させる決め手となる「高位公職者犯罪捜査処」設置法案を12月30日に通過させた。曺氏に代わって法相となった秋美愛氏は20年1月、疑惑の捜査を進める検察官を人事異動して検察の捜査を露骨に妨害するなど、政権対検察の様相を呈した。このように文政権による不正腐敗に捜査が迫る厳しい状況であった。

新型コロナウイルスへの対応と総選挙

　そのような中、新型コロナウイルスの感染が一気に広まり、国民の関心は新型コロナウイルスへの対応に集中した。韓国は15年の中東呼吸器症候群（MERS）で対策失敗と混乱を経験しており、感染症への国民の危機意識が強い。韓国政府は20年2月23日に国務総理を本部長とする中央災難安全対策本部を立ち上げ、専門知識を有する疾病管理本部長率いる中央防疫対策本部とともに、入国制限、検疫、隔離、感染源および感染者の動線調査などの対応にあたった。

　韓国政府は、ドライブスルーおよびウォークスルー式の検査所を設置すると同時に検査機関および検査試薬を増加した。その結果、一日に可能な検査数は2月時点の3,000人から4月時点の2万人まで拡大した。また、感染者の携帯電話の位置情報、クレジットカードや交通カードの使用記録、監視カメラの映像等を収集し、感染者の動線を国民に知らせ、感染を防止した。全国民に付与された住民登録番号は、本来、北朝鮮のスパイを割り出すために導入されたものであるが、感染者の把握やマスク購入枚数制限の管理に役立った。軍も検疫、消毒、輸送を支援した。支援には現役の軍人、軍医、看護師のほかに、卒業式を前倒しした新任看護将校75人や医師を目指す男性が兵役の代わりに就く「公衆保険医」

750人以上が投入された。

　この結果、一日最大916人（2月29日）が確認された感染者数は4月には100人以下となり4月末には外国からの入国者4人を除き、ゼロとなった。

　韓国政府の対応は、各国の首脳やマスコミ等、世界から賞賛を得るとともに国民の支持も得た。韓国ギャラップの調査によると、曺氏をめぐる混乱で39％（19年10月第3週）まで落ちた文大統領の支持率は4月15日の総選挙直前59％（20年4月第3週）まで上昇した。総選挙では、全300議席のうち、与党が180議席、最大野党が103議席となり、与党が圧勝した。大統領側近の不正問題および経済不振は主な争点とならなかった。

外交

米韓関係

　米韓関係は、米軍が保有している韓国軍の戦時作戦統制権を韓国に移管するための準備が進む一方、日韓軍事情報包括保護協定（GSOMIA）、在韓米軍の駐留経費をめぐる対立がみられた。

　18年10月31日の米韓安全保障協議会議（SCM）において、戦時作戦統制権の移管後は、韓国軍大将が司令官を、米軍大将が副司令官を務めることで合意した。しかし、韓国軍大将とは合同参謀本部議長なのか、司令部はどこに置くのかについては決定していなかった。すでに米韓連合司令部をソウルに残して、在韓米軍司令部および国連軍司令部が18年6月29日に平澤に移転していた。これらの問題について、19年6月3日、鄭景斗国防長官とシャナハン米国防長官代行が、ソウルにおいて会談した際に、未来連合司令部の司令官を韓国軍の合同参謀本部議長とは別の韓国軍大将とし、米韓連合軍司令部は平澤に移転することを決定した。これにより、米韓連合軍は、将来的に両国の大統領、国防長官等の方針のもと、平澤の在韓米軍基地内において、韓国軍大将の司令官が韓国軍および在韓米軍に作戦指示を出す体制となった。

　19年11月15日にはエスパー国防長官およびミリー統合参謀本部議長が訪韓し、SCMを開催した。SCMでは、8月の米韓指揮所演習で検証された韓国軍司

令官による未来連合司令部の基本運用能力が評価・検討され、20年に次の段階である完全運用能力の評価を推進することが決定した。また、同日、文大統領とも会談した。文大統領は「安全保障上、信頼できないという理由で輸出規制措置を取った日本に対し、軍事情報を共有するのは難しい」と説明し、日韓GSOMIAの維持は難しいことを説明した。大統領府は、エスパー長官が理解を示したと発表したが、韓国側はその後、GSOMIAの終了を停止していることから、米国側は今回の訪韓でGSOMIA維持を強く迫ったとみられる。米国は韓国が8月にGSOMIAの終了を発表したことに「失望」を繰り返し表明していた。エスパー国防長官は訪韓前の11月13日、日韓GSOMIAは維持されるべきであり、日韓の対立により利益を得るのは北朝鮮と中国であると述べた。また、ハリス駐韓米大使も19日、GSOMIA終了は「韓国防衛を困難かつ複雑にし、在韓米軍だけでなく、韓国軍も大きな危険にさらす」と述べ、終了に反対した。

在韓米軍防衛費分担金をめぐっても対立がみられた。1991年以降、韓国は、人件費、軍事建設費、軍需支援費を支援してきた。『韓国国防白書2018』によると、人件費は米軍基地で働く韓国人労働者に支払われ、軍事建設費の88%および軍需支援費は韓国企業に支払われる。トランプ大統領は、費用に不満を繰り返し表明してきた。米国は、これまでの約5倍相当の年間約50億ドルを要求したといわれる。要求には、戦略爆撃機、空母、原子力潜水艦等の戦略アセットを朝鮮半島に巡回させる費用も含まれているといわれている。ポンペオ国務長官とエスパー国防長官は、米紙『ウォールストリートジャーナル』に「韓国は同盟国、扶養家族ではない」と題する意見記事（20年1月16日付）を投稿し、米軍の朝鮮半島駐留に関連する最も直接的な費用のうち、韓国が負担している比率は約3分の1にすぎず、より多くをカバーすべきであると主張した。

20年4月1日からは在韓米軍基地で働く韓国人労働者の約半数の無給休職が開始され、韓国では米国が労働者を人質に交渉を有利にしようとしているとの反発があがった。韓国リアルメーターが19年11月22日に実施した世論調査によると、在韓米軍が削減されても費用増額の受け入れに反対（68.8%）が、削減の可能性があるため受け入れ必要（22.3%）を上回ったことが明らかになった。

日韓関係

　18年10月以降、「旭日旗」問題、朝鮮半島出身労働者（徴用工）問題、慰安婦問題、韓国海軍艦艇による火器管制レーダー照射事案、竹島問題等をめぐり日韓関係は再び悪化の一途をたどり、歴史問題が経済・安全保障協力、国民の交流まで停滞させることとなった。

　韓国の大法院（最高裁判所）は18年10月30日および11月29日に日本企業に70年以上前に働いていた朝鮮半島出身の労働者への慰謝料支払いを命じ、19年1月9日、原告側による日本企業の財産差し押さえ手続きの申請が認められた。これに対し、日本政府は同日、「完全かつ最終的に解決」されたとする1965年の日韓請求権協定に反するものであるとして、同協定第3条1（まずは外交で解決するとの規定）に基づく協議を要請し、5月20日に同協定第3条2に基づく仲裁委員会に付託することを通告した。しかし韓国政府は協議に応じず、30日以内に仲裁委員を指名するとの同協定第3条2の規定にも従わなかった。韓国政府は6月19日、日韓の企業が自発的寄付金で被害者に慰謝料を払えば、協議に応じると日本側に伝えたと発表した。日本政府は同日、「韓国の国際法違反の状態を是正することにはならず、この問題の解決策にはならない」と拒否した。

　6月28‐29日に開かれたG20大阪サミットで安倍首相と文大統領の会談は行われず、直後の7月1日、日本政府は韓国向けの半導体等の材料3品目（フッ化水素、フッ化ポリイミド、レジスト）の輸出管理を見直す措置を発表した。菅官房長官は7月2日記者会見で、安全保障を目的に適切な輸出管理をするための措置であり「徴用」をめぐる問題の対抗措置ではないと述べた。7月19日、南官杓駐日大使は、河野外相に対し、日本の措置により国民と企業が被害を受けているとし、企業の寄付金による解決に関する6月の提案を繰り返したところ、河野氏が、通訳が終わるのを遮り、以前受け入れられないと伝えたことを知らないふりをして再度提案するのは「きわめて無礼だ」と抗議する様子が報じられた。安倍政権は8月2日、韓国を貿易管理上の優遇措置を適用する「ホワイト国」から除外する政令改正を閣議決定した。文大統領は同日、異例の生中継を認めて臨時閣議を開き「断固たる措置を取る」と述べ、「われわれは二度と日本に負けない」「今日の韓国は、過去の韓国ではない」として日本との闘いを演出して国民に協

力を呼び掛けた。

　韓国政府は8月22日、日韓GSOMIAを終了すると発表した。終了決定を主導したといわれる金鉉宗国家安保室第2次長は翌23日、信頼関係が損なわれたことを終了の理由に挙げた。

　9月27日に公表された19年版防衛白書は、「安全保障協力」の項目で「韓国側の否定的な対応などが日韓の防衛協力・交流に影響を及ぼしている」と言及した。10月開催予定の海上自衛隊主催の観艦式への韓国軍艦艇の招待は見送られた。この間、韓国では日本商品の不買運動、日本旅行の取りやめが相次いだ。東京オリンピックでの「旭日旗」使用禁止を求める運動や韓国与党「共に民主党」の日本経済侵略対策特別委員会による根拠が不明な「日本放射能汚染地図」公開もあった。

　韓国は19年10月22日の「即位礼正殿の儀」に李洛淵国務総理を派遣して安倍首相に文大統領の親書を伝えた。文大統領は11月4日、バンコクで開かれたASEAN+3首脳会議の場で安倍首相と約10分間、歓談した。韓国大統領府は文大統領が「遅れて到着した安倍首相を隣の席に導き」、「非常に友好的かつ真摯な雰囲気の中で歓談した」として、写真を公開し、文大統領のリードによって良い雰囲気の「会談」が行われたかのように演出した。そして、エスパー米国防長官が訪韓しGSOMIAの維持を訴えた後、大統領府は11月22日、「韓国政府は、いつでも韓日軍事秘密情報保護協定の効力を終了させることができるとの前提のもとに19年8月23日終了通報の効力を停止することにし、日本政府はこれに理解を表した」と発表した。12月24日、文大統領は中国成都での日中韓サミットを契機に日韓首脳会談を行い、日本側の輸出規制管理措置の撤回を求めた。20年1月7日の新年の辞では、措置を撤回すれば、関係は発展すると述べる一方、同措置に対して、素材・部品・設備の国産化と競争力強化に努める方針を明らかにした。

　韓国外交部長官は20年3月6日、日本政府が発表した新型コロナウイルス関連の入国制限に対し、駐韓日本大使を呼び出し、不当な措置であると抗議した。

軍事

韓国軍

　朴槿恵政権において韓国の主な国防政策は「韓国型3軸体系」すなわち、①ミサイル発射の兆候捕捉から30分以内にミサイルの移動式発射台や関連施設を先制攻撃して破壊するという「キル・チェーン」、②破壊されずに発射されたミサイルを迎撃する「韓国型ミサイル防衛（KAMD）」、③北朝鮮が核兵器で攻撃を加えた場合、北朝鮮の指導部を狙って報復するという「大量膺懲報復（KMPR）から構成されていた。文政権はこの3軸体系を引き継いだものの、19年1月15日の『国防白書2018』発表の際に、北朝鮮の脅威だけでなく、「全方位の安保脅威」に備えた「戦略的打撃体系」と「韓国型ミサイル防衛体系」の二つに「拡大・補強」した。「戦略的打撃体系」は、朴政権との違いを出すために「戦略ターゲット打撃と圧倒的対応能力を含む概念」とされたが、朴政権の「キル・チェーン」と「大量膺懲報復」を統合したものであるため、その中身に大きな変化はないとみられる。しかし、周辺国からの全方位の安保脅威への対応にミサイル等の打撃手段を用いることを明確にした点において違いがある。

　韓国国防部は19年8月14日、今後5年間の軍事力の建設・運営計画である「国防中期計画」（2020 - 24）を発表した。5年間で約290兆ウォン（約29兆円、年平均国防費7.1％増）を投入する予定である。偵察・監視能力の向上については、軍の偵察衛星、無人偵察機、電波情報収集能力を向上させて、米軍に頼らない韓国軍独自の朝鮮半島全域の偵察・監視能力を完備していく。各報道によると、23年までに軍偵察衛星5機の運用を目指しており、無人偵察機はグローバルホークが20年内に4機となるほか、国産無人機も開発する。

　戦略ターゲットの打撃について、韓国軍が現在保有する短距離ミサイルは「北朝鮮と比べて数的・質的に優秀である」と自己評価しつつも、さらに高度化するとし、地上発射型のミサイル「玄武（ヒョンム）」、海上発射型のミサイル「海星（ヘソン）」、長距離空対地誘導弾等により、地上、艦艇、潜水艦、戦闘機から発射可能な精密誘導弾を拡充するとしている。

また、新規事業として「合同火力艦」に初めて言及した。詳細を明らかにしていないものの、聯合ニュース（19年8月14および15日）や『中央日報』（同）によると、「合同火力艦」は、「洋上のミサイル基地」、「洋上を移動するミサイル弾薬庫」と呼ばれ、対地攻撃用の各種ミサイルを大量に搭載するミサイル発射用の艦艇である。敵の先制攻撃によって地上のミサイル基地等が破壊されても「合同火力艦」による反撃が可能であるため、敵の攻撃決心をためらわせることができるとされる。そのほか、電力網等を麻痺させる停電弾や電磁パルス弾等の非殺傷武器システムも開発していくとしている。

　さらに「朝鮮半島周辺と遠洋での海洋権益の保護」のため、イージス艦を6隻、3,000トン級潜水艦9隻に増強するほか、初めて事実上の軽空母とされる「多目的大型輸送艦」の設計に20年から着手することが明らかにされた。「多目的大型輸送艦」は「短距離離着陸戦闘機の搭載能力」の保有を計画している。このことから、最新鋭のステルス戦闘機F-35Bを搭載する事実上の軽空母の保有を目指しているとみられている。

　ミサイル防衛に関しては、防衛エリアの拡大と迎撃能力の向上を目指す。弾道弾早期警戒レーダー、イージス艦の追加により、探知能力を向上し、ペトリオット（PAC-3）および国産中距離対空ミサイル「鉄鷹（チョルメ）-2」の性能改良、長距離対空ミサイルの研究開発により、北朝鮮の新型短距離弾道ミサイルにも十分な迎撃能力を確保する。約40基あるとされるPAC-2はミサイル迎撃用のPAC-3CRIおよびさらに最新のPAC-3MSEに更新中である。また、弾道弾作戦統制所の機能の向上を図る。

　米国から40機購入予定のステルス戦闘機F-35Aは19年末までに13機が韓国に到着した。20年に13機、21年に14機が到着する予定である。グローバルホークも19年12月23日に米国から1機目が到着した。JTBCの報道（19年9月10日）によると、米朝、南北対話が開始された18年以降も韓国はミサイル発射実験を継続している。これら新兵器の導入や開発は、北朝鮮との関係を考慮して、公開を控える形で行われている。

　20年の国防費は、19年比7.4％増の50兆1,527億ウォンとなった。50兆ウォンを超えるのは初めてであり、保守政権時代よりも増加は顕著となっている。背景

には、「自主国防力」を強化して周辺国の脅威への対応能力確保や戦時作戦統制権の移管を早期に実現しようとする文政権の考えが反映されている。主な内訳としては「全方位の安保脅威に対する対応能力の確保」のうち、「核・WMD対応能力」のため、F‐35A、戦術地対地誘導兵器（ミサイル）、潜水艦、艦艇、軍偵察衛星、弾道弾早期警戒レーダー、ペトリオット性能改良等に約6兆ウォン、「（米韓）連合防衛（体制）を主導」するため、多連装ロケット、戦術情報通信システムに2兆ウォン、国防改革に関連しKF‐X、K2戦車、韓国型機動ヘリ、護衛艦に約6兆ウォンのほか、「自主国防力量確保のための防衛産業育成」に関する研究開発費として約4兆ウォンが充てられ、兵器獲得と開発に積極的な姿勢を見せている。

韓国の国防予算

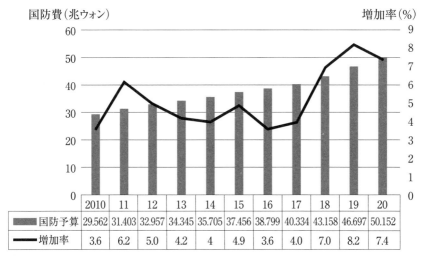

	2010	11	12	13	14	15	16	17	18	19	20
国防予算	29.562	31.403	32.957	34.345	35.705	37.456	38.799	40.334	43.158	46.697	50.152
増加率	3.6	6.2	5.0	4.2	4	4.9	3.6	4.0	7.0	8.2	7.4

資料源：韓国国防部 HP

在韓米軍・米韓連合軍

　18年6月の米朝首脳会談以降、北朝鮮との関係を考慮し、米韓連合軍による毎年8月実施の指揮所演習「フリーダム・ガーディアン」は中止された。毎年3‐4

月頃に実施の指揮所演習「キー・リゾルブ」も、「外交的取り組みを引き続き後押し」するため、「終了」すると2019年3月2日に発表され、それに代わる指揮所演習「同盟」が3月4日‐12日まで実施された。19年6月3日の米韓国防相会談で「フリーダム・ガーディアン」を正式に「終了」することで合意し、それに代わる訓練が8月11日から20日までの間、公開を控える形で規模を調整して実施された。同訓練では米軍が保有している戦時作戦統制権の韓国への移管に備え、韓国軍大将が司令官を、米軍大将が副司令官を務める形で訓練を実施し、韓国軍の基本運用能力（IOC）を検証して軍事対応態勢を向上させることに重点を置いて行われた。

　20年は新型コロナウイルスの流行のため、在韓米軍は20年2月26日に「米韓連合司令部の上半期の連合指揮所訓練を別途の公示があるまで延期することを決定した」と発表した。トランプ大統領は19年8月25日、演習について「金の無駄」であると述べており、演習の中止・縮小の背景には費用に対するトランプ大統領の不満もある。

（防衛省　平田悟）

北朝鮮（朝鮮民主主義人民共和国）
内政

憲法改正と党人事刷新

　北朝鮮は19年、憲法改正を通じた国務委員長の地位と権限の強化や党中央幹部の大規模な刷新を断行した。

　まず、憲法改正については、19年4月の最高人民会議第14期第1回会議で採択した改正憲法において、国務委員長を「共和国（北朝鮮）の最高領導者」から「国家を代表する共和国の最高領導者」に改めた。従前、「国家代表」と位置付けられていた最高人民会議常任委員会委員長については、代表の範囲を外国使節の信任状・召還状の接受に限定する表現に改めた。

　同会議では、金正恩氏を国務委員長に再選するとともに、新たに最高人民会議常任委員会委員長に就任した崔竜海氏を国務委員会第一副委員長にも選出

することによって、両者の上下関係を明確にした。

　さらに、8月にも第14期第2回会議を開催して再び憲法を改正し、法令の公布と外国に駐在する外交代表の任免を国務委員長の任務・権限に追加したほか、国務委員会に政令を発出する権限を付与し、最高人民会議休会中の内閣閣僚の任免を最高人民会議常任委員会から国務委員会に移管した。

　また、国務委員長の選出について「全朝鮮人民の総意に従って最高人民会議で選出する」とし、最高人民会議代議員には選出しないとする規定を設け、国務委員長が全人民の総意によって推戴される格別の地位であることを明記した。

　党中央幹部の人事については、19年4月から20年4月の間に開催された4回の党中央委または政治局の会議で「組織問題」が扱われ、政治局委員11人（延べ数、以下同じ）・同候補委員14人、副委員長6人、中央軍事委員4人、中央委部長13人・同第一副部長7人が補選されたほか、党中央委員46人・同候補委員56人が選出された。

　今回の人事で90歳を超える金永南最高人民会議常任委員長が退任し、老齢の幹部の多くが退任したが、80代の朴奉珠氏が政治局常務委員・国務委員会副委員長として引き続き在任するなど、指導層はなお高齢者で占められており、金正恩氏と年例的に近い40 - 50歳代への大幅な世代交代には至らなかった。

　一連の人事異動の中で、注目される人事としては次の3点が挙げられる。

　まず、金正恩氏の妹である金与正氏の人事である。金与正氏は18年に党第一副部長に任命されていたが、19年12月に再び改めて党第一副部長に任命されたことから、宣伝扇動部から組織指導部に異動したとの観測が出ている。20年2月に李万建党副委員長が党内の不正腐敗事件の関連で副委員長職を解任されたが、これによって兼任していた組織指導部長職も解任された可能性があり、それが事実であれば、金与正氏が今後、組織指導部長に就任するシナリオも考えられる。

　第二に20年1月に李容浩外相の解任、および李善権祖国平和統一委員長の外相就任が判明したことである。李容浩外相の解任は、対米交渉の不調に対する一種の「けじめ」を意味する可能性がある。ただ、後任に軍人出身の李善権氏をあてたところには、かつて統一戦線部出身の白南淳外相がもっぱら儀典や外遊を担当し、外交政策は当時の姜錫柱第一外務次官が担当したように、対米をはじめとする外交交渉を崔善姫第一外務次官（同人は19年4月に国務委員に任命

されている）と金桂官外務省顧問のラインに集約する狙いがあるとみられる。

　第三に、朴正天総参謀長の急速な党内地位の浮上も注目される。朴正天陸軍大将は、19年9月に党中央軍事委員会非常拡大会議において軍総参謀長に任命された後、12月に党中央委政治局候補委員に補選され、さらに20年4月に政治局委員に昇進した。朴氏は、砲兵司令官、副総参謀長兼火力指揮局長、砲兵局長を歴任した砲兵の専門家とみられ、作戦局長や軍団長を歴任していない将官の総参謀長登用は異例と言える。金正恩氏が20年3月、超大型放射砲の発射訓練を視察した際、「（朝鮮）人民軍の砲兵武力を誰もが恐れる世界最強の兵種として強化する」ことを「主体的革命武力建設路線の第一の重大課題」として掲げるよう強調したことなどから見て、金正恩氏が朝鮮人民軍の軍事力を砲兵中心の体系に再編することを構想し、その責任者として朴正天大将を抜擢した可能性が考えられる。

金正恩の白頭山登頂

　19年10月16日付けの朝鮮労働党機関紙『労働新聞』は、金正恩氏が白頭山に登頂したと報じ、白馬にまたがって山頂に立つ金正恩氏の写真を掲載した。同紙は、白頭山頂での金正恩氏の発言は伝えなかったものの、同行幹部らが「革命が一歩前進する雄大な作戦が展開されるという確信」を得たと伝えた。同紙によれば、金正恩氏はまた、白頭山のふもとにある三池淵郡（現在は三池淵市）を視察し、「米国を頭目とする敵対勢力がわが人民に強要してきた苦痛は、今やわが人民の憤怒に変わった」と述べ、自力更生の精神を旗印に前途を切り開くべきだと強調した。

　さらに、金正恩氏は12月にも幹部らとともに再び白馬に乗って白頭山の革命戦跡地を視察し、冬季の白頭山踏査行軍の実施を指示し、幹部・人民に厳しい抗日闘争を追体験するよう求めた。北朝鮮側報道によれば、4月末までに5万6,000人が冬季の白頭山を踏査した。

　金正恩氏が白頭山に登頂した背景には、第2回米朝首脳会談が合意無しに終わったのに続き、10月5日のストックホルムでの米朝実務協議が「決裂」に終わり、早期の合意獲得の見通しが立たなくなったことがあるとみられる。北朝鮮指

導部は、米大統領選の本格化で20年の早い時期に米国の譲歩を得ることは困難になることも想定し、幹部および人民に故金日成主席の抗日パルチザン闘争を想起させることによって、制裁解除に対する期待を打ち消し、持久戦への思想的準備を固める狙いがあったとみられる。

　金正恩氏は、12月28日から31日にかけて開催した党中央委第7期第5回全員会議で3日間にわたる演説を行い、対米交渉の現状について、米国が対話と交渉を標榜しつつも曖昧な態度を取り、制裁を維持して北朝鮮側を消耗させようとしているとして、米朝関係の構図は「自力更生と制裁の対決に圧縮された」との認識を示した。そして、「経済建設に有利な対外的環境が切実に必要なのは事実であるが、生命のように守ってきた尊厳を売り払うことはできない」と主張し、「自力更生の威力で制裁・封鎖策動を破綻させる」ための「正面突破戦」戦略を提示した。

　この中で金正恩氏は「正面突破戦の基本戦線は経済部門」であるとし、内閣の機能強化、経済計画の信頼性の向上を要求したほか、金属、化学などの主要工業部門で「山積している弊害と不振」を分析し、農業生産の向上や科学技術、教育、保健医療事業の改善を要求した。また、「正面突破戦」を支えるため、外交戦線の強化に取り組むとともに、「米国の対北朝鮮敵視政策が撤回され、朝鮮半島に平和体制が構築される時まで戦略兵器の開発を中断することなく粘り強く行っていく」とし、「世界は遠からず、新たな戦略兵器を目撃することになるであろう」と表明した。

新型コロナウイルスへの対応

　20年1月、中国・武漢における新型コロナウイルス感染症の拡散が明らかになったことを受け、北朝鮮は、春節の大型連休入りを前に中国など外国人旅行者の受け入れを中止し、国際列車や国際航空路線の運行を中止するなどして、事実上の国境封鎖に踏み切った。また、国家非常防疫体系への転換を宣布し、消毒作業の徹底やマスク着用の義務付け、大規模集会の中止、外国人や外国出張者とその接触者、および疑わしい症状がある者の隔離などの防疫対策に取り組んだ。20年4月末現在、北朝鮮は一貫して「感染者はいない」と主張している。

新型コロナウイルス感染症の防疫で北朝鮮当局が最も懸念したことは、金正恩氏への感染を阻止することであったであろう。1月下旬以降、金正恩氏の公開活動が減少し、その多くは元山など東海岸でのミサイル発射の視察を始め、地方での活動となった。このような中、金正恩氏が心血管疾患の手術を受けた、一時重篤な状態に陥ったとの情報が一部メディアによって伝えられ、金正恩氏が4月15日（金日成命日）に恒例の錦繍山太陽宮殿参拝を行わなかったことも相まって、その健康状態に外部の大きな関心が集まったが、北朝鮮報道機関は、金正恩氏が5月1日、順川リン肥料工場操業式に出席したと報じ、その動画を公開して「健康異常説」を否定した。

　国境封鎖と徹底した防疫対策の長期化は、北朝鮮に様々な影響を与えている模様である。20年1-3月期の中朝貿易額（約2億3,000万ドル）が前年同期比で約55％減少し、3月の1カ月（約1,800万ドル）では前年同月比で約91％減と急速に減少したほか、国連制裁に反する石炭等の不正輸出についても、主要な石炭積み出し地である南浦港など大同江下流の港湾で1月下旬から貨物船の動きが急激に減少し、3月下旬には100隻余りの貨物船がこれら港湾や周辺の海上に停泊していると伝えられ、外貨獲得がさらに困難になっている可能性がある。

軍事

新型短距離弾道ミサイルの発射

　韓国軍などの発表によれば、北朝鮮は19年5月から20年3月の間、17回にわたり、計33発の弾道ミサイルを日本海に向けて発射した。北朝鮮の弾道ミサイル発射は、17年11月のICBM「火星15」以来のことである。発射したミサイルは、後述する潜水艦発射弾道ミサイル（SLBM）1発を除き、すべて新型の短距離弾道ミサイル（SRBM）とみられ、北朝鮮側が公開した画像などから、形状がロシアの「イスカンデル」に類似した「新型戦術誘導兵器」（KN-23）や米軍の地対地ミサイル「ATACMS」に類似した「新兵器」（KN-24）、そして北朝鮮がかねて開発してきたとみられる「新型大口径放射砲」とそれをより大型化したような形状の「超大型放射砲」（KN-25)の4種のミサイルが発射された。

　これら新型ミサイルの特徴は、輸送起立発射機（TEL）で移動でき、固体燃料推進方式を採用して機動性を高めているほか、既存のスカッドミサイルより低高度（100キロメートル以下）で、かつ「プルアップ機動」のような変則的な軌道を描くことである。北朝鮮側の発表にも「低高度滑空跳躍型飛行軌道」（KN-23）、「高度抑制水平飛行性能と軌道変則能力」（新型大口径放射砲）などの表現が見られ、低高度・変則軌道技術の確立を重視していることが窺われ、これらの技術をもって米韓軍のミサイル防衛網を突破することを企図しているものとみられる。

　弾道ミサイル発射を再開するに当たり、北朝鮮はトランプ大統領の反発を最も懸念したとみられる。そのため、19年5月に行った最初の2回の発射については、軍部隊の「火力打撃訓練」として報じ、「訓練は誰かを狙ったものではない」（外務省報道官）などと主張して外部の批判を牽制した。トランプ氏が「ありふれた短距離ミサイル」として問題視しない姿勢を示した後も、日本や韓国から国連制裁に反する弾道ミサイル発射との主張が出ると、これを厳しく論難し、トランプ氏が許容した「発射空間」の維持に腐心した。

　北朝鮮がこれら新型弾道ミサイルの開発に注力する背景には、韓国軍が19年3月から米国のステルス戦闘機F-35Aの導入を開始したことがある（21年までに40機を導入予定）。金正恩氏は、韓国のF-35A導入を「無視できない脅威」と位置付け、これを「初期に無力化させ、屑鉄にするための威力ある物理的手段の開発と実戦配備のための試験は国家の安全保障にとって急務的な必須の事業」であると表明した（7月）。敵地侵入に有利なステルス戦闘機は、航空・防空戦力において劣勢な北朝鮮には深刻な脅威であり、新型弾道ミサイルで敵空軍基地を破壊する戦術をもって対抗しようとしているものとみられる。北朝鮮から見れば、南北融和を掲げる一方で着々と軍備拡張を進める文政権の動きは不気味であると言え、それに対抗する兵器の開発、配備に引き続き注力するものとみられる。

　北朝鮮はまた、19年10月、新型のSLBM「北極星3」型1発を発射した。ミサイルは元山沖に配置した発射台から射出され、高度約900キロメートルのロフテッド軌道を描き、約450キロメートル飛翔したと推定されており、通常軌道ならば約2,500キロメートル飛翔する準中距離弾道ミサイルとなる可能性が指摘されて

いる。同発射に先立つ7月には金正恩氏が日本海での実戦配備に向けて新たに建造したとする潜水艦を視察しており、北朝鮮はSLBMの日本海配備を目指して開発に取り組んでいるものとみられる。

外交

板門店での米朝首脳会談

19年6月30日、金正恩朝鮮労働党委員長が板門店でトランプ米大統領と会談した。板門店を訪れたトランプ氏は、現職の米大統領として初めて軍事境界線を越えて北朝鮮側に入り、金正恩氏との写真撮影に応じた後、二人で境界線の南側にある国連軍施設「自由の家」に入り、予定を越えて約1時間の会談を行った。

会談後、トランプ氏は報道陣に「2、3週間以内に米朝が実務協議を開始することで合意した」と表明し、北朝鮮もまた「朝鮮半島の非核化と朝米関係で突破口を開くための生産的な対話の推進で合意した」と報じた。なお、ポンペオ国務長官は、この会談で金正恩氏が改めて中長距離ミサイル発射の自制を表明したと述べ、他方、北朝鮮外務省はトランプ氏が米韓合同軍事演習の中止を約束したと主張した。ポンペオ長官は後日、北朝鮮のICBM発射と核実験の中止は、トランプ大統領が大規模な軍事演習の中止に同意したのと引き換えであったことを明らかにした（12月31日、米CBS）。

同会談は、G20大阪サミット出席のため来日したトランプ氏が6月29日の朝、ツイッターで金正恩氏と軍事境界線上で会う可能性を示唆し、北朝鮮がこれに即座に反応して実現したものであった。もっとも、同ツイートに先立つ6月10日、金正恩氏はトランプ氏に誕生日祝いの親書（letter）を送り、同23日にはトランプ氏からの返書に記された「興味深い内容」について「慎重に考えてみる」と金正恩氏は表明していた。この親書の往復によって、双方の間に再会に向けた一定の共感が形成されていたとみられる。

金正恩氏は19年4月12日、最高人民会議で行った施政演説において、第2回米朝首脳会談における米国の対応を批判し、今後の対米交渉に悲観的な発言を繰り返しながらも、「今年末までは忍耐力を持って米国の勇断を待ってみる」、「米

国が賢明な判断を下すであろうと期待する」と述べ、米国で大統領選挙が本格化する前に打開の機会を得たいと考えていることを示唆していた。

　金正恩氏はトランプ氏との「個人的関係は敵対的ではない」とし、「思いつけばいつでも手紙をやり取りすることができる」と述べており、「親書外交」を打開の道筋として念頭に置いていたことが窺える。実際、金正恩氏は板門店会談後、北朝鮮が8月の米韓合同軍事演習の再開に反発してミサイル発射を繰り返した際にも、トランプ氏に親書（letter）を送り、ミサイル発射に関して「わずかに謝罪」（トランプ氏）しつつ、演習終了後に協議を再開する意向を伝えた。

米朝実務協議の「決裂」

　にもかかわらず、米朝実務協議はなかなか開かれず、ようやく10月5日にストックホルムで開催されたが、初日終了後、北朝鮮の金明吉首席代表が報道陣に「交渉は決裂した」と表明し、協議は1日だけで終わった。金明吉代表は「米国側が手ぶらで出てきた」と批判し、北朝鮮側の先行措置（核実験・ICBM発射の中止、核実験場廃棄、米兵遺骨送還）に対する見返りがなかったことが「決裂」の理由であることを窺わせた。

　ただし、金明吉氏は、北朝鮮側の措置に米国側が誠意を持って応答すれば「非核化措置のための本格的な議論に入ることができる」、「米国側に年末までもう少し熟考してみることを勧告した」と述べ、協議の再開も視野に入れていることを示唆した。金明吉氏は、米国の独自制裁、米韓合同軍事演習、朝鮮半島周辺への先端武器搬入に言及し、これらの中止が見返りとなることを示唆したが、現実的可能性などから、北朝鮮は米韓合同軍事演習の中止を当面の見返りとして重視しているものとみられる。

　他方、米国務省は、協議後に発表した声明の中で「米国は創造的なアイデアを持って北朝鮮側と良い議論をした」、「シンガポール共同声明の四つの柱のそれぞれを前進させる新たな提案を示した」と表明した。共同声明の4項目（米朝関係正常化、平和体制構築、非核化、米兵遺骨送還）の並行協議はかねて北朝鮮が要求していたところであり、これを米国が受け入れたとすれば、北朝鮮側の「見返り」要求には、本格的な非核化交渉を見据え、取引に向けた信頼の担保を

事前に得たいとの思惑があるとみられる。

　協議後に出された北朝鮮外務省の公式談話には「決裂」との文言は無く、10月の非同盟諸国首脳会議で演説した崔竜海最高人民会議常任委員長は「敵対視政策を撤回するための実際的な措置を講じれば米国と非核化論議も可能である」と改めて表明した。

　問題は、金正恩氏が明言した「年末」期限の処理であった。北朝鮮は、党・外務省の幹部名の談話を連発し、米国に「年末」が近づいていることをアピールしつつ、交渉に対する金正恩氏の考えが変わりかねないと示唆する一方、12月上旬に東倉里ロケット発射場で2回にわたりエンジンテストを実施して長距離ミサイル発射の可能性を暗示するなどして、米国からの譲歩引き出しを試みた。

　しかし、対米担当外務次官の「クリスマスプレゼントに何を選ぶかは米国の決心次第」との発言をきっかけに、トランプ大統領が「必要なら（軍事力を）行使する」、「米国に敵意を見せればすべてを失う」などと相次ぎ発言して強硬姿勢に転じる可能性を示唆すると、北朝鮮は、軍総参謀長名の談話で「わが方を刺激するいかなる言動も控えてこそ、年末を安らかに過ごすことができるであろう」と表明し、一連の談話攻勢を終了した。米国側の強硬姿勢がエスカレートし、核実験やICBM発射の再開に追い込まれることを避けたものとみられる。

　結局、金正恩氏は、12月末に開催した党中央委第7期第5回会議において、「年末」の期限について、米国が「時間稼ぎをしている」と批判しつつも、交渉打ち切りを表明することはなかった。20年1月初めに発表した金桂官外務省顧問談話では、この問題に触れることなく、「朝米間に再び対話が成り立つには、米国がわれわれの要求事項について応答する状況でのみ可能である」と述べて、「年末」期限の問題はあいまいなまま消滅したことを示唆した。

14年ぶりの中国国家主席訪朝

　19年6月20日、金正恩氏夫妻が平壌国際空港で北朝鮮を公式訪問する中国の習近平国家主席夫妻を出迎えた。14年ぶりの中国国家主席の北朝鮮訪問である。同日午後に行われた中朝首脳会談では、両国党・政府間の戦略的意思疎通の緊密化、相互理解・信頼の促進、高位級往来の維持、各分野の交流・協力の

深化について、中朝が共同で努力していくことが合意された。中国側報道によれば、金正恩氏は米国を念頭に、北朝鮮側の「積極的な措置」にもかかわらず、「関係方面の前向きな反応を得ていない」と不満を述べたとされ、「関係方面が北朝鮮側と同じ方向に向かって進み、それぞれの合理的な懸念に応じた解決案を模索し、対話プロセスで成果が得られるよう推し進めることを希望している」と表明した。一方、習氏は、北朝鮮に「力の及ぶ限りの援助を提供していきたい」と述べ、朝鮮半島の非核化と地域の長期的安定を実現するために「積極的かつ建設的な役割」を果たすことに意欲を表明した。

　20年1月、中国で新型コロナウイルス感染症の拡大が表面化し、いち早く中国との国境を封鎖した北朝鮮は、金氏が中国を慰問する書簡を習氏に送るとともに、中国に支援金を送り、中国への友好姿勢のアピールに努めた。金氏は、中国の感染拡大が一段落した5月初め、習氏にコロナ対策の成果を祝う口頭メッセージを送ったところ、これには習氏も直ちに口頭メッセージを返し、新型コロナウイルス感染症をめぐり、北朝鮮の求めに応じて力の限り支援する考えを伝えた。

中国への貿易依存度

　17年に国連安保理の対北制裁が強化されて以降、北朝鮮は、貿易面における中国への依存度をさらに高めている。韓国貿易協会によれば、19年の中朝貿易額は前年比15.3％増の28億437万ドルに上り、対中貿易依存度は過去最大の95.2％に達した。内訳は北朝鮮の輸出が2億1,600万ドル、輸入が25億8,900万ドルであり、北朝鮮側の大幅な入超（23億7,300万ドル）となった。北朝鮮は、こうした貿易赤字を埋める外貨の一部を石炭などの禁輸品を不正に輸出して調達しているものとみられる。報道によれば、国連安保理の専門家パネルは、北朝鮮が19年1-8月の間、推定3億7,000万ドル相当の石炭や2,200万ドル相当の川砂を中国などに輸出したと推定している。なお、19年はコメの輸入（7,800万ドル）が前年比214.6％増と顕著に増加しており、習近平訪朝に伴う食糧支援の可能性が考えられる。

日本の無条件首脳会談提案

　北朝鮮は、安倍首相が表明した無条件の対話方針に猜疑心を拭えず、対話に応じていない。

　安倍首相は、19年5月2日付け『産経新聞』に掲載されたインタビューで日朝首脳会談の無条件開催を目指す意向を表明し、同月開かれた拉致被害者、支援者の集会で「条件をつけずに金委員長に会って、卒直に、虚心坦懐に話をしたい」と述べて理解を求めた。

　しかし、北朝鮮は、安倍首相の意欲表明に対し、「安倍一味の面の皮はクマの足の裏のように分厚い」（6月2日付朝鮮アジア太平洋平和委員会報道官談話）などと口を極めて非難したほか、安倍政権が10月からスタートさせた幼児教育・保育の無償化をめぐり、朝鮮学校幼稚班が対象から除外されたとして非難しつつ、「安倍政権は絶対に我が共和国の敷居を跨ぐことはできない」（10月22日付朝日友好親善協会代弁人談話）と主張した。

　なお、安倍首相は20年5月7日に行った『産経新聞』とのインタビューで、金正恩氏との会談について「決意は今も変わらない」と述べ、無条件の首脳会談に引き続き意欲を示した。

日本海での日朝船舶の衝突

　近年、北朝鮮の漁船団が能登半島沖の大和堆と呼ばれる海域で日本の排他的経済水域（EEZ）に侵入し、違法操業を繰り返している。19年中に水産庁が行った退去警告は、前年よりやや減少したものの延べ5,122隻に上り、このうち北朝鮮船が4,007隻を占めた。

　こうしたなか、8月下旬、北朝鮮公船とみられる船舶が水産庁の漁業取締船に接近し、また、迷彩服姿の乗組員が乗船した小型ボートが海上保安庁の巡視船に接近して小銃を向けるという事案が発生し、菅官房長官は、外交ルートを通じて北朝鮮側に厳重抗議したと発表した。これに対し、北朝鮮側は、日本の船舶が「我々（北朝鮮）の専属経済水域に不法侵入した」と決めつけ、北朝鮮船の行為は「正々堂々たる主権行使」と主張した（9月17日付外務省代弁人回答）。さらに10月には、北朝鮮漁船が漁業取締船「おおくに」と衝突して沈没し、日本側が

乗組員60人全員を救助して別の北朝鮮船に引き渡したところ、北朝鮮外務省は「正常に航行していた我が方の漁船を沈没させる白昼強盗さながらの行為」と主張して賠償と再発防止策を要求し、「このような事件が再び発生した場合、日本が望まない結果を招来するようになる」と警告した。「要求に応じない場合」とはしなかったことから、直ちに報復に出る意図はなかったとみられるものの、今後、北朝鮮側が行動をエスカレートさせる可能性も否定できず、今後の動向が注目される。

南北朝鮮関係

停滞する南北関係

　19年4月、最高人民会議第14期第1回会議で施政演説を行った金正恩国務委員長は、南北関係について、米国が韓国当局に「速度調節」を迫り、南北間の合意の履行を「米国の対北制裁に服従させようと策動している」との認識を示した。その上で、韓国の文政権に18年の南北合意の履行を求め、「おせっかいな『仲裁者』、『促進者』の振舞いをするのでなく、民族の利益を擁護する当事者になるべきだ」と強調した。

　一方、南北融和を唱えながらも米国と歩調を合わせる文政権の基本姿勢に変化はなく、6月にスウェーデン議会で演説した文大統領は、「北（朝鮮）は完全な核放棄と平和体制構築の意思を国際社会に実質的に示すべきだ」と要求し8月の光復節演説では、南北関係の進展は米朝交渉の妥結後にあるという立場を維持した。

　文政権のこのような対北姿勢に対し、北朝鮮は、「南朝鮮当局者らとこれ以上話すべきこともなく、再び対座する考えもない」（19年8月16日付祖国平和統一委員会代弁人談話）として、対話には応じない姿勢を鮮明化したほか、韓国が世界食糧計画（WFP）を通じて行った食糧支援の受領を拒否し、またアフリカ豚熱（ASF）や新型コロナウイルスの防疫対策に関する韓国側の呼び掛けにも応じなかった。

　結局、20年4月末現在、南北間の公式対話は実現しておらず、開城の南北連絡事

務所も19年3月以降、定例所長会議が開かれていない。さらに新型コロナウイルス感染症の拡大を受けて、20年1月末からは事務所の運用自体が停止されている。

文在寅大統領との関係への配慮

　一方で、北朝鮮は、金正恩氏と文在寅氏との個人的関係の維持には配慮を示した。19年10月に文氏の母が死去した際に金氏が自身の弔意文を送付したほか、11月に釜山で開催される韓国・ASEAN特別首脳会議への金氏の出席要請を断るに当たり、「北南関係を解決するための新たな契機と条件を作ろうとする文在寅大統領の苦悩と煩悶も十分に理解している」、「南側の期待と誠意はありがたいが、国務委員長（金正恩）が行くべき適当な理由を見出せなかったことについて理解してくれることを願う」（11月5日付朝鮮中央通信）などと、一定の丁重さをもって対応した。

　また、20年3月には金氏が文氏に親書を送り、新型コロナウイルス対策に追われる文氏を「静かに応援したい」と伝えるなど、「文大統領に対する変わらぬ友誼と信頼」（青瓦台）を示した。同親書送付の前日には、金氏の妹である金与正党第一副部長が北朝鮮の短距離弾道ミサイル発射を非難した青瓦台を「おびえた犬ほど騒がしく吠える」などと厳しく非難する談話を発表しており、翌日の金氏の親書は韓国側を安堵させることになった。

　20年4月15日、韓国国会議員選挙で与党が大勝し、文氏は任期後半の政権基盤の安定を確保した。文氏は「私と金正恩委員長の間の信頼と平和に対する確固たる意志を土台に平和経済の未来を開いて行く」などと述べ、南北関係の改善に改めて意欲を表明した。5月3日、非武装地帯（DMZ）にある韓国側監視所の一つが北朝鮮側から数発の銃撃を受ける事案が発生したが、韓国側は意図的な銃撃の可能性は低いとして慎重な姿勢を示した。北朝鮮は、選挙結果や文氏の表明に対しての評価を示さず、銃撃事案についても沈黙を保っている。銃撃が選挙後の文政権をテストする意図的なものかは明らかではないが、北朝鮮側の沈黙は、韓国側の対北融和姿勢に変わりがないとして肯定的に評価していることを窺わせる。

（公安調査庁　瀬下政行）

南北で異なる音楽の利用

コラム 外交と音楽

　音楽が外交活動でどのような役割を果たしているのか？音楽が政治活動に占める位置付けに南北では大きな違いがある。韓国では、国家「愛国歌」を大統領歴訪の際などに使っている。これは日本や米国と同様である。一方で北朝鮮も首脳外交の際には国歌を使うことに大きな相違はないが、日常生活での音楽の占める役割は韓国とは格段の違いがある。国民統合にも政治生活にも音楽は不可欠だ。「我らの金正恩同志」、「将軍様は百勝の霊将」、「あなたがいなければ祖国はない」、「金日成元帥様に捧げる歌」、「祖国は私の生命」、「我々式が一番だ」、「人民の親しい指導者」、「自力更生行進曲」など、タイトルだけを見ても、祖国と最高指導者に対する忠誠心にあふれている。こうした歌を職場や建設現場などで歌いながら、士気を上げている。

　北朝鮮には宣伝煽動隊という組織がある。ドラムやギターを抱え、建設現場や農作業の場に出向き、一連の「革命歌謡」と呼ばれる歌を演奏し、労働者や農民の士気を高めようとしているのだ。朝鮮中央テレビでは、番組の合間に必ず、こうした「革命歌謡」が歌詞の字幕付きで日々、流されている。たとえ好まなくても聞こえてくる音楽は、不思議と耳に残る。洗脳作業の一環ともいえる。

　2011年11月に平壌で行われたサッカーのワールドカップアジア地区予選の対日本戦。日本を1点差でリードしたまま迎えた終盤、突然満員のスタジアムを揺るがすような大合唱が鳴り響いた。「あなた（金正日将軍）がいれば、われわれは必ず勝つ」という内容で、「あなたがいなければ祖国はない」の一節だ。国歌を歌うのではなく、こうした「革命歌謡」と呼ばれる歌を大一番の場面で合唱することは、北朝鮮の国民にとって「革命歌謡」が非常に身近な存在であることを窺わせる。

　2017年2月にマレーシアのクアラルンプールで起きた金正男氏殺害事件で、事件への関与が疑われた高麗航空職員の男性は、マレーシア当局に拘束されている間、「雲を超え愛しい将軍様星へ」を心の中で繰り返し歌い、拘束を耐え忍んだと語っていた。

　この「雲を超え愛しい将軍様星へ」は、空軍の軍事訓練中に機体不良から事故を起こした機体を操縦していた飛行士が、民家が並ぶ地域への墜落を避けようと、日本海側の海に向かって飛行を続け、海上で墜落死した実話を元にした映画のテーマ曲でもある。殉職を覚悟で拘束を耐え忍んだという心情が窺える。

磐村和哉
共同通信社編集委員兼論説委員

第6章　東南アジア

概　観

　2019年の東南アジアでは、南シナ海における中国の行動が目立った。係争国・周辺国の行動を法的に規制して紛争を防止するための、東南アジア諸国連合(ASEAN)と中国との間の行動規範(COC)については、21年までの締結を目指すとの中国の意思表明を受け、実務レベルで調整が進んでいるとみられる。中国政府は、経済協力を期待して歩み寄りを見せるフィリピンとの間では二国間協議を進め、海洋資源の共同開発などにおいて一定の合意に至っている。しかしその一方で、中国は19年6月に南シナ海で対艦弾道ミサイルを試射した。また、中国海警局の船舶が、ベトナムの排他的経済水域(EEZ)で3カ月に及ぶ資源探査を行い、ベトナム政府は激しく抗議した。中国船舶がベトナムの漁船と衝突し、漁船が沈没する事案も相次いだ。20年に入ると、各国が新型コロナウイルス感染症対策に忙殺されるなか、中国がその隙を突くかのように海洋での活動を活発化させている。

　中国は、ASEANとの交渉を継続しつつ、東南アジアの主要国との二国間交渉によってASEANの分断を図り、域外国から口を挟ませない環境を作っているようにみえる。南シナ海での中国の活動から直接に影響を被るベトナム、マレーシア、ブルネイなどの今後の姿勢が注目されている。

　ASEANは19年も、議長国タイのもとで、米中をはじめとする域外大国と均等な距離感を保つ姿勢を模索した。6月のASEAN首脳会議では、日米が提唱する「自由で開かれたインド太平洋」構想に対するASEANの立場を明文化する「インド太平洋に関するASEANアウトルック(AOIP)」という文書が採択された。

　トランプ大統領は2年連続で、ASEAN関連首脳会議と東アジアサミット(EAS)を欠席しており、米国からの東南アジアへの首脳外交はこの2年間、中断している。一方で米海軍は「航行の自由」作戦などを通じこの海域に関与を続けている。

　域内各国における民主的なガバナンスの揺らぎ、選挙を経て成立した政権の強権化、市民の分断にも、引き続き注意が必要である。インドネシアでは4月の大統領選挙で、現職のジョコが、対立候補であったプラボウォを抑えて当選した。従来見られなかったようなインターネットやソーシャルメディアを通じた選挙戦で、寛容な宗教多元主義を掲げるジョコが、不寛容なイスラム主義を体現する対抗馬を抑え込むために、国家権力による強権発動に頼らざるを得ないというジレンマを生み出し、社会の分断が危惧された。タイでは、14年のクーデタから8年ぶりに総選挙が実施され、軍事政権の暫定首相であったプラユットが再び首相の座につき、有力野党に解党命令が下された。軍が政治に強い影響力をもつ構造は変わらないが、19年に正式に即位したラマ10世王(ワチラロンコン国王)による、従来とは異なる形での政治介入も目立っている。

安全保障環境の変化

南シナ海における中国の海上活動の活発化

　南シナ海では従来、中国が係争中の海洋および岩礁の上に建造物を作ったり、埋め立てによって拠点を構築したりと、軍事目的での利用を窺わせる活動を繰り返してきた。2013年、南シナ海で中国と領有権を争う国のうちの一つであるフィリピンが中国を国際仲裁裁判所に提訴し、16年にはフィリピンの主張がほぼ全面的に認められる判決が下ったが、中国は全面的にこれを無視している。

　国際仲裁裁判所の判決直後に就任したフィリピンのドゥテルテ大統領は、中国からの経済協力を見込んで、同判決について言及することを控え、もっぱら二国間での協議を優先している。19年の北京訪問では、中国から持ち掛けられた資源の共同開発に前向きな姿勢をみせた。こうしたフィリピン政府側の妥協のためか、現在までに中沙諸島東部のスカボロー礁では目立った動きは見られない。しかし、南シナ海における各種の中国船舶の違法な活動はさらに加速しており、20年に入ってからも、各国が新型コロナウイルス感染症の拡大防止の措置を講じている最中に、中国の調査船による探索活動が行われている。

　中国は、海警局の艦船に加えて調査船、海軍艦艇などを駆使した活動を実施しており、フィリピン以外の海洋ASEANの国家は、中国への姿勢を変化させつつある。3カ月にわたる中国調査船の探索活動に対しては、ベトナム政府は中国に強い抗議を行った。また、マレーシアのマハティール首相は12月、国連の大陸棚限界委員会に対し、大陸棚の限界画定を要請する文書を提出した。

　インドネシアは中国と直接は領有権を争わないが、19年12月のナトゥナ諸島北方のEEZにおける中国漁船の違法操業を受け、ジョコ大統領は、妥協の余地はないとしている。

　南シナ海における緊張の高まりを受け、海洋国家間での協力は一定の進展を見せている。19年5月上旬には、米国、日本、フィリピン、インドの各海軍が艦艇を参加させ、南シナ海で初の大規模な共同訓練を行った。

南シナ海における主な動き（2019-20年）

19年3月	●西沙諸島のディスカバリー礁付近に停泊していたベトナム漁船が中国の海洋調査船に追跡されて沈没。
19年4月	●米フィリピン合同軍事演習「バリカタン」で、スカボロー礁に近いサンバレス州の基地での着上陸作戦訓練。
19年6月	●中国が南シナ海で対艦弾道ミサイルの発射試験。 ●南沙諸島のリード堆付近で中国漁船とフィリピン漁船が衝突、フィリピン漁船が沈没。
19年7・9月	●中国自然資源省に所属する調査船「海洋地質8号」が、南沙諸島のベトナムの排他的経済水域（EEZ）で3カ月以上にわたり、海底資源調査を実施。ベトナム政府が激しく抗議。
19年8月	●フィリピンのドゥテルテ大統領が訪中、習近平国家主席との首脳会談で、海洋資源の共同開発の取り組みを加速させること、天然ガス田の共同開発に関する政府間組織の発足で合意。
19年9月	●米・ASEAN海軍合同訓練。
19年12月	●南シナ海南端のインドネシア領ナトゥナ諸島北方のEEZ内で、中国海警局警備艇に伴われた中国漁船が操業。インドネシア政府が抗議。
20年1月	●中国海警局船がマニラ港に初の入港、フィリピン沿岸警備隊と合同救助訓練を実施。
20年2月	●中国海軍艦艇が、南沙諸島コモードアー礁近くをパトロールしていたフィリピン海軍の艦船に火器管制レーダーを照射。
20年3月	●中国が南沙諸島で天然ガス関連調査活動を拡大。 ●中国が南沙諸島に「科学研究」施設を設置。
20年4月	●西沙諸島ウッディ島付近の海上で操業中の中国海警局の船舶がベトナム漁船と衝突し、ベトナム漁船が沈没。 ●中国政府が、海南省三沙市に新たな行政区（南沙諸島とその海域を管轄する「南沙区」、西沙諸島とその海域を管轄する「西沙区」）を設置することを発表。ベトナムとフィリピンの外務省が抗議。 ●中国自然資源省に所属する調査船「海洋地質8号」が、マレーシアの国営石油会社ペトロナスが開発する海域で探査活動。

　20年には、国際海洋法の論客として知られるフィリピンのカルピオ元最高裁判事が、南シナ海での度重なる衝突事案を受け、フィリピン、マレーシア、ベトナムによる合同の海洋パトロールを実施することを提案した。これら3カ国はすでに過去3年にわたって、対テロ分野で共同パトロールを実施している。具体的には、17年のミンダナオ島のマラウィ市でのテロ事案直後から共同海上警備を開始し、シンガポールとブルネイもオブザーバーとして参加したほか、航空機を互いに使

用して海洋警備を実施する共同警戒活動も行っている。米国からは距離を置きつつも近隣国との関係を重視するドゥテルテ政権が、こうした提案にどう反応するかが注目される。

米国のハイレベル外交の減少と「航行の自由」作戦の継続

　習近平国家主席のトップ外交と比較して、米国の東南アジアでのプレゼンスの低さは際立っている。トランプ大統領は18年に引き続き19年も、ASEAN関連首脳会議と東アジアサミット（EAS）への出席を見送った。

　11月のASEAN関連首脳会議に際して開催された米・ASEAN首脳会議では、米国はトランプ大統領の代理として、9月に就任したばかりのオブライエン大統領補佐官（国家安全保障担当）を派遣した。ASEAN加盟国からは、議長国タイのプラユット首相、次期議長国ベトナムのフック首相、対米調整国を務めるラオスのトンルン首相以外の7カ国の出席者が外相レベルという、異例の「首脳会議」となった。これは、外相より格下の代表を派遣した米国に対する、ASEAN側からの抗議とみられている。エスパー米国防長官は同時期に開催されたASEAN拡大国防相会議（ADMMプラス）に出席し、中国による南シナ海の軍事拠点化を強く非難したが、首脳外交の不在が影を落としていることが明らかとなった。

　こうした動きを受けてか、米国は20年3月にラスベガスで米・ASEAN特別首脳会合を企画し、ASEAN加盟国からは少なくともベトナム、ラオス、シンガポール、カンボジア、タイの5カ国が首脳の出席を決めていた。しかし、新型コロナウイルスの感染拡大を受け、特別首脳会合そのものが延期とされた。

　他方、米軍は南シナ海への関与を継続している。19年4月の米・フィリピン合同軍事演習「バリカタン」では、スカボロー礁に近いサンバレス州の基地で着上陸作戦訓練が実施され。米強襲揚陸艦は初めてF‐35B戦闘機を搭載して参加した。

　また米海軍は、中国が埋め立てた南シナ海の人工島の12カイリ（約22キロメートル）以内に駆逐艦などを派遣する「航行の自由」作戦の頻度を増やしており、19年には少なくとも8回の作戦が行われた。

　9月には、米海軍とASEAN海軍との間で初の合同軍事演習がタイで実施された。演習には各国の艦艇8隻、航空機4機が参加し、南シナ海で違法な活動を行

う不審船が発見されたとのシナリオのもと、特別合同部隊を編成し、追跡や進行阻止、情報共有などの対処訓練を行った。

　なお、ASEANは18年10月、中国海軍とも合同演習を実施している。19年の米国との合同演習は、中国との合同演習の直前に開催されたADMMプラスで合意されたものであり、ASEANが、米中の両方と均等に関係を強化する「ヘッジング」の方針をとっていることのあらわれとみられる。

米フィリピン地位協定の破棄

　20年2月、フィリピンのドゥテルテ大統領は外務省に、米・フィリピン間の訪問軍協定（VFA）の破棄を指示した。直接的な理由は、米国の上院が、ドゥテルテ政権の違法薬物取締政策に伴う超法規的殺人や人権侵害を批判する決議を採択し、それに伴って、政権発足時に警察長官として薬物取締を指揮してきたデラ・ロサ上院議員の査証を米国政府が取り消したことに起因している。大統領の米国に対する個人的な怨念のようにも見えるが、ここ数年のドゥテルテ政権による米国との同盟の軽視、中国およびロシアへの接近といった背景とも無関係ではない。フィリピン国内では、中国のフィリピンに対する懐柔策に対して懐疑的な世論がある一方、ドゥテルテ政権の強権的な違法薬物取締政策に対する評価は高く、自由と人権の拡大を掲げる米国がフィリピンの国内政策に干渉することを毛嫌いする向きは強い。

　VFAは1992年の米軍基地撤退後、98年に締結されたものであり、米フィリピン間の合同演習や14年に締結された防衛協力強化協定（EDCA）に基づく米軍のフィリピン国内の軍事基地の使用などの活動の基盤となってきた。フィリピン憲法は、条約や協定の締結には上院議員の3分の2以上の賛同が必要であると定めているが、破棄についての規定はない。

　VFA破棄の意向はすでに外交ルートで米国に通告されており、通告から180日後（20年8月）に協定は失効することとなっていたが、20年6月、フィリピン外務省は突然、米国側に対し、6カ月間は決定を保留することを伝達し、ひとまず、20年内のVFA破棄は回避されるとみられる。外務省、国防省ではそれぞれに実務者間の協議が続けられているが、協定が失効すれば、米フィリピン間で従来

実施されてきた共同軍事演習、特に南シナ海情勢を踏まえてここ数年で急速に深化してきた「バリカタン」も縮小されることが想定される。ドゥテルテ大統領は、対テロ、および人道支援・災害救援には高い関心を抱いており、それらの分野の協力や演習は継続される可能性が高いが、日本や英国も参加する南シナ海での合同演習の実施もリスクにさらされることになる。

　なお、新型コロナウイルスの拡大により、20年5月に予定されていた「バリカタン」は中止されている。

10年ぶりとなるベトナム国防白書の発表

　19年11月、ベトナム国防省は10年ぶりに国防白書を発表した。同白書では、南シナ海問題に初めて言及がなされたことが注目される。

　同白書は、南シナ海問題の解決にあたって、ベトナムは国際法に基づいた平和的な解決法を探る協議を志向すると述べており、南シナ海における行動宣言（DOC）の着実な履行を継続するとともに、行動規範（COC）の早期締結を目指すことであるとしている。

　また白書では、ベトナムの従来の安全保障政策の基本方針であった「3つのNO」（他国と同盟を結ばない、外国軍の基地の駐留を認めない、紛争に第三国の介入を求めない）に加え、「他国に対して武力の使用や威嚇を行わない」が新たに追加されている。

　これらは、南シナ海で軍事活動を続ける中国に対する牽制であると同時に、国際法に則った解決を目指す自国の姿勢を、国際社会に向けてアピールする目的に基づくとみられる。

ベトナムとEUとの安全保障協定

　従来も英国やフランスは海軍の艦船を中国の近海に派遣し、間接的に米国の「航行の自由」作戦を支持してきたが、19年8月、欧州連合（EU）はベトナムとの間で、安全保障に関する「枠組み参加協定」を締結した。この新しい協定によって、ベトナムが将来のEUの安全保障作戦に参加する可能性が開かれる。EUは、16年に発表した「EU外交・安全保障政策のためのグローバル戦略」に

おいて、東アジアと東南アジアの「航行の自由」を支持し、法の尊重と平和的解決を求めると述べ、中国の海洋進出に懸念を示している。EUはオーストラリアとはすでに同様の協定を締結しており、今後、東南アジアの他国ともこうした安全保障面での関係強化を進める可能性がある。

フィリピンの治安情勢とバンサモロ暫定政府の発足

　フィリピン・ミンダナオの情勢は比較的安定している。13年にフィリピン政府とモロ・イスラム解放戦線（MILF）との間で締結された包括的和平合意は、18年7月に上下両院で可決された法律によって履行される見通しとなった。19年の1月と2月には、22年に発足する新たな自治政府「バンサモロ自治政府」の領域を確定するための住民投票が実施された。ミンダナオでは、過去の選挙では不正や選挙がらみの暴力が多発していたが、住民投票は大きな混乱なく終了した。これによって、マギンダナオなど5州で構成されてきた従来のミンダナオ・ムスリム自治区（ARMM）も新自治区に参加することが決定した。

　「バンサモロ自治政府」は22年6月の選挙を経て成立する予定であり、それまでの行政を担う暫定政府が、MILFのムラド議長を暫定首長として19年2月に発足した。

　フィリピンの地方自治体が首長と地方議員を別々に選出する大統領制に近い制度を採用しているのに対し、「バンサモロ自治政府」においては、有権者が議員のみを選出し、議員の互選によって首長（行政長）が選ばれ、閣僚が任命される議院内閣制に近い形式をとることで、様々な属性を持つ有権者の民意を反映させることを目指している。MILFは自治政府を担える政党組織への転換を遂げるため、戦闘員の動員解除、武装解除を進めている。

　しかし、MILF分離派などの各種の武装組織は依然としてバンサモロ政府の設立に反対しており、これらの組織がテロ活動を活発化させるリスクが消えたわけではない。

　1月の住民投票後には、スルー州ホロ島で2回の爆発が起こり、23人が死亡した。当局はインドネシア人夫妻とアブ・サヤフ・グループとの共謀であるとして、被疑者らを逮捕した。大晦日にもミンダナオ島コタバト市の商業施設前で爆発事案があり、2人が死亡、20人以上が負傷した。米国務省の指定するテロ

組織リストには、東南アジアの4組織が指定されており、うち3団体がフィリピンを拠点としている。フィリピン政府は二大イスラム勢力であるモロ民族解放戦線（MNLF）およびMILFとすでに和平合意を締結しているが、これらの反主流派、特にアブ・サヤフ・グループなどの過激派勢力がテロ活動を行っている。また、新人民軍（NPA）を中心とした共産主義ゲリラの活動も依然として続いている。ミンダナオでは、地元の有力者が自身の勢力圏を安定化させるために私兵集団を組織化している現状がある。MILFとの和平合意や武装解除を経ても、このような様々な武装組織への対応に国家の安全保障上のリソースを費やすことは、中長期的な安全保障政策を策定する上での大きな障害となる。

　17年5月にマラウィ市で起こった戦闘時に発出され、延長が繰り返されてきたミンダナオ島全土での戒厳令は、19年末を持って解除された。戒厳令下では軍などの治安当局は裁判所の令状がなくても、過激派の戦闘員らを迅速に摘発することが可能となっていた。ただし、戒厳令解除後も、ミンダナオ全域に対する緊急事態の適用と国軍の展開は維持される。

ASEANを中心とした地域協力枠組み

ASEAN首脳会議

　全会一致制をとるASEANは、地域の安全保障環境の劇的な変化にもかかわらず、12年以降、その首脳会議・外相会議において、南シナ海問題をはじめとする域内の安全保障問題について強い見解を表明することを避けてきた。タイが議長国を務めた19年も、大きな変化はなく、「ASEANの一体性」を維持し、米国と中国との板挟みになりたくないとの懸念が共有されている。

　ASEAN議長声明における南シナ海問題への言及ぶりには、ここ2年間で変化はなく、一貫して抑制的なトーンとなっている。19年6月のASEAN首脳会議、11月のASEAN首脳会議の議長声明ともに、南シナ海問題に関しては「信用および信頼を損ね、緊張を高め、平和・安全保障・安定を損なう地域における埋め立てや活動に対するいくつかの懸念に留意する」との表現が維持された。フィリピンが議長国を務めた18年の首脳会議の議長声明で抜け落ちた「懸念」の表現は

維持されているものの、新たな文言は加えられていない。

　11月の東アジア首脳会議では、議長声明に、「中国による南シナ海の軍事要塞化に対する重大な懸念」との表現を含める案が浮上したことが報じられたが、最終的には、ASEAN首脳会議の議長声明と同様の文面に留まった。中国外交部は議長国であるタイに文案の修正を迫り、同時に、首脳会議に出席していた李克強首相はラオスやカンボジアの首相と相次いで会談し、インフラ分野での経済支援の拡大に言及するなどして支持をとりつけたとされる。

　なお、20年のASEAN議長国はベトナムであるが、新型コロナウイルス感染症の世界的な感染拡大を受け、中部ダナンで4月に予定されていた定例首脳会議は延期となった。

「自由で開かれたインド太平洋」構想に対するASEANの反応

　中国は近年、大規模なインフラ整備プロジェクト構想として「一帯一路」構想を推進してきた。これは、中国から中央アジアを経て欧州に至る陸上交通路と、中国から東南アジアの海域、インド洋を経て地中海に繋がる海上交通路を整備し、ユーラシア一帯の発展を目指す広域経済圏構想である。東南アジア、南アジアを中心にさまざまな融資を実施して港湾や鉄道の整備を支援するためのアジアインフラ開発銀行（AIIB）は、構想当初から、すべてのASEAN加盟国に支持された。

　他方で、日本政府は16年、「自由で開かれたインド太平洋（FOIP）」を戦略として打ち出し、太平洋からインド洋にまたがる地域で、法の支配や市場経済といった価値を共有する国々が協力する枠組みを提案していた。トランプ大統領も17年のアジア諸国への歴訪時に、「インド太平洋戦略」を同国の新たなアジア戦略としていた。

　東南アジア諸国の首相、外相らはかねてより、「一帯一路」と、「自由で開かれたインド太平洋」のいずれかを選択するように域外諸国から強要されたくはないと発言していた。18年のASEAN地域フォーラム（ARF）では、ASEAN加盟国から「戦略」という表現への懸念が明示された。これを受けて18年、日本は、「自由で開かれたインド太平洋」は構想であること、いかなる国も排除しないことを述べ、ASEAN各国の警戒心を解こうとする姿勢を表明していた。

19年6月のASEAN首脳会議で、ASEANは「インド太平洋に関するASEANアウトルック（AOIP）」を採択した。採択までに1年の協議と調整を要したと言われているが、同文書は新たな内容を盛り込んだものではなく、従来のASEANの姿勢を整理し、文書化したにすぎない。インド太平洋地域は「緊密に連結された地域」であること、ASEANが中心的で戦略的な役割を担うことが明記されている。米国、日本は公式にこの文書への歓迎を表明している。

南シナ海における行動規範（COC）の策定

ASEANと中国との間の行動規範（COC）の策定においては、2021年までの締結を目指すとの中国の意思表明を受け、実務レベルで調整が進んでいるとみられる。COCは、南シナ海での紛争を防止するために当事国の行動を法的に規制するものであり、その策定交渉は13年に始まったが、交渉は長期化している。17年に行われた中ASEANの高官協議で枠組み草案についての協議が完了したとされており、18年には李克強首相が、3年以内にCOC交渉を完了したいと述べた。

19年7月の中ASEAN 外相会議では、各国の要望を整理する第一読会が完了したことが確認された。また、11月の中ASEAN首脳会議では第二読会の開始が伝えられた。王毅外交部長、李克強首相はともに、「2021年までにCOC交渉を終結できることを期待する」と述べている。

韓ASEAN関係

文在寅大統領は19年9月にタイ、ミャンマー、ラオス歴訪を終え、就任からわずか2年余りでASEAN全10カ国を訪問した初の韓国大統領となった。

同年11月、韓国は釜山で第3回韓ASEAN特別首脳会議を開催した。同会議は5年に1回韓国で開かれている。共同議長声明には、南シナ海の軍事要塞化を進める中国への懸念、北朝鮮のミサイル発射の自制を求めることなどが盛り込まれた。また、文大統領が17年にジャカルタで表明した、ASEANとの連携を深める「新南方政策」も明記された。文大統領は「ASEANの発展が韓国の発展に繋がる」と強調し、ASEAN加盟国への関税優遇などを通じて、環境対応車やロボット、人工知能技術、5Gなどの幅広い分野で貿易額を大幅に引き上げる目

標も採択された。韓国とASEAN10カ国との貿易額は、韓国の貿易額全体の約14%を占めており、日中米に次ぐ規模となっている。

なお、文大統領は北朝鮮の金正恩委員長を同会議に招待する親書を送付していたが、北朝鮮からの参加はなかった。

ASEAN地域フォーラム（ARF）

ASEAN地域フォーラム（ARF）は、1994年より開始されたアジア太平洋地域における政治・安全保障分野を対象とする全域的な対話のフォーラムであり、ASEANを中心に、北朝鮮を含む26カ国とEUが参加している。毎年1回の外相会合をはじめ、外交当局と国防・軍事当局の双方の代表による対話と協力を通じ、地域の安全保障環境を向上させることが目的である。ARFは、北朝鮮が参加する数少ない多国間協議の枠組みであり、毎年、北朝鮮への各国の動向が注目されている。

19年8月のARF議長声明では、ARFの期間中もミサイル発射を繰り返した北朝鮮に対し、「核実験とミサイル試験の停止」と「完全な非核化」を求めた。ただし、前年に引き続き、「検証可能かつ不可逆的な非核化（CVID）」の文言は盛り込まれなかった。ASEAN加盟国のなかには北朝鮮と外交関係を結ぶ国も多く、17年に北朝鮮が核・ミサイル実験などの挑発行為を繰り返していた際にも、解決を主張する声が多数を占めていた。18年6月にシンガポールで開かれた米朝首脳会談を受け、ASEAN諸国は北朝鮮に配慮しつつ、動静を見守っていると言えよう。

東アジア首脳会議（EAS）

EASは地域および国際社会の重要な問題について首脳間で率直な対話を行うことを目的に05年に発足した会議体であり、ASEANの10カ国に加え、日本、米国、中国、韓国、オーストラリア、ニュージーランド、インド、ロシアが参加している。

19年にタイで発表されたEAS議長声明は、朝鮮半島の「検証可能かつ不可逆的な非核化」との表現は盛り込んでいるが、18年の声明に盛り込まれた北朝鮮による「拉致問題の解決」の表現を含んでいない。米国は北朝鮮との非核化交渉に注力しており、拉致問題について強く主張することを避けたとみられる。

　なお、トランプ大統領は2年連続で、米ASEAN首脳会議およびEASを欠席している。

アジア太平洋経済協力会議（APEC）

　APECは、米国、中国、日本、ロシア、カナダ、オーストラリア、メキシコなどを含む21の国と地域で構成されている。

　2019年の首脳会議は11月にチリで予定されていたが、チリ国内の混乱のために中止となった。前年の18年はトランプ大統領が参加を見送り、1993年の首脳会議発足後初めて、首脳宣言の採択を断念し、5日遅れで議長国が議長声明を発表する異例の事態となった。それに加えて19年は異例の中止となったことを受け、APEC首脳会議の意義が問われている。APECは環太平洋パートナーシップ（TPP）協定の実現を後押しするなど自由貿易の推進に貢献してきたが、18年の首脳会議では、そこでは、自由貿易を推進するAPECの目的を再確認するとする一方、従来の首脳宣言で盛り込まれてきた「保護主義と貿易をゆがめる手段と闘う」とする記述はなく、保護主義的な傾向を強める米国に配慮したとみられる。

　2020年の議長国はマレーシアとなっている。

東アジア地域包括的経済連携（RCEP）

　日本や中国、韓国とASEAN，インドなど16カ国が参加するRCEPは、目標としていた2019年内の妥結を断念した。インドは同年11月の首脳会議で貿易赤字の拡大を懸念してRCEP交渉からの離脱を示唆しており、その後、事務レベル会合にも参加せず、交渉のテーブルに戻っていない。20年3月にベトナムで開催されたASEAN経済担当相会合では、インドの参加の有無を問わず年内妥結を目指すことを確認した。しかし、日本はインドが抜ければ中国の影響力が大きくなるため、インド抜きのRCEP交渉を明確に否定している。

　RCEPでは、物品貿易に加え、サービス、電子商取引、政府調達など18分野の交渉が行われており、実現すれば世界の人口の約半分、貿易額の3割ほどを占め、TPPに参加しない中国やインドを含むアジア最大級の自由貿易ルールとなる。

日本の対東南アジア安全保障協力

　日本は、2016年にラオスのビエンチャンにて開催された第2回日・ASEAN防衛担当大臣会合において、ASEANに対する防衛協力の方針としての「ビエンチャン・ビジョン」を発表した。同ビジョンは、日本が「法の支配」の定着や海洋・上空の情報収集・警戒監視、捜索・救難といった分野でASEAN全体の能力向上に資する協力を推進するため、国際法の実施に向けた認識の共有をはじめとした能力構築支援、防衛装備品移転と技術協力、多国間共同訓練、オピニオンリーダーの招聘などを実施していくことを謳っている。また、18年に決定した新たな防衛力整備の指針「防衛計画の大綱」にも、ASEAN諸国との関係について「共同訓練・演習、防衛装備・技術協力、能力構築支援等の具体的な二国間・多国間協力を推進する」ことを明記している。

　19年、日本は「ビエンチャン・ビジョン」のアップデート版として、「ビエンチャン・ビジョン2.0」を発表した。

ハイレベルの安全保障対話

　19年の安倍首相による東南アジア訪問は、11月のASEAN関連首脳会議（タイ）のみとなった。それを除いた19年の日本と東南アジアとの間のハイレベル防衛対話は、以下のとおりである。

　防衛省は19年11月の日・ASEAN国防相会合で、16年の「ビエンチャン・ビジョン」以降、海軍種間の「乗艦協力プログラム」、陸軍種を中心とした「人道支援・災害救援招聘プログラム」、空軍種間の「プロフェッショナル・エアマンシップ・プログラム」の3事業が立ち上がり、二国間の能力構築支援事業や防衛装備品・技術協力、訓練・演習などが深化してきたことを評価した上で、従来構想のアップデート版としての「ビエンチャン・ビジョン2.0」を発表した。そこでは、「心と心の協力」、「きめ細やかで息の長い協力」、「対等で開かれた協力」という3原則が新たに盛り込まれている。

　翌日のASEAN拡大国防相会合（ADMMプラス）では、河野防衛相が、日本が推進している「自由で開かれたインド太平洋」構想について説明し、改めて協力を求めた。また、南シナ海問題に言及し、日本は、あらゆる一方的な現状変更

の試みや他国に対する威圧に強く反対し、係争中の地形の非軍事化と国連海洋法条約に従った紛争の平和的解決を強く要請する旨を述べた。また、北朝鮮問題に言及し、「瀬取り」対策を含め、国連安保理決議の実効性確保のために国際社会の団結が不可欠である旨を強調し、日本が国連PKO支援部隊早期展開プロジェクトとして他国のPKO要員への訓練を実施していることを説明した。

表：日本と東南アジアとの間のハイレベル防衛対話

年月日	
19年2月26日	山田防衛大臣政務官のフィリピン空軍司令官との会談
19年4月17日	日フィリピン防衛相会談
19年5月2日	日ベトナム防衛相会談
19年5月4日	岩屋防衛大臣によるベトナムのフック首相表敬
19年5月22日	日シンガポール防衛相会談
19年10月9日	ミン・アウン・フライン・ミャンマー国軍司令官による安倍首相表敬
19年11月17日	第5回日・ASEAN国防相会議、日シンガポール防衛相会談、日タイ防衛相会談、日フィリピン防衛相会談、日ミャンマー防衛相会談
19年11月18日	第6回拡大ASEAN国防相会議（ADMMプラス）、日インドネシア防衛相会談
19年12月14日	第19回ドーハ・フォーラム、日マレーシア防衛相会談
19年12月20日	日インドネシア防衛相会談

　5月には岩屋防衛相がベトナムを訪問してフック首相と会談し、自衛隊艦艇のベトナム寄港や、防衛産業間の交流促進など両国の防衛協力を推進する方針で一致した。安倍首相は7月、訪日したフック首相と首相官邸で会談し、人的交流拡大に期待感を示すとともに、防衛装備品・技術移転協定の締結交渉入りでも一致した。
　また防衛省は7月、「ビエンチャン・ビジョン」に基づき、ASEANの全加盟国の空軍幹部を日本に招き、航空防衛に関する初の実務者会議を実施し、領空侵犯への国際法に基づく対応や、軍用機の事故防止に関する取り組みについて協議した。現在は、陸海空のすべての軍種において、実務者会議が開催されていることになる。

日本から東南アジア諸国への装備品協力

2014年に策定された「防衛装備移転三原則」では、日本が装備や技術を輸出できる条件が整理され、友好国の安全保障・防衛協力の強化に資するものであって、相手国の「監視」や「警戒」に係る能力の向上に寄与する装備については輸出が可能となった。

16年、安倍首相とドゥテルテ大統領が、海上自衛隊練習機TC-90の貸与と、それに関係する技術情報などのフィリピンへの移転に合意したことは、日本の装備品協力の先行事例となった。その際、自衛隊によるフィリピン海軍のパイロットへの教育や整備要員に対する支援も開始された。

なお、従来は、装備品を含めた自国財産の他国への移転は売却か貸与に限定されていたが、17年の法改正で無償譲渡が可能となった。同法改正に伴う初めての防衛装備品移転の事例もまたフィリピンであった。両国は、すでに貸与中であった5機のTC-90を無償譲渡に変更することに合意し、同年中に2機、18年に残り3機がフィリピン海軍へ引き渡された。18年6月にはフィリピン国防省からの依頼を受けて、陸上自衛隊多用途ヘリコプターUH-1Hの不用となった部品などをフィリピン空軍へ無償譲渡することが防衛大臣間で確認され、11月に装備担当部局間で譲渡に係る取決めが署名された。これに従い、19年3月に引き渡しが行われた。

なお、日本とマレーシアとの間では、18年にすでに防衛装備品・技術移転協定が締結されており、ベトナム、インドネシア、タイとも、同様の締結交渉が行われていると報じられている。

20年4月現在において、無償譲渡が実施された事例はフィリピンのみであり、完成品の売却事例はない。報道によると、三菱電機が製造する防空レーダーシステムが、近く、フィリピンに輸出される見込みである。これが実現すれば、「防衛装備移転三原則」制定後の初の国産装備の完成品輸出となる

共同訓練、防衛交流、能力構築支援

日本は19年も、米軍とタイを中心とした軍事演習「コブラ・ゴールド」や環太平洋合同演習「リムパック」をはじめとした多国間訓練に参加したほか、二国間の

防衛交流を進めてきた。防衛省・自衛隊が12年より進めてきた他国軍への能力構築支援も、前年に引き続き、特に東南アジアにおいて、人道支援、災害救援、防衛医療、建築技術などの分野で継続中である。

19年の新たな試みとして、5月、日本は米国、インド、フィリピンとともに、南シナ海で6日間の共同巡航訓練を実施した。この共同巡航訓練には米海軍ミサイル駆逐艦「ウィリアム・P・ローレンス」、インド海軍ミサイル駆逐艦「コルカタ」、インド海軍補給艦「シャクティ」、日本の海上自衛隊護衛艦「いずも」「むらさめ」、フィリピン海軍フリゲート「アンドレス・ボニファシオ」が参加し、司令官同士がそれぞれの艦艇を行き来した。自衛隊はこの共同巡航訓練のために「インド太平洋方面派遣訓練部隊」を編成し、全体の航海は72日間に及んだ。部隊はマレーシア、フィリピン、ブルネイ、シンガポール、ベトナムに寄港した。

防衛省は17年から、「日・ASEAN乗艦協力プログラム」として、ASEAN10カ国の士官などを艦上に招いて、海洋法に関する研修を実施している。3年目となる19年には、護衛艦「いずも」を東南アジアの海域に派遣し、乗船した士官らを対象に、日本の専門家らからの人道支援・災害救援分野および海洋に関する国際法および航空国際法に関するセミナー、統合任務部隊による海上からの人道支援・災害救援活動に関する机上訓練などが実施された。この事業は、上記の「インド太平洋方面派遣訓練部隊」による東南アジア巡航と連動している。寄港先のマレーシアやフィリピンでは、人道支援・災害救援の能力構築支援やセミナーを実施した。ARF参加国の局長級を招いて防衛省が毎年3月に開催している「東京ディフェンス・フォーラム」は、19年には「自由で開かれたインド太平洋」の強化に向けた、自由貿易の推進、　航行の自由、法の支配に基づく秩序の維持などの重要性、インド洋から太平洋に至る広い海域で生じる違法操業、海賊、災害などに対応するための協力について議論が行われた。20年は、新型コロナウイルス感染症の拡大を受け、延期された。

近年、安全保障分野から再評価されている試みとしては、法務省を通じたベトナム、カンボジア、ラオスなどへの法整備支援がある。経済関連法、民法などの法案の起草を支援し、法曹人材の育成にも貢献している。18年には法務省に国際課が新設され、ODAの一環として実施している。この取り組みが評価され、日

本は20年、ASEAN加盟国の司法次官、・局長級が出席する高級法務実務者会合に初めて参加し、サイバーセキュリティーをめぐる法整備の議論にも参加する予定となっている。

政治的自由と民主的ガバナンスをめぐる諸課題

　米国の非営利組織フリーダムハウスによると、東南アジアにおいては「自由」が保障されている国は一つもなく、比較的自由な選挙が実現しているインドネシアやフィリピン、マレーシアでさえ、報道や言論の規制、強権的な形での統治が続いている。2019年は特に、その傾向が強まったように見受けられる。自由で民主的な選挙をいかに実現するか、そして、選挙によって成立した政権がいかに民主的なガバナンスを実現できるかが、引き続き注目される。

8年ぶりのタイ総選挙

　タイでは、14年のクーデタ以降、当時陸軍司令官であったプラユット暫定首相による軍政が敷かれ、議会は停止、政党活動も禁止されてきたが、19年3月によ うやく総選挙が実施された。下院の得票数は、軍政に批判的なタクシン元首相派のタイ貢献党が1位、親軍政の「国民国家の力党」が2位、リベラル系の新党の「新未来党」が3位という結果になった。首相指名選挙には下院議員500名に加え、軍政が任命した上院（250名）が加わったため、プラユット氏が首相を続投することになった。

　7月に第2次プラユット政権が誕生した。プラユット首相は国防相も兼務することになり、その他の多くの閣僚も、軍政期の内閣からの続投となった。

　注目されたのは、反軍政を掲げて下院で80議席を獲得し、第3党に躍進した新未来党である。軍政に批判的な市民や若年層の支持を集め、党首のタナトーン氏は次代の首相候補と見なされ、野党連合によってプラユット氏の対抗馬として首相に推薦されていた。しかし11月、憲法裁判所は、立候補時に報道機関の株を有していたとして、タナトーン氏の議員資格を剥奪した。さらに20年2月には、憲法裁判所が、タナトーン党首が結党時に政党に対し、融資名目で規定額

以上の個人献金を行っていたことを根拠に、党の解散とタナトーン氏ら党幹部16人への10年間の公民権停止を命じた。これに対し、各地の大学で、学生らがプラユット政権に対して露骨な批判を向けるデモが連日実施され、14年以来の運動に発展した。新型コロナウイルス感染症の拡大を受け、こうした運動はいったん下火となったが、軍や司法の露骨な政治関与や、野党に対する恣意的な解党命令が繰り返される現状に対する若者の不満はくすぶり続けている。経済も低成長が続く中、内政の不安定は当面継続するであろう。

　また、19年の総選挙では、タクシン元首相派の「国家維持党」が、すでに王室籍を離脱している王妃を首相候補として擁立し、弟であるラマ10世王（ワチラロンコン国王）がこれを「不適切である」とする声明を出した。ワチラロンコン国王は、ラマ9世王（プミポン前国王）とは異なる軍への人脈と影響力を有しており、新たな形での王室の政治介入、政治利用が展開することが予想される。

インドネシア大統領選挙

　2019年4月のインドネシアの大統領選挙では、現職のジョコ氏が、スハルト時代に軍司令官を務めたプラボウォ氏を抑えて当選した。ジョコ大統領がイスラム教徒でありながら世俗的なイメージを前面に出していたのに対し、プラボウォ氏は、元軍人という立場に加えて、イスラム主義者としてのイメージも強調した。

　もともと、民主化後のインドネシアでは、スハルト政権から引き継いだパンチャシラ民主主義（諸宗教の説く真理を、世俗色の強い国是のもとに配置し、多様性の中の平等を実現するとするスローガン）に対し、イスラム主義の政治家や市民らの運動からの不満が高まっていた。今回の選挙では、スハルトの娘婿にあたるプラボウォ氏が求心力を発揮したという事情がある。選挙運動においては両陣営とも、ソーシャルメディアを用いたフェイクニュースの流布や、ヘイトスピーチもいとわない情報扇動を行った。投開票後、プラボウォ陣営は憲法裁判所にジョコ陣営の選挙不正を申し立て、ジャカルタでは大規模な市民デモが行われた。憲法裁判所は6月にプラボウォ陣営の訴えを棄却した。また、元大統領であるメガワティ氏らが、選挙後の両陣営の和解に乗り出した。第2期ジョコ政権は10月に発足し、プラボウォ氏は国防大臣として閣僚入りした。これによって両者の和解

は成立したとみられ、与党は最大野党と連立を組むことでとりあえずの安定を図ることとなった。

　しかし、選挙戦を経て市民の間に広がった亀裂は深く、ソーシャルメディア上の扇動合戦を防止するため、政府はジャカルタ首都圏でのソーシャルメディアの使用に制限をかけた。

　19年8月には、分離独立派の武装勢力が活動するパプア州および西パプア州を中心に、国内各地でパプア系住民による抗議運動が広がり、首都ジャカルタでも抗議デモが行われた。ジョコ政権は、分離独立派との対話も模索しているが、公式な交渉には至っていない。

　東南アジア最大の人口を抱えるインドネシアが過去20年間にわたって民主的な選挙制度を維持し、暴力による問題解決を封じ込めていることは国際的にも評価されているが、人口の9割をイスラム教徒が占めるなか、「多様性の中の統一」というスローガンのもと、政教分離を貫きつつもどのように社会の分断を乗り越えて行けるのか、多様な宗教やジェンダー・マイノリティ（性的少数者）への寛容さをどれだけ維持できるかが課題となる。

　なお、ジョコ大統領は2期目に入ってからも、外交活動を優先しておらず、米国にも中国にも接近しすぎないことを意識しているとみられる。インドネシア外交筋の間でも「インド太平洋」構想にも懐疑的な発言が目立つ中、ASEAN随一の人口とリーダーシップを誇る同国の外交政策が注目される。

マレーシアにおける権力闘争

　マレーシアでは18年5月の総選挙で、元首相のマハティール率いる野党連合が、政府系投資会社をめぐるナジブ前首相夫妻の汚職疑惑を追及して票を集め、57年の独立以来、初の政権交代となった。統一マレー人国民組織（UMNO）による長期政権が終焉し、野党が超法規的、暴力的な手段ではなく民主的な選挙で政権交代を実現させたことが、国際社会からも大きく注目された。

　しかし、20年2月、マハティール氏は突然に辞任を宣言した。90歳を超えている首相の後任としては従来、マハティール政権下で副首相を務めたアンワル氏が有力と見なされていた。マハティール氏とアンワル氏はここ20年間のマレーシア政治

の最有力者であるとともに政敵同士でもあった。

　しかし、アンワル氏を飛び越えて首相に就任したのは、マハティール政権下で内務大臣を務めたムヒディン氏であった。ムヒディン氏はアズミン経済大臣とともに、首相であるマハティール氏に対し、野党UMNOを巻き込んで連立政権を再編成することを提案した。UMNOと距離を置くことで選挙に勝利したマハティール氏はこの提案を拒否し、いったん首相を辞任したうえで、UMNOと組むことなく新たな政権を立ち上げようと試みた。すると、ムヒディン、アズミンの両名は反旗を翻して多数派工作を行い、首相任命権を持つアブドラ国王に対し、UMNOを含む連立政権の樹立を訴えた。この結果、ムヒディン氏が首相、アズミン氏が貿易産業大臣として記者会見に臨むこととなった。今後、マハティール氏やアンワル氏が、ムヒディン政権への不信任案提出を議会に提出する可能性がある。

　民主的な選挙を経て政権交代が実現した国で、一部の指導者層の間での権力闘争によるリーダーシップの交代というどんでん返しが行われたことで、マレーシアにおける民主的ガバナンスの今後もまた、不透明さをはらんでいる。また、多民族国家のマレーシアにおいて、新政権が、マレー・イスラム系議員で構成されるUMNOや、全マレーシア・イスラム党などの支持を得ていることから、多数派であるマレー系の民族色とイスラム色が濃くなり、勢力バランスが変わるのではないかとの見方もある。他方、UMNOはもともと華人系やインド系の政党と連立を組み、中道路線を堅持してきたことから、UMNOがナジブ政権時代の汚職イメージを払拭して、国民の信頼を得て国家運営に関わることに期待を寄せる声もある。

新型コロナウイルス感染症と安全保障

　新型コロナウイルス感染症の拡大のパターンと政府による感染拡大防止策は、ASEAN10カ国の中でも実に多様である。本稿の執筆時点（20年5月上旬）において、事態はまだまだ流動的であるが、安全保障の観点から、以下の4点を暫定的な仮説として指摘したい。

　第一に、各国における感染者数や死者数の抑え込みは、経済発展の度合いやそれに下支えされる医療インフラの充実とは比例しておらず、むしろ、各国の政治的自由度に左右されているように見受けられる。20年5月上旬現在、公式発表

ベースでは、ASEAN10カ国の中で最貧国とされるラオス、ミャンマー、カンボジアの感染者数は200名未満に抑えられている。

　注目されているのは、感染者数を300名未満に抑え、一人の死者も出していないベトナムである。ベトナム政府は、中国の武漢で最初の死者が出た段階で国境閉鎖や空港の使用制限を始め、国内感染者が一桁であった1月末に、陽性反応の有無にかかわらず、海外からの帰国者は軍の施設などに隔離する方針を固めた。4月上旬までの隔離者数は約7万3,000人に上り、中国同様、陽性が判明した国民の居住する建物や村全体を隔離するなどの強硬な手段も実施された。他方、東南アジアの中で比較的市民の政治的自由度が高いとされていたインドネシアとフィリピンは、3月末から部分的な隔離や都市封鎖を実施したものの、4月下旬以降も感染者数に歯止めがかからない状態となった。

　近年の東南アジアでは、選挙の行われている国々においてもしだいに政権が権威主義的かつ排他的な色彩を帯びつつあり、また、ドゥテルテ大統領のような「強いリーダー」が支持を集めていることが注目されてきた。各国の新型コロナウイルス感染症への感染防止策とその帰結が、今後の政局、特に政治的自由度に与える影響が注目される。

　第二に、新型コロナウイルス感染症は、東南アジアでは政策として議論されることが少なかった移住労働者の管理とリスクを浮き彫りとした。シンガポールは感染者数を抑え込んでいたが、4月中旬に「ドミトリー」と呼ばれる外国人の単純労働者の居住施設で集団感染が発覚し、一転して感染者数が1万8,000人を超えた。カンボジア、ミャンマー、ラオスからタイに出稼ぎに来ている労働者の一斉移動の波を止めることは、どの国にもできなかった。世界随一の移住労働者の「送り出し国」であるフィリピンを除いては、東南アジア諸国は従来、移住労働の問題に向き合わず、しばしば「いないもの」として扱ってきた。ASEANの関連会議で移住労働が争点化されるのは、国境を越えた犯罪や違法薬物の取り締まり、テロ防止策に限られていた。これは、過去10年以上にわたって移民・難民問題が政策として争点化されてきた欧州諸国と決定的に異なっている。今後は東南アジアでも、国内政策として、あるいは地域間協力の枠組みの中で、移住労働者のマネジメントや域内での情報共有が議題とされることが予想される。

　第三に、東南アジアの報道やそこに引用される識者のコメントでは、大統領や首相の個人的リーダーシップが重視される反面、ガバナンスの視点が見落とされがちである。大統領や首相による軍や警察の動員力、経済支援策などが耳目を集める一方で、都市封鎖や隔離を規定する緊急事態条項の法的根拠や議会による監視、軍や警察といった治安部門と公衆衛生部門との役割分担、専門家会議などを通じた官僚と専門家の調整といったガバナンスの状態についてはあまり言及されていない。官僚機構の比較的強いタイではその傾向は薄いように見受けられるが、リーダーの采配に注目が集まるのは、「アジア的」であると言えよう。

　第四に、事態が一段落した後の国際援助のニーズは変化し、さらなる省庁間協力が求められる可能性が生まれてきた。中国はフィリピンなどに医療品を支援し、大規模な政府広報を行っている。今後、感染症対策を目的とした国際緊急援助隊の派遣、軍用機による人員や物資輸送、感染症に特化した海外での能力構築支援など、経済協力と防衛協力とを組み合わせた形での支援ニーズが生まれ、また、それを自国の宣伝に利用するための「援助競争」が、先進国間だけでなく、新興国の間においても、活発に展開されるのではないか。

（公立小松大学准教授　木場紗綾）

スパイスの選択は慎重に

　ASEAN各国が持ち回りで毎年開催するASEAN関連首脳会議。ASEANが域外の対話国を招待し、ASEAN＋3（日中韓）、ASEAN＋1、EAS（東アジア首脳会議）を主催するASEAN外交の晴れ舞台だ。この一連の首脳会議前日、ASEAN議長国はガラ・ディナーと呼ばれる宴を開催する。宴ではASEAN10カ国の音楽が披露され、同じ東南アジアの国でもこんなにも文化が違うことを実感する瞬間でもある。

　外交にとって音楽はスパイスのようなものだ。主役ではないが、隠し味として絶妙な彩りを与える。各国元首を饗す晩餐会では、その国の音楽が演奏され外交に花を添える。ASEANのモットーである「多様性の中の統一」も、ガラ・ディナーの音楽を聞けばその意味がよく理解できる。

　ところが、このスパイスが主役になる時もある。音楽をめぐって二国間関係がぎくしゃくし外交問題に発展することもあるのである。インドネシアとマレーシアの間で発生した、"ラサ・サヤン（Rasa Sayang）"という歌をめぐる論争がそれだ。この歌はインドネシアでは誰もが知っている東部マルク地方の音楽で、国民歌と言ってもいい。インドネシア在勤が長い筆者にとっても馴染み深い歌だ。しかし、2007年、マレーシアが自国の観光キャンペーンでこの歌を使用したことで話がややこしくなった。当時のインドネシアの観光大臣は、この歌はインドネシアのものと主張して、マレーシアに強く抗議し謝罪を求めた。両国のメディアも沸騰し、ジャカルタのマレーシア大使館前では抗議デモが発生した。これに対して当時のマレーシアの観光大臣は頑として謝罪を拒否した。マレーシアの言い分はこうだ。"ラサ・サヤン"は"ヌサンタラ（nusantara）"の歌で、古来、マレーシアでも広く歌われてきた、マレーシアはこの"ヌサンタラ"の一部であると。

　"ヌサンタラ"とは、マレー・インドネシア語で「島嶼世界」を意味する雅語で、簡単にいうと、マレーシアとインドネシアが国民国家として独立する前にこの地域で形成されたマレー世界のことで、地理的には、この両国の他、シンガポール、ブルネイ、タイ南部、フィリピン南部も含む。なるほど。であれば、両国の主張はどちらも理にかなっているようだ。

　この論争を思い出すと、音楽は外交に彩りを与えると呑気に言ってられなくなる。晩餐会で演奏される音楽が本当にその国"固有"の音楽なのか。スパイスも選択を誤ると食事を台無しにするので、細心の注意が必要ということだろう。

田子内進

在インドネシア日本国大使館参事官／政務部長

第7章　南アジア

概　観

　地域超大国インドでは2019年4-5月に行われた総選挙において、モディ首相率いるインド人民党が前回を上回る議席を獲得し、再選を果たした。この結果、今後特段の事態が生じないかぎり、モディ政権は24年まで続くことになる。「インド太平洋」を重視する日米豪などとの連携強化の流れは変わらないとみられる。

　他方、勢力を拡大したインド人民党は、そのヒンドゥー至上主義的な主張をいっそう顕わにし始めている。第2期モディ政権は発足後、イスラム教徒が多数派のジャンムー・カシミール州に付与されていた憲法上の特別な自治権を剥奪したうえ、2分割して連邦直轄領化に置いたほか、イスラム教徒以外の周辺国からの難民に市民権を与えるなど、インド人民党が元来主張してきた政策を実行に移した。モディ政権は「ヒンドゥー国家」の建設へと大きく舵を切ったという指摘は多い。

　モディ政権のそうした「反イスラム」的政策は、対外関係に影響を与えずにはおかない。特にパキスタンとの関係は、19年2月のテロ事件とそれに対するインド側の「空爆」で冷え込んでいたが、インドがカシミールに関する一方的な措置をとったことでさらに悪化した。財政危機のなか、軍の支持を背景に政権を維持するパキスタンのカーン政権としては、カシミール問題でインドに譲歩する行動はとりえない。またインドの市民権法改正に関しては、パキスタンだけでなく、アフガニスタン、バングラデシュも不快感を表明し、モディ政権の近隣第一主義政策に影を落としている。このほか、マレーシアやトルコの首脳も、モディ政権を公然と批判して両国との関係が悪化した。さらに米国も議会を中心に、人権の観点から懸念の声を上げている。

　ナショナリズムを強めるモディ政権の影響は、日印関係にも及んだ。インドは自国産業保護の観点から、東アジア地域包括的経済連携（RCEP）交渉からの離脱を表明した。中国主導になるのを回避すべくインドを巻き込もうとした日本としては、何とかインドを翻意させたいところではあった。しかし19年12月に予定されていた安倍首相の訪印は、市民権法改正をめぐる抗議活動で治安が悪化したため見送らざるをえなくなった。

　20年に入り、世界中を襲っている新型コロナウイルスは南アジアでも広がりをみせている。WHOによると、5月初旬の段階での南アジア8カ国の感染者数は9万人余り、死者数は2,600人余りであり、世界全体に占める割合はそれぞれ2.5%、1%に留まる。南アジアの人口が世界人口の4分の1であることを考えれば、抑制されているといえよう。とはいえ各国とも検査・医療体制が整っているとはいえず、蔓延する恐れは拭いきれない（6月15日時点で感染者数は60万人超に増大）。インドは3月下旬からロックダウン等の厳しい措置を敷いたが、5月になっても感染者数は減少に転じていない。経済への影響は避けられないであろう。

　　　　　　　　　（防衛大学校准教授／平和・安全保障研究所研究委員　伊藤融）

インド

総選挙：モディ首相率いるインド人民党が圧勝

　インドでは連邦下院議会選挙（総選挙）が行われた。約9億人の有権者のうち3分の2にあたる約6億人が票を投じた世界最大の選挙では、2019年4月から5月にかけて7回に分けて投票が実施された。モディ首相率いる与党・インド人民党は、インド経済が伸び悩むなかで苦戦も予想されていたが、結果的に14年の前回総選挙を上回る議席数を獲得する圧勝を収めた。

2019年インド連邦下院議会選挙結果

連合名	政党名	獲得議席数	増減
国民民主連合		(353)	+17
（NDA）	インド人民党	303	+21
	その他	50	
統一進歩連合		(92)	+32
（UPA）	国民会議派	52	+8
	ドラヴィダ進歩党	23	+23
	その他	17	
上記以外		(97)	
	草の根会議派	22	-14
	YSR会議派	22	+13
	その他	53	
合計		542	

（出所）インド選挙管理委員会、現地紙報道を踏まえて筆者作成。
注：20議席以上獲得の政党を掲載。増減は前回総選挙結果との比較。

　インド人民党の勝利には、主に四つの要因がある。第一に、モディ首相が国民の間で根強い人気を維持できていたことである。クリーンで実行力のあるリーダーとしてのイメージは、政権についてからも損なわれず、世論調査で次の首相に相応しい人物としてトップの支持を集め続けていた。第二に、19年2月に発生し

たパキスタンとの軍事衝突の影響である。政府によるパキスタンへの強固な対応が支持を受け、事件以降にインド人民党の支持率が回復した。農民のうち軍事衝突のことを知っていた人ほど、インド人民党に投票した割合が高かったという調査結果も出ている。第三に、野党協力の不成立による敵失という側面がある。インド人民党はビハール州などで効果的に連合を形成して議席を増やしたが、国民会議派などの野党側は対抗勢力を結集させることに失敗した。最後に、インド人民党の組織力に勝因を求める説もある。権力を利用して党と関連組織を強化し、高位カーストのヒンドゥー教徒などの支持層からの得票を固めたことが勝利に繋がった。

第2期モディ政権スタート：対外関係の陣容には第1期からの連続性

　与党・インド人民党で単独過半数を獲得する勝利を収めたモディ首相は、19年5月に第2期政権を発足させた。任期は5年間で、議会が解散されるなどの事態がなければ24年まで続く（インド連邦下院の解散はまれ）。

　対外政策関連の陣容を見ると、情報部門出身のドヴァル国家安全保障顧問は留任し、国防相にはインド人民党の有力者のシン前内相、そして外相には元外務官僚のジャイシャンカル氏が任命された。連邦議会議員以外からの異例の抜擢として注目を集めたジャイシャンカル外相は、インド外務官僚のエースとして駐中国大使や駐米国大使を歴任し、第1期モディ政権では外務次官を3年間務めていた。なお、駐日本公使を経験した知日派でもあり、日本出身の現夫人とはそのときに知り合っている。

　このように、対外政策関連の人事には第1期政権からの継続性が見てとれる。次項で扱うカシミール政策では大きな動きが見られたが、対外政策で重要な変更は見られず、基本的には第1期の方針を踏襲している。しかし第1期の就任式には南アジア地域協力連合（SAARC）各国の首脳を招待していたが、第2期ではベンガル湾多分野技術経済協力イニシアチブ（BIMSTEC）各国などの首脳を招待した。これは、後者に参加していないパキスタンを意図的に排除したものと受け止められている。

　第2期モディ政権の外交は、第1期と同様に、南アジア諸国への外遊からスター

トした。19年6月、はじめにモルディブ、次にスリランカを訪問した。中国が影響力を強める両国に対して重視する姿勢を示して、つなぎ止める意図があったと見られる。

カシミールの自治権剥奪、支配強化で対パ関係悪化

　総選挙での圧勝によって権力基盤を盤石としたモディ政権は、インド人民党のマニフェストに謳っていたヒンドゥー主義イデオロギーの色濃い二つの政策を実施に移した。一つ目は、北部カシミール地方の自治権剥奪であった。

　インド政府は、19年8月、ジャンムー・カシミール州に特例的な自治権を認めていた憲法370条と35Aを大統領令によって廃止した。インド国内では唯一イスラム教徒が多数であり、分離独立時にパキスタンとの間で領有権が争われた同地域をインドに引きとめるために設けられた特別な自治権であったが、インド人民党はかねてより廃止を主張していた。当地では自治権剥奪に抵抗する動きもあったが、事前に通信の遮断や政治家等の拘束などによって周到に用意していた政府はこれを押さえ込んだ。ジャンムー・カシミール州は、19年10月末、およそ西半分のジャンムー・カシミールと東半分のラダックに分割され、それぞれが連邦直轄領となった。ラダック側では、カシミールと異なり仏教徒が人口の多くを占めており、イスラム教徒が政治権力を握ってきた旧ジャンムー・カシミール州からの分離を歓迎する声もあがった。

　インド政府は、カシミールをインド国内の外国のように扱ってきた条項を廃止することによって、はじめてインドの他の地域と統合され、発展を遂げることができるとして正当化した。しかし現地では、域外住民による土地購入が可能になり、ヒンドゥー教徒の移住を促進し、イスラム教徒多数の人口構成を変化させることを真の狙いとした、ヒンドゥー主義政策と受け止められている。

　インド政府はカシミール問題を国内問題として扱い、他国の口出しを拒否する姿勢をかねてより貫いている。しかしカシミール全域の領有権を主張するパキスタン政府は、自治権廃止の動きに激しく反発し、印パ関係が急速に悪化した（パキスタンの項目を参照）。また、パキスタンの事実上の後ろ盾となっている中国も、インドを批判する声明を出した。

市民権法改正をめぐる騒乱で安倍首相の訪印中止

　モディ政権によるヒンドゥー主義政策のもう一つは、19年12月に実施された市民権法改正であった。この改正法では、隣接するイスラム諸国（アフガニスタン、パキスタン、バングラデシュ）から14年までにインドに入国したイスラム教徒以外の難民に、一定条件のもとでインド市民権を認めた。事実上イスラム教徒を差別するものであり、イスラム教徒はもちろん、政教分離の原則に反するとの観点からも反対の声が湧き上がった。特に都市部のイスラム教徒が多く住む区域では激しい抗議行動が行われ、首都デリーでは暴動も相次ぎ、一部区域に外出禁止令も出された。

　北東部アッサム州では、別の理由から改正法に反対する激しい暴動が発生した。職や土地を奪われることを恐れた住民が移民への敵意を募らせており、隣接するバングラデシュからの移民の多くを占めるヒンドゥー教徒移民の市民権が認められることになったために、改正法への反発が広がった。その結果、同州への訪問を予定していた安倍首相のインド訪問が中止された。

日本との安全保障協力は順調も、高速鉄道計画には暗雲

　日印関係では、安全保障分野を中心とした協力の拡大が進められている。19年12月、初めての日印外務・防衛閣僚協議（2プラス2）が行われ、戦闘機の共同訓練を20年内に実施することなどに合意した。訓練にはインド空軍の主力戦闘機Su‐30MKIの参加が予定されており、実現すればロシア製戦闘機が日本で共同訓練に参加するという意味でも画期的な出来事となる。また同月には、安倍首相がアッサム州の州都グハワティを訪れて、モディ首相との首脳会談を実施する予定であったが、前項の市民権法改正による騒乱のため、訪印は急遽中止された。インド政府が安倍首相をグワハティに招待したのは、インド政府が安全保障上の懸念からこれまで他国に関与を認めてこなかったインド北東部へのインフラ整備計画に、日本政府が積極的な協力を行っているためであった。

　インド国内のインフラ整備に対する日本政府の支援の中で、最大の共同プロジェクトであるムンバイ＝アーメダバード間の高速鉄道計画では、大きな遅れが生じる見通しとなった。計画では終えているはずの建設用地の土地収用は、19

年末時点で約半分しかできておらず、日印両政府は23年としてきた開業予定を5年間遅らせる方向で検討している。さらにムンバイの位置するマハーラーシュトラ州では、19年10月に行われた州議会選挙の結果、ヒンドゥー主義政党シヴ・セーナーのタークレー党首が州首相に就任した。タークレー州首相は従来から高速鉄道計画に懐疑的であり、同年12月、これを含むすべてのインフラ整備計画の見直しを発表した。タークレー州首相は後に高速鉄道計画を中止する意図はないことを述べているが、同計画に州政府の協力が不可欠であり、先行きが危惧されている。

RCEP交渉からの離脱：国内産業への悪影響を危惧

東アジア地域包括的経済連携（RCEP）は、ASEANの10カ国を中心に、日本、インド、中国、オーストラリア、ニュージーランド、韓国を加えた計16カ国の自由貿易圏として構想され、20年内の発効に向けて交渉が進められてきた。しかし19年11月、妥結に向けて行われていた交渉は、インドの強硬な反対によって頓挫した。そしてインドはRCEP交渉からの離脱を宣言し、以後の交渉を欠席している。

交渉が大詰めを迎えるに至って、インド国内でRCEPに対する反対意見が強まっていた。RCEPによって中国などから輸入品が安く流入することにより、インド国内の農業や製造業へのダメージが危惧されていた。そうなれば、貿易赤字の拡大や、インド経済全体への悪影響も避けられないと見られていた。また少数意見ではあるが、米国を中心とする環太平洋パートナーシップ（TTP）が頓挫するなか、中国を中心とするRCEPからも距離を置き、インド外交のバランスを取ろうとしているとの見方もある。

インドとの結びつきを強める日本政府は、RCEPがインドの離脱によって中国の主導性が高まることを嫌うこともあり、RCEPに留まるようにインド政府への働きかけを行っているが、インド政府を交渉に復帰させることは難しいとの見方が広まっている。

国交70周年迎える中国とは国境問題棚上げで雪解けムード

17年6月から8月にかけて国境問題をめぐり両国軍が対峙する事態に至り、緊

張の高まったインドと中国の関係では、翌18年以降、懸案を棚上げした状態での関係修復が進められ、雪解けムードが広がっている。

18年4月に武漢で行われた第1回非公式首脳会談に続き、19年10月、習近平国家主席がインド・チェンナイを訪れて、モディ首相との第2回非公式首脳会談が行われた。中国側による熱烈な歓迎が注目された第1回に続き、第2回の会談も両国の関係改善を印象付けるものとなった。会談後のプレスリリースでは、国境問題での成果は見られなかったものの、ハイレベル経済・貿易対話の新設など、経済分野での協力推進を謳った。国境問題では、その後19年12月に第22回となる特別代表会合が実施されたが、具体的な進展は伝えられていない。

20年4月1日、印中関係は1950年の同日に行われた国交樹立から70周年を迎え、コーヴィンド大統領と習近平国家主席が祝電を交換した。先述の第2回非公式首脳会談でも、国交70周年を機に、各種イベントを実施して友好気運を盛り上げていくことを謳っていた。

特恵関税めぐる米国との貿易摩擦は「ディール」に至らず

20年2月、トランプ米大統領は初となるインド訪問でモディ首相の地元グジャラート州を訪れて、クリケット競技場で開催された大規模な歓迎イベント「ナマステー・トランプ」にモディ首相とともに参加して演説し、「米国はインドを愛している。米国はインドを尊敬している」などと語った。インドと米国の親密な関係をアピールした背景には、同年に行われる米国大統領選挙に向けて、米国国内で人口の約1%を占めるまでに増加してきたインド系住民へのアピールという意図があったと考えられる。

「ナマステー・トランプ」の翌日の首脳会談で米国製兵器の購入で合意するなど、安全保障分野では基本的に良好な協力関係が維持されている。19年度に両国間の争点となったのは、貿易問題であった。発端は、19年6月、トランプ政権がインドを一般特恵関税制度からの適用除外としたことであった。これに対抗して、インドも米国からの輸入に対する追加関税を発表し、貿易戦争の様相を呈した。なおトランプ政権は、トルコやタイなどの国に対しても同制度の適用を終了している。

トランプ政権は、一般特恵関税を再適用する見返りとして、米国からの医療

機器や農産物の輸入を拡大させる「ディール（取引）」をインド側に提案するトランプ流外交を展開したが、前述のトランプ大統領訪印での合意発表には至らなかった。「ナマステー・トランプ」演説や記者会見で、トランプ大統領は「ディール」の実現に楽観的な見通しを示しているが、他方でまだ交渉に時間が要することを示唆した。

東方経済フォーラム初参加、ロシアをインド太平洋に呼び込む独自戦略

　19年9月、ロシアのウラジオストクで開催された第5回東方経済フォーラムには、インド首相として初めてモディ首相が参加し、プーチン大統領との首脳会談も開催された。首脳共同声明では、貿易の拡大や民間航空機の共同生産、軍事技術協力の推進などを約束した。インドの対ロシア政策からは、インド太平洋地域の国際政治にロシアを引き込もうとする考えが見てとれる。インドと中国の双方と関係の深いロシアを呼び込むことによって、米国を中心とした勢力と中国の対立軸によって描かれるインド太平洋の国際政治の構図を変容させ、独自の存在感を示す狙いであろう。一部報道では、インド、ロシア、日本の3カ国で経済協力を行う新たな枠組みをインド側が模索しているとも伝えられた。

　18年にロシアから地対空ミサイルS‐400の調達で合意したことに関しては（前年度号参照）、米国政府が強く反対しているが、インド政府は強気の姿勢を崩していない。米国はロシアからの兵器調達を行う国に制裁を科す構えであるが、両国は米ドルを介在させない決裁の仕組みを整え、早期の納入に向けて準備を進めている。

新型コロナに最強・最大のロックダウンで対抗も感染広がる

　インドも新型コロナウイルスの感染拡大による影響を免れなかった。インド政府は、感染者数が約600人であった20年3月25日からインド全域でロックダウンを開始した。当初は3週間の計画であったが、5月17日までの延長が決まっている。20年4月末時点で感染者数は約3万4,000人、死者は約1,100人となっている。13億人を超えるインド全体の人口規模からすると感染者の割合はまだ小さく、指数関数的な感染爆発には至っていないものの、感染拡大は止まっていない。特に大

都市ムンバイを抱える西部のマハーラーシュトラ州で感染が広がっている（6月15日時点で感染者数は30万人超に増大）。

　ロックダウンは欧米各国でも行われているが、原則的に外出を禁止するインドのロックダウンは特に厳しいものであり、世界で最も厳格、かつ最大規模と言われている。突然のロックダウンにより、都市部の出稼ぎ労働者は行き場を失った。多くが帰省を目指したために、長距離バスターミナルや駅に群衆が溢れる事態となり、密集での感染や地方への感染拡大も危惧された。

　公衆衛生の状況と脆弱な医療体制を鑑みて早期のロックダウンに踏み切ったインドであったが、封じ込めには至らず、他方でロックダウンによる経済への大打撃は避けられず、社会情勢の不安定化も懸念されている。

（中京大学准教授　溜和敏）

軍事情勢

①全般軍事情勢

　インド軍は変革の時期を迎えており、大国としてどのような軍事力を保有するべきか、検討が続いている。その中で、19年5月 - 20年4月までに起きた変化には、軍の大規模な再編計画の一環として、これまでの統合参謀本部議長に代わり、統合参謀長が設置されたことが特に重要である。

　インド軍の再編は、インドが大国として、より積極的かつ効率的に軍事力を活用できるよう体制を整えることを目的としている。具体的には、中国やパキスタンを念頭に、越境攻撃には越境して反撃する能力を持ち、実際、遂行し始めている。また、インド洋においても、日米仏や他の沿岸国とも連携しながら展開を進めつつある。しかし、実際に軍事作戦を遂行するには、指揮系統の効率化が課題であった。首相は、十分な軍事アドバイスを受けて他の政策との整合性をとる必要があるし、陸海空軍の連携を進める必要がある。そして諸外国との連携には軍の代表者が必要である。インドには、これまで統合参謀本部議長がいたが、これは陸海空三軍の参謀長と同列扱いで、軍のトップではなかった。そのため、首相に助言する際も立場が弱く、陸海空の連携を促す権限も不十分であった。こうした経緯から1999年のカルギル危機を検証した委員会において、軍の

代表者で、より強い権限を持つ、統合参謀長の設置が提案されたのである。ただ、提案はなかなか受け入れられてこなかった。これまでインドはクーデタが起きる可能性を徹底的に排除するために、強い権限を持つ軍の代表者をおくことを懸念していたことが背景にある。しかし19年8月の独立記念日の演説で、モディ首相は統合参謀長の設置を発表、20年1月に正式に設置した。インドは統合参謀長のもと、陸海空軍をまたがる分野での組織改編を進めており、サイバー戦、特殊部隊戦、宇宙戦を担当する庁を設置する計画で、すでにサイバー庁は昨年発足している。また、既存の陸海空軍の組織も、実際に陸海空軍を組み合わせた戦域コマンドとして再編する計画で、例えば、現在のインド海軍にある二つの戦闘用の艦隊、東部方面艦隊と西部方面艦隊を、「半島艦隊」という名前で一つにする構想などが議論されている。

このようにインド軍は再編を着実に進めているが、新型コロナウイルス対策の影響を受けて、武器輸入を据え置かざるを得なくなるなど、影響を受け始めている。

②総兵力

インドは、140万人の正規軍、115万人の予備役、140万人の様々な準軍隊の三つを有する大規模な軍事力を有している。ただ、問題も抱えており、将校不足、艦艇増加に伴う乗員不足、人件費と年金により、近代化のための予算確保に困難を生じてもいる。

③国防費

ストックホルム国際平和研究所の定義によると、インドの軍事支出は米国、中国に次ぐ世界第3位の規模である。20年2月にインド政府から発表された20 - 21年度の国防費は337,553クロー（1クロー＝1,000万インドルピー＝約517億米ドル）で、前年より約5.8％伸び。内、新装備購入に充てる予算が国防費全体の約35％、残りが人件費や維持管理費である。陸海空の配分はここ数年、陸55％前後、海15％前後、空25％前後、他の研究開発などに5％前後で推移しており、大きな変化はない。ただ今年の新装備購入費の陸海空配分は3:3:4程度になっており、海空軍が多かった例年に比べ陸軍に多く配分された。莫大な額に上る退役軍人の年金は含まれていない。

④核戦力

　インドの核弾頭保有数は140でパキスタンより20ほど少ないものとみられる。核弾頭の運搬手段としては、射程5,500kmまでの弾道ミサイル、戦闘機、戦略ミサイル原潜を有する。射程700キロメートルでパキスタン全土、3,500キロメートルで北京、5,000キロメートルで中国全土が射程に収まる。指揮は戦略軍コマンドでとるが、指揮下にあるのは弾道ミサイルだけで、戦闘機は空軍、原潜は海軍が指揮下においている。ミサイル防衛として国産のPAD、　AADを配備。

⑤宇宙

　インドは10年以降、通信衛星GSATを18基、ナビゲーション用衛星IRNSSを8基、地球科学衛星CartoSatを6基、レーダー衛星RISATを3基、偵察衛星EMISATを1基、それぞれ打ち上げに成功しており、年平均3‐4基打ち上げている。19年5月‐20年4月までに打ち上げに成功したのも3基あり、順調に打ち上げを続けている。19年にミサイルによる衛星迎撃実験にも成功した。

⑥通常軍備

陸軍：124万人。六つの陸軍管区司令部（北部、西部、南西部、中部、南部、東部）と訓練司令部を保有。大きな流れとしては、部隊を印パ国境から印中国境へ再配置しつつある。

海軍：7万人。沿岸警備隊1万人。インド海軍は現在、空母1、水上戦闘艦27、潜水艦16を含む約140隻程度有し、戦闘用の西部・東部方面艦隊と訓練・教育目的の南部方面艦隊の三つの艦隊に配置している。艦艇数は増加中で、27年に200隻を超える計画であるが、予算不足で実現が危ぶまれている。対潜能力の向上を重点的に図っており、20年2月のトランプ米大統領訪印時に対潜ヘリ購入も決まった。ただ、予算措置は来年度以降の模様。

空軍：14万人。空軍は数的に減少傾向。本来は戦闘機42‐45飛行隊必要とされているが、3分の1を占めるミグ21、27戦闘機が退役しつつあり、30まで減少している。地対空ミサイルの老朽化も深刻である。一方で、国産のテジャズ戦闘機の生産が進みつつあり、フランスから購入したラファール戦闘機が配備直前になっている。

（ハドソン研究所研究員　長尾賢）

パキスタン

IMFからの財政支援

19年8月18日、カーン首相は就任から1年を迎えた。カーン政権にとって最大の課題は、経済危機からの脱却だった。国際収支の悪化により、パキスタンの外貨準備高は19年1月中旬時点で70億ドルを割り込み、輸入代金の約2カ月分を賄うのがやっとというレベルにまでなっていた。深刻な外貨不足に対処すべく、カーン政権は中国やサウジアラビア、アラブ首長国連邦（UAE）から総額90億ドル超の財政支援を取り付けていたが、それだけでは事態を打開できず、国際通貨基金（IMF）に支援を求めることにした。カーン首相は前年の総選挙運動中に「IMFに支援を求めるくらいなら自殺する」と強い表現で反対姿勢を鮮明にしていただけに、方針転換は厳しい批判を招くことになった。また、IMFとの交渉の真っ最中だった19年4月中旬にはパキスタン側の責任者であるウマル財務相が、翌5月初旬にはターリク・バジュワ中央銀行総裁が相次いで解任されたことで混乱に拍車がかかった。こうした経緯はあったものの交渉は5月中旬に妥結し、IMFが39カ月間で60億ドルの財政支援を行うこととなった。これによりパキスタンは債務不履行という最悪の事態を回避することができた（なお、同国がIMFによる支援を受けるのはこれが13回目となる）。

政府、軍と司法の対立－陸軍参謀長の任期延長問題

経済危機を乗り切ったカーン政権だったが、19年終盤には別の難題に直面することになった。バジュワ陸軍参謀長の任期延長である。陸軍参謀長の任期は3年間であり、16年11月に就任したバジュワ参謀長は19年11月に任期満了で退任となるはずだった。ところが、19年8月19日にカーン首相が同参謀長の任期を3年間延長する決定を下したことが発表された。「地域の安全保障環境に鑑みて」というのが理由だった。

パキスタンでは建国以来、軍が絶大な権力を握っており、軍事クーデタによる政権奪取が繰り返されてきた。文民政権期でも軍は隠然たる影響力を発揮し、

政軍関係がパキスタン政治を規定する最も重要な要因であり続けてきた。パキスタン・ムスリム連盟（ナワーズ派）の領袖で三度にわたり首相を務めたシャリーフ氏がいずれも任期を全うできずに失脚する結果となったのは、軍との関係悪化に因るところが大きい。これに対し、カーン首相は軍と良好な関係を築いているとされ、バジュワ参謀長も政権がIMFの財政支援をはじめ経済政策で困難な決断を下した際にも支持する考えを示してきた。カーン首相にとって同参謀長の任期延長は、円滑な政権運営を行うための基盤整備だったと言える。

　しかし、この決定に横やりが入った。バジュワ陸軍参謀長の当初の任期が終了する11月28日の2日前、最高裁判所から延長決定を差し止める司法判断が示されたのである。審理を行ったコーサ最高裁長官は、「地域の安全保障環境」という延長理由が曖昧であることを問題点として指摘した。その後、最高裁は11月28日に同参謀長の任期を暫定的に6カ月延長する決定を下し、その間に議会が必要な法整備を行うよう求めた。これを受けて20年1月、下院に同参謀長の任期を3年間延長する法案が提出され、与野党の賛成で可決された。

　こうしてバジュワ参謀長は22年11月まで職に留まることとなった。法的な問題は解決され、カーン政権としてもひとまず軍、とりわけ同参謀長との関係悪化を回避することができた。他方で一連の展開は、パキスタンにおいて政軍関係が敏感な問題であることを改めて示すとともに、時として軍と対峙することを厭わない司法の存在感を印象づけることにもなった。

ムシャラフ元大統領の国家反逆罪裁判

　この年、政府・軍・司法の複雑な関係を示す事例がもうひとつ起きた。19年12月17日、特別法廷がムシャラフ元大統領に対し、国家反逆罪を犯したとして死刑判決を下したのである。同元大統領は陸軍参謀長を務めていた1999年に軍事クーデタで政権を奪取し、08年8月まで大統領を務めた。問題とされたのは陸軍参謀長と大統領を兼務していた07年に非常事態宣言を発令し憲法の効力を停止したことで、13年に当時のシャリーフ政権の申立を受けて最高裁が設置した特別法廷が審理を続けてきた。軍トップを務めた人物が訴追されて死刑判決を受けるのはパキスタン史上初のことだった。

UAEのドバイ滞在中のムシャラフ元大統領は、この判決を不服としてラホール高裁に上訴した。同高裁には軍に近い判事がいると見られていた。20年1月13日、ラホール高裁は審理の結果、一審判決を破棄する決定を下した。

過激派組織の活動は続くも治安は改善傾向

治安面では改善が見られた。パキスタン平和研究所（PIPS）の調査によると、19年に同国内で発生したテロ件数は229件で、前年比13％減だった。死者数は357人で、前年から40％減少した。地域的には、ハイバル・パフトゥンハー州（旧・連邦直轄部族地域を含む）が91％を占めた。犯行主体別に見ると、158件がパキスタン・タリバン運動（TTP）およびその分派組織によるものだった。バローチスタン解放軍（BLA）やバローチスタン解放戦線（BLF）といったバローチ系過激派組織等によるテロは57件に上った。

困難な舵取りを強いられた対外関係

＜インド＞

印パ関係は19年2月、インド側カシミールで自爆テロが発生し、その報復としてモディ政権がパキスタン領内のテロリストのキャンプがあるとされる場所に空爆を行ったことで、緊張が高まった。こうしたなか両国の対立に拍車をかけることになったのが、19年8月にインドのモディ政権が行った、インド側カシミール（ジャンムー・カシミール州）の自治権剥奪である。パキスタンはカシミール全土が係争地域であり、国連の勧告に基づいて住民投票により帰属を決定すべきという立場を表向きには取っている（ただし、同国は「アーザード・ジャンムー・カシミール」および「ギルギット・バルティスタン」を実効支配しており、一般的には「パキスタン側カシミール」と呼ばれている）。それだけに、インドによる一方的な地位の変更にパキスタンは激しく反発した。カーン首相はインドの対応を厳しく非難するコメントを出し、イスラマバードやラホールをはじめ全国各地で民衆による抗議デモが頻発した。国際場裏では、パキスタンは、中国と共同で国連安保理に対しこの問題を討議するよう要請した。これを受けて安保理の緊急会合が開かれたが、関係国に対し「状況をさらに悪化させるような一方的行動を控えるべき」

とする声明が発出されるに留まった。また、クレーシー外相は国際司法裁判所
（ICJ）に提訴する考えを示したが、ICJが紛争の審理を行うためには当事国双
方が付託に同意することが必要であり、インドがこの問題でパキスタンと歩調を
合わせるとは考えられない。頼みの綱の中国も対印関係強化を進めており、パキ
スタンだけに過度に肩入れするわけにはいかない。カシミールの自治権剥奪に対
してパキスタンが取り得る実効的なオプションはほとんどないのが現状である。

　パキスタンは、モディ政権が19年12月に実施した市民権法改正に対しても、ム
スリムの難民を差別するものとして強く反発した。このように、印パ関係は対立
の度合いをさらに深めており、改善に向けた兆しは見えていない。

<米国>

　対印関係が悪化する一方、対米関係は好転した。18年にはトランプ米大統領
がパキスタンに対する援助停止の可能性に言及し、カーン首相が反論を試みるな
ど米パ関係は険悪な状態に陥っていた。しかし、19年になると状況は変わった。
転機となったのは8月下旬のカーン首相訪米である。トランプ大統領やポンペオ
国務長官ら米国要路との会談を終えたカーン首相は、帰国時に「（クリケットの）
ワールドカップで優勝して凱旋したような気分だ」と述べて、訪問が成功だったこ
とを強調した。トランプ政権がパキスタンへの対応を転換した最大の要因は、ア
ガニスタンのタリバンとの和平交渉にあると見られる。トランプ政権は米軍のアフ
ガン完全撤収を実現すべくタリバンとの協議を進めていたが、後者に強い影響力
を持つとされるパキスタン、とりわけ軍の協力は不可欠だった（訪米にはバジュワ
陸軍参謀長も同行）。アフガン和平に関する米中露の会議も同年7月からパキスタ
ンが加わって4カ国協議となっており、タリバンに決断を迫るためには同国の協力
が不可欠と見られていたことがうかがえた。その見返りかどうかは定かではない
が、トランプ大統領はカーン首相との首脳会談で、カシミール問題についてインド
との対話を仲介する用意がある考えを示した。この問題について第三者の介入を
拒むインドは反発したが、トランプ大統領の発言はパキスタンでは歓迎された。

<中国>

　「全天候型戦略的協力パートナーシップ」を結ぶ中国とは引き続き良好な関
係が維持された。カーン首相は19年10月上旬、就任以来3度目となる訪中を行っ

た（この訪問もバジュワ陸軍参謀長が同行）。習近平国家主席や李克強首相との会談では、カシミール問題についてパキスタンの立場に対する支持を求めたほか、「一帯一路」構想の旗艦プロジェクトと位置づけられる「中国パキスタン経済回廊（CPEC）」でさらなる協力を要請した。

　ただし、CPECをめぐっては国内でも異論がある。同プロジェクト関連で中国からの輸入が拡大したことに伴い、貿易赤字が増加した。開発そのものに反対する勢力もおり、19年5月中旬にはCPECの玄関口として期待されるアラビア海に面した港湾都市グワーダルで、外国人の宿泊も可能な高級ホテルがバローチスタン解放軍（BLA）によって襲撃されるテロが発生、5人が死亡した。とはいえ、パキスタンにとって中国との関係を損なうわけにはいかず、後述する新型コロナウイルス対策をめぐっても両国は協力する姿勢を見せている。

新型コロナウイルスの感染拡大と政府の対策

　新型コロナウイルスはパキスタンでも猛威を振るっている。20年2月26日にはじめて国内で感染者が確認された（1月末には中国留学中のパキスタン人4人が感染）。2月下旬には当時感染が急拡大していたイランとの国境を封鎖し、3月下旬にはすべての国際線を停止するなど水際対策を講じた。また、国内で感染者が急増するなか、政府は全土で外出禁止などのロックダウンに踏み切った。しかし5月上旬時点で感染者は2万人を超え、500人以上が死亡する事態となっており、感染拡大に歯止めはかかっていない（6月15日時点の感染者数は14万人に増大）。

　この事態による経済や社会活動への打撃は甚大であり、カーン首相は5月9日以降ロックダウンを段階的に解除していく考えを示した。しかし収束に向けた見通しが立たないなかでの制限緩和には懸念の声も上がっており、他国と同様、経済とのバランスをどう取っていくかが問われている。

（岐阜女子大学南アジア研究センター特別研究員　笠井亮平）

軍事情勢

①全般軍事情勢

　パキスタンの国防政策が直面する最も深刻な課題は、財政難と考えられる。

パキスタンは、中国の「一対一路」構想の要であるCPECに伴う多額の債務の返済期限が迫り、財政難に陥った。そのため中国やサウジアラビアなどの助けを受け、さらにはIMFから60億米ドルの支援を受けて財政再建を図っている。そのような状況の中では、国防費の獲得はより難しくなっている。昨年7月からの国防予算はパキスタン・ルピー・ベースでは、前年比で1%程度の増となったが、パキスタン・ルピーの価値が大幅に下落したため、米ドル換算でみると2割減少した。これは、パキスタン軍が、武器、弾薬、修理部品、その他の必需品を国外から調達する場合、使える予算が大幅に減少したことを意味している。

そのため、パキスタン軍の装備品については、融通が利く中国製が唯一の供給源になりつつある。パキスタン軍が昨今、購入している武器には、VT-4戦車、元級潜水艦、P22フリゲート艦、JF-17戦闘機などがあり、陸海空軍の正面装備に関して、これまで使用していた米国製品に代わり、中国製ないし中パ共同開発の武器が主力となり始めている。こうした動きは世界の新型コロナウイルス拡散の影響をさほど受けていない。それは、20年4月に、中国からパキスタンにVT-4戦車が引き渡されていること、さらに、JF-17戦闘機の最新型であるブロックIIについても、近々、引き渡される予定であることからも明らかである。

昨年に引き続き、中国軍は数万人規模でパキスタン国内に展開しているとの報道がでている。20年1月には、中パ共同演習のために、中国海軍の駆逐艦や補給艦、潜水艦救難艦を含む4隻の艦艇、および、海兵隊がカラチにいることが確認されている。中国の影響力がますます強まりつつある。

②総兵力

総兵力は65万人、準軍隊32万人。

③国防費

19年6月公表（7月施行）の国防費は11,500億パキスタン・ルピー（76億米ドル）で、パキスタンの通貨換算では昨年の11,000億より増加しているが、通貨の価値が落ち、米ドル換算だと2割減。陸軍が国防費全体の45%、海軍11%、空軍22%、残りは装備品の生産部門など。

④核戦力

インドを20上回る160の核弾頭を保有。弾道ミサイル・ハトフ1-6（射程100-

2,000キロメートル）、巡航ミサイル・ハトフ7 - 9（射程60 - 750キロメートル）、戦闘機にも核兵器運搬能力がある。射程60 - 70キロメートルとみられるハトフ9については、インドの限定的な攻撃に対し限定核戦争で対抗するための戦術核とみられる。指揮は国家戦略総司令部（NCA）で行う。中国製のLY - 80地対空ミサイルには弾道ミサイル防衛能力がある。

⑤**通常軍備**

陸軍：56万人。九つの軍団、一つの地域コマンド、二つの特殊作戦群など。

海軍：23,800人（海兵隊3,200人、沿岸警備隊2,000人を含む）。潜水艦8隻（3隻は小型）、フリゲート艦9隻を含む海軍を保有。内、フリゲート艦4隻は中国製。さらに、中国製潜水艦8隻を購入予定。

空軍：7万人。15飛行隊。中パ共同開発のJF - 17戦闘機の数が増えつつある。

（長尾賢）

アフガニスタン

合成麻薬の流行

19年7月21日付の「アルジャジーラ」は、アフガニスタンで「タブレット（錠剤）K」と現地で呼ばれる合成麻薬が流行るようになったことを伝えている。ケシ材料のヘロインに複数の化学材料を混ぜれば、覚醒剤などの合成麻薬になる。アフガニスタンで製造されたヘロインが周辺の中央アジア諸国、パキスタンに流出して、合成麻薬となりアフガニスタンに逆流したり、また「世界市場」に流れたりしている。「タブレットK」はアフガニスタンの一部の若者たちの間では、ハッシシやアヘンより人気があり、薬局の店頭にも現われ、急速にアフガン社会に出回るようになり、国連やアフガニスタン内務省なども危機感を口にするようになった。

アフガニスタンで生産されるアヘンが莫大な量であるために、麻薬市場への供給が増え、麻薬価格を下げていることも指摘されている。

アフガニスタンは地上から消滅する？ - トランプ発言

トランプ大統領は19年7月22日に、パキスタンのカーン大統領との会談の中で、

「アフガニスタンで戦争をやる気になれば、1週間で容易に勝てるが1,000万人を殺すことは望まない。米国が戦えばアフガニスタンは地上から消滅する」と述べた。アフガニスタン政府関係者はトランプ氏の発言を受けて、米国はガニ政権にもっと敬意を払うべきだと語った。反政府勢力タリバンのスポークスマン・ムジャーヒド氏は、「米国は18年間アフガニスタンで戦ってきたが、人を殺害することに抑制などなかった。米国の戦いは無益で、なぜアフガニスタンが『帝国の墓場』と呼ばれているかを理解していないことを表している」と述べた。ムジャーヒド氏の発言は、大英帝国やソ連がアフガニスタンでの戦いに敗れて退いていったことを指すものだが、米国が18年からタリバンと協議して外交的解決を求めていることも、トランプ大統領は意識していないかのようだった。

　米国はオバマ政権時代に、アフガニスタンで最も不安定で武装集団が活動する地域に、あまりに短期間に金（カネ）を性急に与えた。それがアフガニスタンの政治社会の腐敗を招き、腐敗への反感からかえってタリバンなど武装集団の求心力を高め、その活動を強化することになった。

相次ぐ自爆テロ

　19年9月28日の大統領選挙を前にしてアフガニスタンでは自爆テロが相次いだ。9月5日には、首都カブールで自爆テロがあり、10人が死亡した。反政府勢力タリバンが犯行声明を出した。続いて9月17日、ガニ大統領が演説を予定していた選挙集会を狙った自爆テロがカブールの北に位置するパルワン州であり、26人が死亡した。この事件もタリバンが犯行声明を出した。この数時間後にはカブールの米国大使館の近くの広場で自爆テロがあり、22人が死亡した。タリバンは選挙集会や投票所を標的に攻撃すると予告して、国民に投票には行かないように呼びかけていた。タリバンは選挙当日の9月28日にも68件の襲撃事件を起こし、政府軍兵士5人、民間人37人が死亡している。

　選挙が終わると、東部ナンガハール州のモスクで10月18日、自爆テロがあり、62人が死亡した。この事件ではタリバンは犯行を否定したが、ナンガハール州はISの活動が顕著に見られるところである。

米国政府・軍の虚偽が明らかになった「アフガニスタン・ペーパーズ」

19年12月9日、「ワシントン・ポスト」が明らかにしたいわゆる「アフガニスタン・ペーパーズ」では、ブッシュ、オバマ、さらにトランプ政権がアフガン政策について米国民や世界に真実を伝えていなかったことが明白となった。といっても、タリバンが支配地域を拡大したり、テロが頻発したりする様子から米国の従来の発表が事実ではないという疑いは広くあったことも事実であろう。

「アフガニスタン・ペーパーズ」では、政治家たちがアフガニスタン政策について虚偽の発言をしていたばかりか、米軍指導者たちも甘い見通しを語っていたことが判明した。アフガニスタン駐留米軍司令官を務めたマクリスタル将軍は、09年にカブールで「我々は勝利しつつある」と語ったが、米国が18年にタリバンと和平交渉を行うようになっても、アフガニスタンでは安定した将来が見通せないままでいる。トランプ大統領は1万2,000人から1万3,000人いるアフガニスタン駐留米軍の兵力から4,000人を削減する意向であり、縮小した米軍はアフガニスタン軍・警察の訓練の任務よりも、アルカイダやISとの戦闘が主要な任務となる。9.11から18年間米軍はアルカイダと戦ってきても、依然としてこの組織は活動を継続している。

同記事によれば、米国政府・軍関係者はアフガン政策について「進歩」あるいは「やや進歩」があると言い続けてきたが、客観的に見てアフガニスタンは「進歩」とは真逆な情勢にある。米国は18年間の戦争で9,800億ドル（100兆円余り）とも見積もられる莫大な戦費や資源を費やしたにもかかわらず、アフガニスタンで安定した政府の創設に必要な軍・警察づくりにも成功せず、アフガニスタン各地ではテロなど政情不安が増幅するようになっている。

安定した体制や政府づくりには、米国が後押しをする政府が国民の間で求心力を得ることが大事だが、依然としてアフガニスタン政府の腐敗は顕著であり（19年の世界腐敗指数では180カ国中176位）、ケシの栽培も抑制されていない。

タリバンとの和平合意と求められるコロナ停戦

トランプ政権は、19年2月29日、アフガニスタン駐留の米軍規模を135日以内に現在の1万3,000人から8,600人に縮小し、タリバンがアフガニスタンをテロリスト

の拠点にしなければ、完全撤退するという和平協定に調印した。トランプ大統領
は、2月5日の一般教書演説でも、アフガン戦争の終結と米軍を撤収させる考え
を明らかにしている。

　国連によれば、アフガニスタンでは19年に1万人以上の市民が犠牲になったと
いう。01年の対テロ戦争開始後、年間の死者数としては6番目に多い数字となっ
ている。

　国連のグテーレス事務総長は3月23日、現在は国際的に協調して新型コロナウ
イルス対策に取り組むべきときであると世界中に紛争の停止を呼びかけた。しか
しタリバンは、和平合意後もアフガニスタン政府軍や警察を襲撃し続けた。20年
4月には1日50件から100件の攻撃があり、政府軍の死者は日に25人から40人と
も見積もられた（「ニューヨーク・タイムズ」20年4月24日）。

　4月23日にもバードギース県でラマダン前の食事の準備をしていた親政府の民
兵組織に対する襲撃があり、民兵13人が死亡した。また、ロイターによれば、米
国がタリバンと和平合意を行った2月以降4月半ばまでに確認されたタリバンの
攻撃は、4,500件超と前年から7割以上増加し、またアフガン国軍や地元兵士の
死者も900人超と前年から2倍近くに増えたことを伝えている。

　他方、米軍はタリバンとの和平合意があった2月に06年以来最も多い回数の空
爆をタリバンに行った。和平合意署名直後の3月4日に南部ヘルマンド州で、3月
24日にも再び空爆を行った。

　ISは3月25日に、アフガニスタンの首都カブールのシク教寺院を襲撃し、少なく
とも25人が犠牲になった。ISはマスクと手袋をして犯行に及んだことが伝えられ
ているが、異教に対する容赦ない姿勢をISは改めて見せた。新型コロナウイルス
の感染拡大による混乱を、ISは勢力復活の好機と捉えているに違いない。

アフガニスタンのコロナ禍

　新型コロナウイルスの感染拡大は、40年余り戦乱が続いているアフガニスタ
ンでも深刻になっている。アフガニスタン保健省は、19年3月下旬に徹底した措
置がとられなければ、アフガニスタンでは2,560万人が感染し、11万人が死亡す
るという見積もりを明らかにしている。アフガニスタンの人口は3,500万人余りだ

が、国民の半数以上が感染することになる。また、01年の対テロ戦争開始からアフガニスタンでは10万人の市民が亡くなったと推定されているが、保健相の予測はそれ以上の死者が出る事を示している。

フィールーズ・アフガニスタン保健相は、国民に手洗いの実践と、ビタミンCを含んだ果実を食べることを推奨した。アフガニスタンでの感染は、やはり感染が深刻な隣国のイランからもたらされたとされ、イランに近い西部のヘラート州で感染者が増えている。

感染が拡大する中で、ヘラート州とニムルーズ州は20万人のイランからの帰還を受け入れたが、これらの帰還者たちに十分な検査が行われることがなかった。長年の戦乱と経済的貧困で、医療体制は疲弊している。首都カブール以外ではコロナウイルスの検査ができるのはわずかに2カ所で、人工呼吸器も全土に300台しかない。検査件数も4月下旬までに7,000件ときわめて少なかった。

並立する二人の「大統領」

20年2月18日に、独立選挙委員会は、19年9月28日に実施された選挙結果を発表した。1位はガニ候補で、得票率は50.64%、2位のアブドラ前行政長官の得票率は39.52%であったが、アブドラ候補は、選挙に不正があったとして3月9日にガニ氏と同時に大統領就任式を強行した。ガニ氏の就任式には米国政府代表も出席するなど、米国はガニ氏を正式な大統領として認める姿勢を明らかにしている。

前回14年の選挙では第1回投票で過半数には到達しなかったものの、アブドラ候補は得票率で13%余りもガニ候補を引き離していた。しかし第2回投票では逆転したため、選挙結果に不満の意を表明したアブドラ氏を政府ナンバー2の行政長官に据え、国家分裂の危機を回避した経緯がある。

トランプ米政権は、3月下旬に2人の大統領が並立する事態を見ると、アフガニスタン政府への支援金100億ドル（約1,100億円）を凍結し、さらに21年も同様の額を削減すると圧力をかけている。政府支援金の凍結は、アフガニスタンの新型コロナウイルス対策を停滞させるだけでなく、アフガニスタン政府軍・警察の機能を大いに低下させることにもなる。

緒方貞子さんのアフガニスタンへの遺産

　国連難民高等弁務官や国際協力機構（JICA）理事長を努めた緒方貞子氏が19年10月22日に亡くなった。

　難民高等弁務官退任後はアフガニスタン復興支援政府代表を務めたが、緒方氏はアフガニスタン人の誇りを取り戻すために、陶器の街イスタリフの復興を唱えた。イスタリフの町は1990年代の内戦で廃墟となったが、国際交流基金の招聘で、05年には13人の陶工たちが来日して、日本の陶芸技術を学び、08年にはイスタリフのバザールは100店以上の陶器店が並ぶほどにまで復興した。

　また、アフガニスタン南部のタリバンの拠点で、アフガン戦争の激戦地であったカンダハルには、通称「オガタ・ロード」というJICAが造成した道路があり、市の幹線道路として機能し、緒方さんの名前は現地で広く知れわたっている。「オガタ・ロード」はアフガニスタンが安定しない中でもカンダハル復興のシンボルとなった。

　　　　（現代イスラム研究センター理事長／平和・安全保障研究所研究委員　宮田律）

スリランカ

大規模テロ事件とラージャパクサ一族の復権

　19年4月21日、コロンボ等の教会、ホテルで連続爆発事件が発生し、250名以上が犠牲となった。スリランカ当局はまもなく、地元のイスラム過激派組織、ナショナル・タウフィート・ジャマアット（NTJ）の犯行だと発表した。しかし事件の計画性や規模、さらに攻撃対象から、国際的なテロ組織、特に犯行声明を出したイスラム国（IS）が何らかのかたちで関わった可能性も否定できない。

　未曾有の大惨事を防げなかった背景には、スリランカ政局の混乱があった。テロの動きを事前につかんだインドの諜報機関は、4月初めにはその情報をスリランカ側に伝えていた。しかし、スリランカ国内で続いていたシリセーナ大統領とウィクラマシンハ首相との権力闘争の結果、情報は政府内で共有されず、対策が講じられなかったという。

　テロ後に実施されたシリセーナ大統領の任期満了に伴う大統領選挙は、事実上、与野党の一騎打ちとなった。11月17日の開票の結果、治安対策の強化を掲

げた野党候補のゴタバヤ・ラージャパクサ氏が、与党側のプレマダーサ住宅建設・文化相に大差で勝利した。

　新大統領は、05年から2期10年にわたり大統領を務めたマヒンダ・ラージャパクサ氏の実弟にあたり、兄の政権時代に国防・都市開発次官として過激派組織、「タミル・イーラム解放の虎（LTTE）」を力ずくで掃討した強硬派として知られる。同時に、ハンバントタ港に代表されるような大規模開発プロジェクトを誘致し、人民解放軍海軍潜水艦のコロンボへの寄港を容認するなど、「親中」路線を鮮明にする一翼を担った。新政権には兄のマヒンダ元大統領が首相として加わり、他の兄弟を含めラージャパクサ一族が再びスリランカの権力中枢を握ることとなったこともあり、スリランカが、再び中国傾斜を強めるとの見方が強い。

　それでもゴタバヤ・ラージャパクサ大統領の初外遊は、「慣例通り」インドであった。11月29日のモディ首相との首脳会談では、インド側から、インフラ開発、対テロ対策のために、それぞれ4億ドル、5,000万ドルの支援が提示された。しかし大統領は、滞在中に行われた現地紙のインタビューの中で、中国からの投資に代わりうるものを他国が提供しなければ、結局は中国の「一帯一路」構想に依存せざるを得ない旨、率直に語っている。

（伊藤融）

ジャヤ・ガナ・マナ、多様性を詠う国歌「インドの朝」

コラム　外交と音楽

　インドの国歌は、ジャヤ・ガナ・マナ、「インドの朝」である。アジア人として初めてのノーベル文学賞を受賞したベンガルの詩人ラビンドラナート・タゴールの作詞になる。1950年1月24日にインド憲法制定会議がインド国歌として採択した。5節あるが、国歌としては1節だけが歌われる。日本語訳は下記の通り、神をたたえた歌である。

> 汝はすべての民の心の支配者、インドの運命の裁定者、汝の名は奮い起こす
> パンジャブ、シンドゥ、グジャラータ、マラータ、ドラビダの民の心を
> ヴィンドゥーヤやヒマラヤの山々にこだまし、ヤムナ川とガンジス川の奏でを混ぜ、
> インド洋の波に歌われる
> 彼らは汝の祝福を求め祈り、汝の喜びを歌う
> 人々すべての庇護は汝の手中にあり
> インドの運命の裁定者、勝利を、勝利を、汝に勝利を

　この国歌は、インド共和国、州でのすべての公式行事の際に演奏される。インドは、8月15日の独立記念日と1月26日の共和国記念日（憲法記念日）という二つの国家的記念日を持っているが、インド国内での祝賀式においても、海外でのインド大使館が開催する祝賀記念レセプションでも演奏される。その場に居合わせたインド人は、誇らしげに斉唱する。

　筆者も、1998年4月10日、駐インド日本大使としてナラヤナン大統領に対し平成天皇（現上皇）からの信任状を奉呈した際、大統領官邸の中庭で、インドの陸海空三軍儀仗隊による印日両国の国歌演奏と儀仗兵の閲兵の栄に浴した。以後、大統領主催の独立および共和国記念日をはじめ政府による多くの公式行事の際に国歌の演奏に接した。また、筆者自身が日本大使公邸で主催した毎年の天皇誕生日には、副大統領夫妻と筆者夫妻が並んで両国の国歌演奏を聴くのがレセプション開始の合図となった。わが国においても、駐日インド大使は共和国記念日に一流ホテルでレセプションを主催するが、冒頭は印日両国の演奏である。

　なお、インドには第二の国歌ともいわれるバンデ・マータラム「母よ、あなたをたたえます」がある。「母」とは、女神である。ヒンドゥー教の三体の最高神（宇宙を創設するブラフマ神、それを維持するヴィシュヌ神、退廃した宇宙を破壊しブラフマ神にバトンタッチするシヴァ神）は、それぞれが妃（妃神）を持っている。この歌においては、ヴィシュヌ神の妃ラクシュミやシヴァ神の妃パールヴァティの化身ドゥルガ女神が登場する。インドではヒンドゥー教のみならずイスラム教、シーク教、仏教、など多くの宗教が共存しており（世俗主義という）、一宗教の女神をたたえるこの歌は国歌ではなく愛国歌の位置づけである。

平林博
元駐インド日本国大使

第8章　中央アジア

概　観

　中央アジアでは、ロシアが軍事的協力で中央アジア諸国との関係をいっそう強化しようという姿勢が目立った。2019年9月にはロシア主導の大規模軍事演習「ツェントル19」がロシアで行われ、トルクメニスタンを除く中央アジア4カ国が参加し、一部の演習は中央アジア諸国でも実施された。ロシアは、アフガニスタンから中央アジア、ロシアに侵入するイスラム過激派の脅威を強調している。

　イスラム国(IS)は、シリアやイラクでの活動をほぼ制圧され、アフガニスタンなど治安の悪い国に拠点を設けるようになった。ISには中央アジア出身者も少なからずいて、ロシアが説く脅威がまったく実体がないとはいえない。中央アジア諸国の中でロシアとの軍事的協力を強めているのが、カザフスタン、タジキスタン、キルギスの3カ国で、カザフスタンは最も多い人員をロシアの大規模軍事演習に参加させ、またタジキスタンには中央アジアで最多のロシア軍兵士たちが駐留し、さらにキルギスではロシアのカント空軍基地が拡張される計画がある。

　19年6月にはキルギスのビシュケクで上海協力機構(SCO)のサミットが開かれ、ここでもテロ対策が最大の優先課題として確認された。中国は米国トランプ政権との関係が悪化し、またトランプ政権が国際協調を重視しない中で、中央アジア諸国との経済関係の強化を「一帯一路」構想もあって推し進めている。

　テロとともに、中央アジア諸国の懸念となっているのは、アフガニスタンから流入する麻薬の問題で、19年にもウズベキスタンなどで麻薬が押収されて焼却された。日本もまた中央アジアの麻薬問題に対応する国境コントロールの強化などに、国連薬物・犯罪事務所 (UNODC)を通じて支援を継続して行っている。

　新型コロナウイルスは、カザフスタンやウズベキスタンで、それぞれ4,000人、2,000人の感染者が現れたが(20年5月3日現在)、独裁体制のトルクメニスタンでは5月上旬まで感染者ゼロという状態が続いた。中国は国境を接し、「一帯一路」構想で重視するカザフスタンに防疫医療チームを派遣した。

　ロシアへの出稼ぎは特に中央アジアの貧国であるキルギスやタジキスタンでは経済的に重要な役割を果たしてきたが、中央アジア出身の労働者たちはロシアからのフライトが停止したこともあって、ロシアの空港に寝泊まりするなど、不衛生な状態に置かれた。新型コロナウイルスによるロシア経済の停滞は中央アジア諸国にも深刻な影響を及ぼしている。

増大する「イスラム国（IS）」の脅威

　アフガニスタン北部ではアフガン政府軍と「ISホラサーン州（ISのアフガニスタン支部）」のせめぎ合いが続くが、2019年5月3日には、アフガニスタンと中央アジアの活動に責任を負っていたとされるムフティ・ウズベクという人物がアフガニスタン北部のバグラーン州で政府軍によって殺害された。彼は中央アジアからアフガニスタンに入ってくるISのメンバーたちに、装備や資金を提供していたと見られている。

　アフガニスタンで活動するタジキスタン人もいて、19年7月に国連の専門家チームは、サイヴァリ・シャフィエフというタジク人が「タジク人戦士」をリクルートしていると報告した。アフガニスタンの「ISホラサーン州」は、同国を拠点とするISの支部だが、20年3月6日に、1995年にタリバンによって殺害されたハザラ人（モンゴル系民族で、シーア派）の指導者マザリー氏の追悼式典を襲撃し、十数人を殺害したが、実行犯2人のうち1人は「アフマド・アル・タジキー」を名乗るタジキスタン人だった。

　また、19年11月6日、アフガニスタンとタジキスタンの国境のチェックポイントが襲撃され、少なくとも17人が死亡した。欧米諸国政府は、10月に米軍によって殺害されたISの指導者バグダーディ氏の報復攻撃がある可能性を警戒していた。この襲撃では、15人のISのメンバーが射殺され、また5人が捉えられた。タジキスタン政府は、襲撃者たちがアフガニスタンのクンドゥーズ州からタジキスタンに入ろうとしていたタジク人であることを認めた。

　20年4月中旬、ドイツ警察は、米軍施設や米国人に対するテロを計画したとして4人のタジキスタン出身者たちを逮捕した。この逮捕は、中央アジアがISの勢力拡大の温床となっていることを改めて示した。

　ドイツの検察当局によれば、これらの4人は、19年1月にISに加入し、グループのリーダーは同年3月に逮捕されたものの、それでもこのグループの活動は停止することはなく、米軍に対するテロを計画し続けた。またこのグループは、シリアやアフガニスタンのISの幹部と接触をもっていたことが、AP通信などで紹介されている。

テロとの戦いを明確にしたSCOサミット

19年6月13日、14日、キルギスの首都ビシュケクで上海協力機構 (SCO) のサミットが開催された。サミットには、加盟国からインド、カザフスタン、中国、キルギス、パキスタン、ロシア、タジキスタン、ウズベキスタン、オブザーバー国からベラルーシ、イラン、モンゴルの合計11カ国の首脳たちが参加した。

取り組むべき課題として最優先されたのはテロとの戦いであり、2番目は中央アジアの南に位置するアフガニスタンの安定と発展を促進すること、さらに加盟国の投資と経済統合を促進すること、また加盟国間の文化的・人道的協力などの問題が協議された。

中国はその経済力で中央アジア諸国との密接な関係を築いてきた。SCO加盟国の中で、最も影響力があるのは大国の中国とロシアだが、17年には中国は世界全体のGDPの15%を占めたのに対して、ロシアは2%にすぎない。中国はその経済力を背景に、また米国トランプ政権との関係が円滑でなくなる中で、SCOのような地域機構を重視し、国際的な発言力の強化を目指している。特にトランプ政権に多国間協調や国際的指導力への関心がない中で、SCOは中国の国際的発言力を高める媒介ともなった。

麻薬との闘い

19年6月26日、ウズベキスタンでは7.7キログラムのヘロインを含む1トン超の麻薬が押収された。18年には、4,799件に上る麻薬関連の犯罪が起きている。ウズベキスタンは中央アジアで最も人口が多い国だが、世界最大のケシの生産地であるアフガニスタンと国境を接している。

こうした中央アジアの麻薬との闘いに貢献しているのが日本で、20年2月27日、ウズベキスタンの首都タシケントで日本は国連薬物・犯罪事務所(UNODC)を支援するために、総額7億4,300万円を限度とする無償資金協力「中央アジアにおける国境連絡事務所および省庁間の機動的チームの能力強化による域内越境協力強化計画(UN連携／UNODC実施)」の拠出に関する協定の調印を行った。これは、脆弱である中央アジアの国境警備体制を強化し、違法薬物や密輸品、またテロリストの流入など国境を越えた犯罪を防ぐ目的をもっている。またこの

拠出には大型車両に対する検査時間の短縮で、大型車両の通行の増加など物流を活発にすることに貢献するねらいもある。

中央アジア諸国が参加するロシアの大規模軍事演習

　19年9月にロシアのオレンブルク州など中央軍管区で行われた大規模軍事演習「ツェントル2019」に中央アジア諸国も参加した。ロシアの中央軍管区は中央アジアに接するが、エブクロフ・露国防次官は演習開始にあたって演習の意義が国際的なテロの脅威に対する備えや中央アジアでの安定確保をアピールするものであると述べた。ロシアは、常々アフガニスタンから中央アジア、ロシアにやって来る過激派の脅威を訴え、ロシアが中央アジア諸国を守る決意を強調している。

　例えば、19年5月に、ロシア連邦保安庁（FSB）のボルトニコフ長官は、シリアで軍事訓練を受けたISの5,000人の戦闘員たちが、中央アジアに接するアフガニスタン北部に集結して中央アジアに侵入しようとしていると語った。

　中央アジア諸国の中で、最も大規模に参加したのはカザフスタンで、「ツェントル2019」の演習の一部はカザフスタン国内でも実施され、「イスカンデル・ミサイル」の発射訓練なども行われた。また、1,600人の重装備をした中国軍兵士たちがカザフスタン国内を鉄道で移動した。この鉄道は経済的交流を促進する「一帯一路」構想で敷かれたものだが、軍事目的でも利用されることが明らかになった。

　ウズベキスタンの参加は100人と限られたものだったが、クルバノフ・ウズベキスタン国防相は、オレンブルク州で実際に演習を視察した。しかし、ウズベキスタンは、過激派の脅威に集団安全保障で対処することに熱心ではなく、軍事演習とほぼ同じ頃の19年9月に国連安保理でカミロフ外相は、ウズベキスタンは、過激派の脅威を重大なものとして見ていないこと、外国によって防衛される必要がないと発言するなど、軍事同盟に参加することには冷静だ。

　タジキスタンは、中央アジア諸国の中で最も多くのロシア兵が駐留する国で、その兵力は2万人余りと推定されている。タジキスタンは「集団安全保障条約機構（CSTO）」の加盟国では唯一アフガニスタンに接する国で、この国でも小規模ながらも「ツェントル2019」の訓練が行われた。タジキスタンは19年8月中旬に中国とも共同の軍事演習を行うなど、中国との軍事協力も進めている。

キルギスのジェエンベコフ大統領は中央アジア諸国の首脳では唯一「ツェントル2019」をオレンブルク州で視察した。キルギスでは大演習の一環として500人のロシア軍兵士がキルギス軍と合同訓練を行った。ロシア軍が駐留するキルギスのカント空軍基地には拡張計画があり、また第二のロシア軍基地が建設される計画もある。

ロシアは中央アジアでは、経済的には中国の進出に劣勢を強いられているが、軍事・安全保障面では、「ツェントル2019」に見られるように、中央アジアをその統制や強い影響のもとに置こうとしている。

中国のウイグル問題に沈黙する中央アジア諸国

20年2月3日、ポンペオ米国務長官は、ウズベキスタンの首都タシケントで、中央アジア5カ国の外相たちと中国・新疆ウイグル自治区のウイグル人、カザフ人、またその他の少数民族に対する人権侵害の問題について協議するつもりだと発言した。

このポンペオ国務長官の発言にもかかわらず、ウズベキスタンのカミロフ外相が不都合な政治的結果を招きたくないと発言するなど中央アジア諸国側の反応は冷ややかなものだった。中国のウイグル問題について中央アジア諸国が積極的に関わろうとしないのは、中国の中央アジアに対する投資や通商関係があるからだ。カザフスタンのトカエフ大統領も、19年12月に、ウイグルに関する国際的人権団体の報告は現実を正確に語っているものではないと発言している。中国での人権抑圧から逃れるウイグル人たちもカザフスタンに難民として逃れることは不可能で、それほどカザフスタン政府は中国に配慮している。

また、キルギスにはおよそ5万人のウイグル人たちが居住するが、キルギスは中国との貿易や、中国からの借款に依存しているために、キルギス在住のウイグル人たちは常に当局から監視されていると語る。キルギスでは時折反中国の集会が開かれるが、参加者たちは罰金を科せられたり、また拘束されたりすることもある。

体制の性格が表れるコロナウイルス対策

世界で新型コロナウイルスの死者が25万人を超えた20年5月上旬になってもト

ルクメニスタンの感染者はゼロであった。トルクメニスタンでは「新型コロナウイルス」と口にするだけでも逮捕され、公式文書やメディアでも使用が禁止されている。また、マスクの着用も禁止された。

トルクメニスタンは、10万人近くが感染するイランの隣国であり、感染者ゼロというのは信じがたいが、ベルドイムハメドフ大統領は、コロナウイルスと特定しないながらも、薬草を燃やした際に出る煙が感染症予防に効果があるとして薬草の利用を薦めている。

トルクメニスタンは、2月上旬に中国や他国へのフライトをキャンセルし、検疫ゾーンが設けられた北東部トルクメナバードに迂回させるなどの措置を取った。トルクメニスタンではカフェやレストランも平常通り営業され、日本などとは異なって結婚式や大型イベントも行われた。ラフモン大統領の独裁体制であるタジキスタンでも4月下旬まで感染者はゼロであった。この国でも大型イベントの制限もなく、学校も春休み10日間後に再開された。

帰国できない中央アジアの出稼ぎ労働者たち

中央アジアからロシアに出稼ぎを行っている労働者たちは、ロシア市民でないためにその保健システムも利用できない。ロシアは国境を閉ざしたが、さらにロシアとキルギス、ウズベキスタン、タジキスタンのフライトがストップすると、ロシアの空港に留め置かれる出稼ぎ労働者たちが現われた。多くは空港ロビーに寝泊まりなどするようになった。空港でひしめき合って雑魚寝することはコロナウイルス感染の危険をいっそう高めることになる

中央アジアからロシアに向かう移民労働者は世界でも有数の規模である。モスクワだけでもおよそ300万人の中央アジア出身者が労働していると見積もられるが、世界銀行によれば、キルギスとタジキスタンの出稼ぎ労働は、そのGDPに占める割合が、それぞれ31％と52％である。コロナウイルスは、ロシアで働く中央アジア出身者の職を奪い、中央アジア経済にも暗い影を投げかけることになった。

独裁体制の継続？

タジキスタンでは、20年4月17日にエモマリ・ラフモン大統領の息子ロスタム・エ

モマリ氏が上院議長に選出され、ラフモン大統領の後継者として有力視されるようになった。エモマリ氏は32歳で、16年の憲法改正で、大統領選挙立候補資格が35歳から30歳に引き下げられたこともあって、20年秋に予定されている大統領選挙に立候補する資格がある。

　エモマリ氏が上院議長に選出された時点で、ラフモン大統領は67歳だが、タジキスタン政治の閉鎖性もあって、大統領の健康状態の詳細は不明である。ラフモン大統領の兄、ヌリッディン・ラフモン氏が17年に67歳で死去したことも、大統領が継承を急ぐ背景となっている。

　エモマリ氏は上院の議員たちの投票で選出されたが、上院議員たちは国民の直接投票ではなく、下院議員や地方議会の議員たちの選出によるものだ。下院議員選挙は20年3月1日に行われたが、ラフモン大統領に忠誠を誓うような議員たちによって占められた。3月の選挙は、反ラフモン大統領の「タジキスタン・イスラム復興党」が15年に非合法化されてから最初の選挙だった。

　エモマリ氏は、08年にタジク国際大学を卒業し、ロシアで法学を学び、タジキスタンの反腐敗キャンペーンや税関などで指導的立場にあったが、軍役がまったくないにもかかわらず、国軍では将官の地位にある。

　（現代イスラム研究センター理事長／平和・安全保障研究所研究委員　宮田律）

コラム　外交と音楽

ナヴォイ劇場の芸術・音楽を介した外交—ウズベキスタンと日本

　コロナ禍による外出自粛で、日本人も未曾有なほど窮屈な想いを強いられたが、ウズベク文学の祖と言われるミール・アリーシール＝ナヴァーイー (1441-1501年) は次のように苦難の時代に生きる人々を励ますような作品を残している。

　煙が帳となって道をさえぎっているのは、もう近くに、たき火がある証拠である。そのように、暗闇の後には、必ずや輝ける光が訪れる。君よ、それを信じるのだ。そして不動であれ

　ナヴァーイーは15世紀末のティムール朝のスルタン・フサインの宰相で、ヘラート (現在のアフガニスタン西部の都市) の宮廷で活躍するとともに、多くの詩や散文を創作し、教訓的な詩も少なくない。

　ナヴァーイーは、ウズベキスタン・タシケントの「ナヴォイ劇場」にその名を留めている。ナヴォイ劇場は、満州にいた第10野戦航空修理廠の部隊である永田行夫氏率いる「永田隊」の日本人抑留者たちが建設に携わった。1966年の大地震でタシケント市内の多くの建造物が倒壊したが、ナヴォイ劇場はビクともすることなく、現地の人から日本人の技術の高さが評価されることになった。

　黒沢清監督がウズベキスタンでロケを行った作品『旅のおわり世界のはじまり』 (2019年) にもナヴォイ劇場は登場し、主役の前田敦子が「愛の讃歌」を歌う。通訳の青年は、ナヴォイ劇場にある6つの待合室にはどの部屋にも壁から天井まで独特の装飾が施され、旧日本兵たちが壁に石膏を塗り、文様の型紙を貼り、一つ一つ小刀で掘り起こしたと説明する。

　日本政府は、ウズベキスタン国立音楽院の楽器や音響機材購入のために文化無償協力を行い、ウズベキスタンとの文化的協力を行ってきたが、2000年にバイオリニストの千住真理子がナヴォイ劇場で演奏を行うなど文化・音楽交流に取り組んできた。

　ウズベキスタンを2015年10月に訪ねた安倍晋三首相も、ナヴォイ劇場でバレエやクラシック音楽で歓迎された。

　ナヴォイ劇場では2016年8月に、和太鼓パフォーマンス・グループ「DRUM TAO」による和太鼓公演が、また2017年10月に日本・ウズベキスタン外交関係樹立25周年を記念して、能楽師の勝海登氏 (重要無形文化財総合指定保持者) による能楽公演が行われた。

　ウズベク人の民族的シンボルでもあるナヴォイ劇場を介した音楽はウズベキスタンにとっても日本にとっても両国の友好を促進する貴重な外交ツールとなっている。

宮田律
現代イスラム研究センター理事長／平和・安全保障研究所研究委員

第9章　南西太平洋

概　観

　オーストラリアでは2019年5月、連邦議会選挙が実施され、モリソン氏率いる与党保守連合が勝利した。モリソン政権はブッシュファイア（森林火災）への初動の遅れから世論からの厳しい批判を浴びた。しかし新型コロナウイルス感染症問題では、リーダーシップを発揮して対応にあたったことが評価され、支持率は持ち直している。

　新型コロナウイルス感染症の世界的広がりに対して、モリソン政権は社会的距離を維持するための徹底的な隔離と行動制限、積極的なPCR検査、大規模な経済支援策を講じてきた。3月末に1日あたりの新規感染者が460人に達したのをピークに、感染拡大に歯止めがかかった。政府は20年5月初旬、制限措置の段階的緩和について3段階のロードマップを示し、感染拡大の第二波に警戒しつつ経済の早期再建に着手している。

　豪中関係は1972年の国交正常化以来、最悪の時期にさしかかっている。ここ数年来の中国による豪内政への介入疑惑を背景にオーストラリアの対中警戒心は強まっており、モリソン政権は対中関係のマネジメント能力を失いつつある。モリソン政権は、新型コロナウイルスの発生源を突き止めるため、中国や世界保健機関（WHO）の対応について独立調査を求めており、中国はこの動きに強く反発している。

　オーストラリアは近年、太平洋島嶼地域における中国の影響力拡大に神経をとがらせており、域内諸国への関与強化を図っている。オーストラリア政府は日米と連携しながら太平洋島嶼国のインフラ整備を支援する姿勢を示しているが、温暖化をめぐって危機感の強い島嶼国と消極的なオーストラリアの溝は埋まらず、双方の関係強化にはなかなか繋がっていない。

　中国は南太平洋島嶼地域での台湾孤立化を目指し攻勢を強めている。ソロモン諸島、キリバスは19年9月に相次いで台湾と断交し、中国との国交を結んだ。これにより台湾と国交のある島嶼国は、ツバル、ナウル、パラオ、マーシャル諸島など4カ国となった。オーストラリアや米国は台湾との「断交ドミノ」を警戒し、経済協力や投資をテコに4カ国に対する関与を強めている。

　パプアニューギニアのブーゲンビル自治州で独立の是非を問う住民投票が実施された。開票結果が19年12月上旬に発表され、住民の97.7％が独立に賛成の票を投じた。ただしこの結果に法的拘束力はなく、中央政府と自治州が今後、協議を行い、双方が合意した内容をパプアニューギニア議会で審議することになる。

オーストラリア

与党保守連合が勝利、モリソン首相続投決まる

　オーストラリアでは19年5月、連邦議会選挙が実施され、モリソン氏率いる与党保守連合が勝利した。モリソン氏は18年8月、党内抗争の末にターンブル氏の後を継いで首相に就任した。首相・党首として初めて臨んだ選挙での勝利によって、彼の保守連合内での政治的基盤は強まったと言える。ブッシュファイア（森林火災）への対応をめぐっては政権支持率を急落させたが、新型コロナウイルス感染症対策での積極的かつ迅速な行動が高く評価され、国民からの信頼を取り戻しつつある。

ブッシュファイア深刻化により政権支持率が低迷

　オーストラリアでは19年9月から翌年2月ごろまで、ブッシュファイア（森林火災）が全国的規模で発生した。各地で同時多発的に発生する火災に打つ手がなく、歴史的な大火となった。今回の山火事により、1,800万ヘクタール以上の森林が消失した。市民生活への影響も甚大で、10万人以上の人々が避難勧告を受け、約3,000棟の家屋が全焼した。少なくとも死者数は30人にのぼった。

　森林火災への対応をめぐり、モリソン首相は国民からの厳しい批判を浴びた。同首相は森林火災の対処は基本的には州の管轄であるとして、連邦政府が積極的に関与する姿勢を否定してきた。同首相の温暖化対策への消極姿勢と相まって、世論は硬化していった。同首相はこれを受けて方針を大きく転換し、オーストラリア軍による援助活動の実施を決定した。

　なお日本は森林火災に対する緊急援助として、国際緊急援助隊・自衛隊部隊を派遣した。航空自衛隊のC-130H輸送機2機と自衛隊約70名が、支援物資のほか、消火や復旧活動に必要な物資や人員の輸送を行った。また日本政府は国際協力機構（JICA）を通じてオーストラリアで品薄となっているマスクを供与した。

新型コロナウイルス感染症対策

　オーストラリアでは20年1月下旬に、新型コロナウイルスに感染した患者が初めて確認された。感染者数は3月初旬ごろから徐々に増え続け、同月末には1日あたりの新規感染者が460人に達していた。しかしそれをピークに新規感染者数は減少傾向に入っていった。連邦政府は5月初旬、制限措置の段階的緩和について3段階のロードマップを示し、感染拡大の第二波に警戒しつつ経済の早期再建に着手していった。

　オーストラリア政府が本格的な対策に乗り出したのは3月中旬のことである。まず連邦首相と州首相・地域首席大臣の合議体である「ナショナル・キャビネット」の創設を決定した。ウイルス感染症対策については全国で一体的な対策が不可欠との考えに基づいている。さらに豪連邦総督がバイオセキュリティ法に基づく「人のバイオセキュリティに関する非常事態」を宣言した。これにより保健大臣は、ウイルス対策として法的強制力のある指示・要求を行うことが可能になった。

　オーストラリアのウイルス対策は、社会的距離を維持するための徹底的な隔離と行動制限措置、積極的なPCR検査の実施、大規模な経済支援策にまとめられる。

　政府は3月22日以降、国内の感染拡大阻止を目的に、社会的距離をとるための行動制限措置を講じていった。バー、パブ、スポーツ施設、遊興施設などは閉鎖され、国民は在宅勤務が奨励された。またグループでの活動や不要不急の外出を控えるよう求められた。

　さらに政府はウイルス検査を積極的に実施した。大都市の総合病院だけでなく、地域の病院や小規模クリニックでの検査のほか、ドライブスルー検査も行われた。豪保健省の最新データによれば、これまでに94万3,480件の検査が実施された。人口100万人あたり約37,000人で、日本の約20倍の数値である。

　オーストラリア経済は、国内での感染症拡大とその対策、さらにはパンデミックによる世界市場での一次産品価格の下落、外需の減少などによって深刻な打撃を受けている。国際通貨基金（IMF）が4月に公表した予測によれば、オーストラリアの20年の実質国内総生産（GDP）成長率は、対前年比6.7％減のマイナス成長となるという。

　感染症対策による経済的インパクトを踏まえ、政府は個人や事業者に対して大

規模な経済支援策を講じている。まず個人に対しては、個人所得支援として2週間ごとに550豪ドル（約3万9,000円）を給付した。さらに家計支援手当として750豪ドル（約5万3,000円）を2回まで支給するなどの支援策を掲げた。さらに事業者に対しては、賃金助成「雇用維持給付（ジョブ・キーパー・パッケージ）」として、売り上げの激減が予想される企業に従業員一人につき2週間分の1,500豪ドル（約11万円）を最長6カ月間、一律支給するとした。

　こうした大規模な経済支援策の予算は総額で約2,000億豪ドル（約14兆円）に上る。これによって政府の債務残高はGDP比の約19-30%までに増えると予想されている。格付け会社S&Pは、オーストラリアの「AAA」格付けの見通しを「安定的」から「ネガティブ」に引き下げた。同国が大規模な財政刺激策を打ち出したことを受け、財政状況が急速に悪化すると考えているからだ。財政負担の増加を危惧する声も出ているが、モリソン政権は断固たる決意で国民生活の維持に取り組む姿勢である。

オーストラリアの兵力、海外における活動、主な多国間合同訓練・演習

　オーストラリアの兵役は志願制となっており、現役総兵力は「国防年次報告2018-19」によれば58,380名で、うち陸軍29,982名、海軍14,176名、空軍14,222名である（19年5月30日現在）。オーストラリアは現在、中東やアフガニスタンでのオペレーションを中心に、約2,000人の豪軍兵を派遣している。

　オーストラリア軍は各国との軍事演習・訓練を積極的に行っている。米軍との合同演習や訓練が中心であるが、近年は二国間もしくは多国間の枠組みのもとで、自衛隊との訓練の機会が増えている。

　大規模な軍事演習としては、2年に一度開催される米豪共同軍事演習「タリスマン・セイバー19」が2019年7月に豪北東部クイーンズランド州で行われた。この演習には日本の陸上自衛隊の水陸機動団も参加しており、水陸両用作戦とそれに続く陸上戦闘の総合訓練を行った。また海上自衛隊は護衛艦「いせ」と輸送艦「くにさき」を派遣している。この軍事演習のタイミングにあわせて、中国が情報収集艦をオーストラリア東岸の近海に派遣したことが明らかになり、現地メディアは中国が監視活動を行っていたと見ている。

また日仏豪米4カ国の初の共同訓練「ラ・ペルーズ」が5月にインド洋で行われた。オーストラリアからはフリゲート艦「トゥーンバ」と潜水艦、フランスからは原子力空母「シャルル・ドゴール」やミサイル駆逐艦「フォルバン」などが参加した。海上自衛隊からは護衛艦「いずも」と「むらさめ」が参加した。4カ国はスマトラ島西方の海空域で、対潜水艦戦や搭載ヘリの相互発着艦などの訓練を行った。さらに5月下旬には、日米豪韓共同訓練「パシフィック・ヴァンガード19-1」がグアム等周辺海空域で行われた。オーストラリアからはフリゲート艦2隻が参加している。

　年々規模を拡大している米海兵隊と豪陸軍による実動訓練「サザン・ジャッカルー」は5月上旬からクイーンズランド州ショール・ウォーターベイ演習場で行われた。日本の陸上自衛隊も150名の隊員が参加し、155mm榴弾砲FH-70の実弾射撃が初めて行われた。

　さらにオーストラリア空軍と航空自衛隊は9月、日本国内で初となる戦闘機による共同訓練「武士道ガーディアン」を実施した。同訓練はもともと2018年9月に計画されていたものであったが、北海道胆振東部地震のため中止となっていた。両軍は北海道千歳基地を拠点として、北海道沖の日本海や青森県沖の太平洋上で訓練を行った。オーストラリア側からは空軍のF/A-18戦闘機6機などが参加、航空自衛隊からはF-15戦闘機10機とF-2戦闘機3機が参加した。

　その他、米海軍が主催する固定翼哨戒機の多国間共同訓練「シードラゴン2020」が20年1月にグアム周辺海域で行われた。対潜戦における相互運用性を高めることを目的に、オーストラリア、日本のほか、ニュージーランドと韓国海軍が参加した。今回の訓練には海上自衛隊の哨戒機P-3Cが初めて参加している。オーストラリアからは哨戒機P-8Aポセイドンが参加している。

　また日米豪3カ国は1月末から、グアム島アンダーセン空軍基地や北マリアナ諸島テニアン島とその周辺空域で、共同訓練「コープ・ノース20」を実施した。米豪両空軍と日本の航空自衛隊が人道支援と災害救援訓練、さらに三国間の即応技術と相互運用性を強化するための訓練を行った。「コープ・ノース」は1978年に青森県の三沢基地で米空軍と航空自衛隊の合同訓練として始まったが、1999年に訓練環境の整ったグアム島アンダーセン空軍基地に実施場所を移している。

米豪外務・防衛担当閣僚会議開催、豪北部の軍事態勢強化へ

　米豪両国は19年8月、シドニーで外務・防衛担当閣僚会議を開催し、ダーウィンの米豪共同施設を増強することで合意に達した。

　ダーウィンは西にインド洋を臨み、中国が実効支配を強める南シナ海にも近く、中国の海洋進出に対抗して米豪両国が連携するインド太平洋の重要な拠点のひとつである。ダーウィンにはオバマ政権時代の12年から、米海兵隊がローテーション駐留を行っており、駐留規模は19年には当初計画されていた2,500人に達した。施設の増強費用をどちらが負担すべきかで両国間の交渉がこれまで難航していたが、最終的には米側が2億ドル（約215億円）の資金を拠出することで合意に至った。

　またホルムズ海峡を通る船舶の安全航行の確保を目的とした有志連合については、オーストラリアによる参加表明には至らなかった。協議終了後の共同記者会見の場で、米国はオーストラリアの参加に強い期待を寄せたが、レイノルズ豪国防相は米国の要請を真剣に受け止め検討すると述べるに留め、慎重な姿勢を崩さなかった。

　なお共同記者会見では、オーストラリア本土への米ミサイルの配備可能性について質問があがったが、米豪双方の4閣僚とも明言を避けた。ことの発端はエスパー米国防長官がオーストラリアに向かう機上で、中距離核戦力（INF）条約の失効を受け、中距離ミサイルをアジア諸国に新たに配備することに前向きな発言をしていたことにある。報道では配備の候補として日豪韓3カ国の名があがっており、これに中国外務省が即座に反応し、ミサイルを配備すれば対抗措置をとると警告を発する事態にまで発展していた。

米主導の有志連合へ参加表明

　モリソン首相は19年8月21日、ホルムズ海峡を通る船舶の安全航行の確保を目的とした米国主導の有志連合「海洋安全保障イニシアティブ」に参加すると発表した。

　19年末までに哨戒機P-8Aポセイドンを1カ月間派遣して監視活動に参加させるほか、20年1月から6カ月間の期間限定でフリゲート艦も派遣する。同首相はさら

にバーレーンに設置される作戦司令部には豪軍兵士を駐留させる考えも示した。

　オーストラリアの決断の背景には船舶の安全航行の確保とエネルギー安全保障という二つの要素がある。オーストラリアは8月初旬に開催された米豪外務・防衛担当閣僚会議の場で、米国側から有志連合への参加要請を受けていたが、慎重な姿勢をとっていた。モリソン首相が「（有志連合の目的は）緊張の緩和であり、緊張を高めることではない」と述べたように、イランへの圧力を強めるトランプ政権が主導する有志連合に参加することで、オーストラリアも対イラン包囲網に加わったとの印象を与え、イランを過度に刺激することを懸念していたのである。モリソン首相にとって有志連合構想とイラン問題は「まったく別の問題」であった。しかもこの時点で参加を表明していた国はなかった。

　米豪外務・防衛担当閣僚会議の直後に、有志連合構想に慎重であった英国が参加を表明したことは、オーストラリアの参加を促す重要なきっかけになったといえる。英国政府は、有志連合への参加に際し、「航行の自由を守るためにあらゆる手段をとる」ことを強調すると同時に「イランとの核合意を維持し、緊張の緩和に努める」との声明を発表した。つまり英国は今回の有志連合の目的があくまでも航行の自由の確保にあり、イランとの緊張を高めることは望まないとの立場を鮮明に示したのである。オーストラリアは英国と歩調をあわせることで、有志連合が対イラン圧力の手段になることを避けつつ、「自由で開かれたインド太平洋構想」を推進する米国の同盟国の一員として、参加を決断するに至った。

　またモリソン首相は記者会見で、海上輸送路の遮断はオーストラリア経済にとって深刻な脅威となり得る点を強調した。オーストラリアの輸入原油の15‐16%、ならびに精製油の25‐30%がホルムズ海峡を通過しているに過ぎないが、ここ近年のオーストラリアの石油輸入依存度の上昇と、世界基準（90日以上）に満たない原油備蓄量（約24日分）を考慮すれば、同首相の発言は理解できよう。オーストラリアは産油国であるものの、国内製油所が4カ所と少ないため増産能力はきわめて低く、非常時に対応する余力は限られているとされる。さらに国内備蓄が少ないため、中東地域の混乱によってホルムズ海峡が封鎖されることになれば、国民生活に深刻な影響を及ぼすリスクが高い。

　有志連合による「番人（センチネル）作戦」は11月7日から正式に始まった。ホ

ルムズ海峡、ペルシャ湾、イエメン沖バブルマンテブ海峡、オマーン湾を活動水
域とし、英米豪3カ国のほか、バーレーン、サウジアラビア、UAE、アルバニアの4
カ国が参加している。

米豪首脳会談開催

　モリソン首相は19年9月末、米国を公式訪問し、トランプ米大統領との首脳会
談を行った。両国は中国のインド太平洋地域での影響力拡大を念頭に、連携し
て対応していくことを確認した。太平洋島嶼地域に特に焦点を当てたインフラ開
発支援に関しては、豪外務貿易省と米貿易開発庁がより一層協力して取り組ん
でいくための覚書を交わした。さらに、モリソン首相は米航空宇宙局（NASA）
が進める有人月面再訪計画「アルテミス計画」について、ロボティクス、オート
メーション、遠隔でのアセットマネージメントといった分野で米国を支援する覚書
にも署名した。同首相はこのために5年間で豪宇宙庁予算を3倍以上に増額する
ことを約束している。

モリソン政権、日米豪印の協力枠組みの強化へ

　モリソン政権は、外交・安全保障分野における日米豪印協力枠組み（QUAD）
に積極的に関与していく方針を打ち出している。インド太平洋地域で海洋進出
を進める中国を睨んで、4カ国が連携して「自由で開かれたインド太平洋」構想
の推進を目指す。

　4カ国の外相による初の会合が19年9月末に実現したことは、枠組み強化に向
けての重要な一歩となった。豪メディアは「QUAD推進派にとっての外交的勝利」
と今後の4カ国の連携強化に期待を寄せる。ニューヨークでの国連総会の機会を
利用して、ペイン豪外相のほか、茂木外務大臣、ポンペオ米国務長官、ジャイシャ
ンカル印外相が顔を合わせ、インド太平洋戦略において連携強化を約束した。

　モリソン首相がQUADを推進していく考えを示したのは、それから約1週間後
のことであった。同首相は10月初旬、シドニーで講演し、QUADは「オーストラリ
アとインド太平洋地域にとって重要なフォーラム」であり、「ASEANとASEAN
主導の地域的枠組みを補完する」ものであると述べた。同首相はQUAD推進の

一環として、20年の早い時期に日本とインドを訪問する意向を示していた。

モリソン首相は中国への言及は避けたが、ポンペオ米国務長官はQUADの戦略的目的の一つが対中抑止であると明言している。同長官は10月末の政策演説で、「中国の対外行動を自制させる取り組みにおいて、QUADは非常に重要なものであることがいずれはっきりするだろう」と語っていたのである。

11月には、高級事務レベルによる日米豪印協議がバンコクで開催された。豪外務貿易省のプレスリリースによれば、4カ国はQUADが海洋安全保障、テロ対策、サイバーセキュリティ、人道支援・災害救援に関して実践的な協力を強化していくことで合意した。また「質の高いインフラ投資に関するG20原則」に則したインフラ投資を促進するために連携していくことで一致した。

オーストラリア国内で募る対中不信

豪中関係は1972年の国交正常化以来、最悪の時期にさしかかっている。ここ数年来の中国による内政への介入問題を背景にオーストラリアの対中警戒心は強まっており、モリソン政権は対中関係のマネジメント能力を失いつつある。中国はそうしたオーストラリアにいらだちを隠せない。

スパイ容疑で中国当局に身柄を拘束されている中国系オーストラリア人楊恒均氏をめぐって、両国の緊張がさらに高まる可能性がある。楊氏は19年1月に広州の空港で拘束された後にスパイ容疑で逮捕、20年3月に正式に起訴された。中国当局は容疑の詳細について公表しておらず、さらにオーストラリア領事館職員や弁護士は19年12月以来、面会が認められていない。オーストラリア政府は同氏の即時釈放を求めているが、中国側はオーストラリアによる中国の司法への介入であると反発している。楊氏が過去14年間にわたり中国の情報機関職員であったとの報道もあり、中国が元スパイによる裏切り行為に神経質になっている可能性もある。

中国による豪オーストラリア政治への介入疑惑も再び浮上している。中国の情報機関がメルボルン郊外に住む中国系市民に接近し、多額の選挙資金提供を条件に連邦議会選挙への立候補を持ちかけていたと現地メディアが報じた。しかもこの市民はオーストラリア情報機関（ASIO）に本件を相談した後、19年3月に謎の死を遂げている。

　バージェスASIO長官は報道を受けて声明を発表し、「オーストラリアの国家安全保障にとって深刻な脅威となる敵対的勢力によるスパイ活動が継続している」としつつ、この事件についてはすでに把握しており、捜査が進行中であることを認めた。「我々は今後も国内における外国からの干渉やスパイ活動に立ち向かい、そして阻止していく」と決意を述べている。中国外務省は報道を受け、中国政府が他国の内政に干渉をすることはないとし、オーストラリア国内の一部のメディアや政治家が「ヒステリーで極端な神経過敏状態に陥っている」とし、冷静な対応を促していた。

　新型コロナウイルス感染症への対応をめぐっても豪中関係に軋轢が生じている。モリソン首相が新型コロナウイルスのパンデミックに関して独立調査を求めたことに対して、中国政府が猛反発したのである。独立調査の対象には、中国政府やWHOの初期対応が含まれているため、中国政府はウイルス対策のために「中国人民が払った多大な努力と犠牲」を冒涜する行為だと主張した。トランプ政権は早くから中国当局の対応の遅れや隠蔽体質を批判しており、中国には米豪両国が足並みを揃えて中国攻撃を展開しているように見える。

　さらに中国の反発を招いたのが、WHOへの台湾参加問題である。オートラリアは5月中旬に迫る世界保健総会（WHO総会）において、台湾がオブザーバーとして復帰することを議題にするよう求める方針である。オーストラリア政府はかねてから台湾がWHOへオブザーバー参加することを求めていたが、新型コロナウイルス対策で台湾の重要性が改めて浮き彫りになったと認識している。台湾問題にきわめて敏感な中国政府の反発が容易に予想され、オーストラリア財界には両国のこれ以上の摩擦を望まない声が出始めている。モリソン政権は難しい選択を迫られている。

　オーストラリアの姿勢に業を煮やした中国は20年5月、オーストラリアの大手食肉業者からの牛肉輸入を停止することを発表した。中国外務省は表向きには「中国の消費者の健康と安全を守るため」と説明している。さらに中国はオーストラリア産大麦にも80％以上の反ダンピング関税を課す姿勢を示している。これは中国商務省が18年に開始したオーストラリア産大麦の反ダンピング調査の延長線上にあるもので、新型コロナウイルス独立調査問題とは直接的な関係はな

いものの、豪中関係は緊張した状態が続く。

モリソン政権、国内情報機関の連携強化を目指す

　モリソン首相は19年12月、外国の情報機関などによる内政干渉を阻止するため、国内の複数の情報機関職員からなるタスクフォースを組織することを発表した。モリソン首相は、オーストラリアが外国からの干渉の脅威にかつてないまでにさらされていると訴えた。同首相は名指しこそ避けたが、中国が念頭にあることは間違いない。11月にも中国の情報機関による内政干渉疑惑が発覚している。

　政府は8,800万豪ドル（約62億円）を投入して、情報機関ASIOを中心に連邦警察（AFP）、内務省の金融取引報告・分析センター（AUSTRAC）、通信電子局（ASD）、国防省の地理空間情報機関（AGO）など国内の情報機関の横の連携を強化する。タスクフォースはスパイ活動に関する情報収集と評価を行うほか、訴追権限も与えられている。

モリソン首相、11年ぶりにソロモン諸島訪問

　モリソン首相は19年6月初旬、総選挙後の初の外遊先としてソロモン諸島を選んだ。オーストラリアの首相によるソロモン諸島訪問は08年以来、11年ぶりとなる。モリソン首相は首都ホニアラでソガバレ首相と首脳会談を行い、インフラ整備のため今後10年間で総額2億5,000万豪ドル（約175億円）の資金援助を約束した。これとほぼ同時期に、ニュージーランドのピーターズ副首相兼外相も訪問しており、空港の整備・拡張など航空セクターへの継続的支援を表明している。

　モリソン首相がソロモン諸島へ足を運んだ背景には、ソガバレ首相が台湾との外交関係を絶ち、中国と国交を樹立する可能性を示唆していることにある。ソロモン諸島は台湾と外交関係を結んでいる数少ない国の一つであり、中国が投資や経済協力をエサに国交樹立を迫っていると伝えられてきた。しかもソロモン諸島は地政学上の要衝と呼ばれており、第二次世界大戦では日本と米国が同諸島をめぐり熾烈な闘いを展開した歴史もある。同諸島が中国の軍事的拠点化した場合の安全保障上のインパクトは計り知れないものがある。

　オーストラリアやニュージーランドによるアプローチにもかかわらず、ソロモン

諸島は9月、台湾と断交し、中国との国交樹立を発表した。しかしオーストラリア
や米国政府の当局者をさらに警戒させたのは中国系企業「チャイナ・サム・エン
タープライズ・グループ（中国森田企業集団）」が国交樹立直後、ソロモン諸島の
ツラギ島とその周辺の島々を75年間にわたり独占的に開発する権利を獲得し、
地元政府と戦略的協力合意に至っていたとの報道であった。メディアでは島全
体が中国企業にリースされたと大々的に報じられた。

　ツラギ島（面積約2平方キロメートル）は深い海に囲まれ、天然の良港を持つ。
軍港としては理想的とされる。戦略的協力合意の目的はあくまでも経済開発の
推進であるが、オーストラリアの専門家は、中国が軍事基地として利用する可能
性を指摘している。バヌアツではすでに中国が大規模な港湾開発を進めてお
り、軍事施設として利用するのではないかとの疑念が消えていない。

オーストラリアの「南太平洋ステップアップ」とその限界

　オーストラリアは近年、太平洋島嶼地域における中国の影響力拡大に神経を
尖らせており、域内諸国への関与強化を図っている。しかし地球温暖化問題に
対する島嶼国との認識の差はあまりにも大きく、オーストラリアの「南太平洋ス
テップアップ」はかけ声だけで終わる可能性がある。

　モリソン首相は19年8月中旬にツバルで開催される太平洋諸島フォーラム
（PIF）を前に、地球温暖化対策のために太平洋島嶼国に5億豪ドル（約350億
円）を提供すると発表した。5億豪ドルは18年に設立された20億ドルのオース
トラリアのインフラ投資ファンドから拠出され、地球温暖化による海面上昇を抑
えるための再生可能エネルギー設備の普及や護岸整備にあてられる。

　モリソン政権は温暖化対策にきわめて消極的であるとされ、南太平洋諸国の
各国首脳はしばしばオーストラリアの姿勢を批判してきた。今回の発表はこうし
た太平洋島嶼国の不満に応え、オーストラリアのプレゼンスをアピールする狙い
があったと言えよう。

　しかしPIFサミットでは温暖化対策をめぐってオーストラリアと島嶼国の溝が改
めて浮き彫りになった。島嶼国は抜本的な温暖化対策をまとめた「ツバル宣言」を
持ってPIFに臨んだ。地球温暖化への危機意識を共有し、各国に排出ガス削減目

標の見直しと石炭利用の急速な段階的停止を求めるものだ。しかしモリソン首相は国内石炭産業への配慮から強く反対し、同宣言は採択されずに葬られた。

議長国を務めたツバルのソポアンガ首相は、会議場でモリソン首相に向かって「あなたは自国の経済を心配しているが、私はツバルの国民の命を救うことに関心がある」と発言したと、記者会見で明らかにしている。ソポアンガ氏の指摘の背景には、燃焼で多くの二酸化炭素（CO2）を排出する石炭の輸出に力を入れるオーストラリアへのいら立ちがある。海抜の低い国家にとって気候変動問題は抽象的なイデオロギー論争ではなく、国民の生死に関わる問題である。

「ブルー・ドット・ネットワーク」構想に参画

オーストラリアは19年11月、日米両国とともに「ブルー・ドット・ネットワーク（BDN）」構想の立ち上げに加わった。インド太平洋地域を中心に、インフラ事業への支援基準を設けて、優良なプロジェクトを積極的に促進していくスキームで、中国の広域経済圏構想である「一帯一路」構想を牽制する動きとみられている。BDNは米国の海外民間投資公社（OPIC）、日本の国際協力銀行（JBIC）、オーストラリア外務貿易省の3者が主導する。

オーストラリアは7月に南太平洋島嶼国を主に対象としたインフラ融資ファシリティ（AIFFP）を創設しており、BDNはこの流れに沿うものである。またオーストラリアはBDNを通じた日米豪の協力枠組み強化に期待を寄せている。豪外務貿易省は原則や基準に沿った持続可能なインフラ開発投資が可能になるとプラクティカルな意義を強調するが、BDNが米国をアジアにつなぎ止め、日本とのより一層の連携強化を図る手段と捉えていると言える。

日豪の防衛協力進む

モリソン首相は19年6月末、G20大阪サミットに出席するため訪日し、安倍首相と首脳会談を行った。両首脳は「自由で開かれたインド太平洋」構想を推進するために、東南アジアや太平洋島嶼国において海上保安能力構築やインフラ支援で協力していくことで一致した。また自衛隊と豪軍の相互訪問時の法的地位を定める「日豪円滑化協定」については、締結に向け交渉を加速させることを確認

した。なお同協定は、14年7月の日豪首脳会談後に交渉がスタートしたが、日本の死刑制度をめぐって協議が停滞していた。しかし20年2月の報道によれば、両政府は6月の合意実現に向けて調整に入ったとのことである。

レイノルズ豪国防相は19年11月、河野防衛相と会談した。両国の防衛協力をより一層強化することを目的に、豪空軍主催の多国間訓練「ピッチ・ブラック」への航空自衛隊戦闘機の参加、19年に日本で初めて実施した「武士道ガーディアン」の定例化、豪陸軍の連絡将校の陸上自衛隊への常駐、装備品などの共同研究開発のための防衛装備庁と豪国防省科学技術グループの「貿易科学技術者交流プログラム」の設立などを確認した。同月にはペイン豪外相がG20愛知・名古屋外務大臣会合出席のため訪日し、茂木外相との会談を行っている。

なおモリソン首相は森林火災の対応のため、20年1月頃に予定していた訪日を延期している。

ティンダル豪空軍基地拡張へ

モリソン政権は20年3月、北部準州にあるティンダル豪空軍基地の改良計画を発表した。北部準州はアジアへの玄関口と呼ばれ、州都ダーウィンには米海兵隊がローテーション駐留をしている。同基地の改良により米豪両軍の活動能力を強化し、加えてインドネシア、シンガポール、マレーシアなど東南アジアのパートナー国との協力を推進する狙いがある。

ティンダル空軍基地は「国防の戦略的要衝」とされる豪北部の前線基地として重要な役割を果たす。同基地は豪空軍第75飛行隊の本拠地で、F/A-18ホーネット戦闘機が配備されている。なお同戦闘機はF-35A戦闘機に置き換えられる予定である。また豪空軍第2飛行隊のE-7Aウェッジテール早期警戒管制機の前線基地でもある。

政府はおよそ11億豪ドル（約770億円）をかけ、滑走路の延長、大規模ターミナルの新設、燃料貯蔵施設の増設を行うほか、電力や上下水道などのインフラ整備、軍要員の居住施設の新設を進める予定である。政府は議会の承認がとれ次第、本年中に着工し、27年後半までには完成させたいとしている。

ニュージーランド

新型コロナウイルス感染症～その影響と対策

　ニュージーランドはパンデミックの初期段階から、迅速な対応をとってきたことが世界的に評価されている。国境封鎖が容易な地理的好条件があったとも言えるが、国内感染者がまだ数十人の段階で、厳しい封鎖措置（ロックダウン）に加え、広範な検査と接触者追跡を行った。

　ニュージーランドのアーダーン首相は20年4月27日、新型コロナウイルスとの闘いにおける「勝利」宣言を行った。この時点でニュージーランドの感染者は1,124人、死者は19人で、新規感染者は1週間以上にわたり10人未満となっていた。爆発的な感染拡大を回避した政府は、3月下旬から講じてきた約5週間におよぶ全土のロックダウンを段階的に解除していくこととなった。

　ニュージーランド政府は、国内で感染者が確認される前から水際対策を導入し、段階的にそれを強化していった。同政府は2月初旬には、中国本土からの外国人渡航者に対する入国制限をいち早く導入し、3月19日には自国民と永住者、その近親者以外のすべての外国人の入国を禁止するという事実上の「国境閉鎖」措置をとっていった。

　そして政府は3月25日、国家非常事態を宣言し、新型コロナウイルスに関する警戒レベルを最高位の「レベル4」に指定した。レベル4とは「集団感染が発生しており、広範囲の大流行（アウトブレイク）と新たなクラスターが発生している」と判断される状態である。レベル4に指定された場合、「ロックダウン」が最低4週間継続することを意味する。国民は自己隔離、すなわち不要不急の外出ならびに同居者以外との接触は禁止され、スーパーや医療機関などの「不可欠なサービス」以外は閉鎖された。教育機関は休校となり、不要不急を除き公共交通機関も利用できなくなった。

　経済支援策についても政府の動きは迅速であった。政府は緊急事態宣言が発令される前の3月17日に、その第一弾として121億NZドル（約7,865億円）規模の経済支援策を発表した。ニュージーランドGDPの4％に相当する額である。個

人に対する賃金補助や、事業者に対する賃金助成、融資制度、債務返済猶予、法人税軽減などからなるパッケージである。また5月に発表された20年度予算案では、500億NZドル（約3兆2,500億円）の基金を創設し、企業の賃金支払いへの支援や地方のインフラ投資に加え、若年層の職業訓練などにあてる。

　アーダーン政権はウイルスとの闘いに勝ったものの、その経済的代償は大きい。オーストラリア・ニュージーランド銀行（ANZ）によれば、20年末にニュージーランド経済は年初と比べマイナス10.4％に縮小する見通しである。失業率も政府予想によると昨年末の4％から13.5％へと3倍以上に上昇する可能性がある。アーダーン政権は感染症対策と経済的要請の狭間で、難しい舵取りが今後も求められるであろう

南太平洋

台湾のプレゼンス切り崩しを図る中国

　中国は太平洋島嶼地域で台湾孤立化を目指し攻勢を強めている。中国は19年に域内各国で相次いだリーダー交代を好機と捉え、各国との関係強化を図っていた。ソロモン諸島、キリバスは9月に相次いで台湾と断交し、中国との国交を結んだ。これにより台湾と国交のある島嶼国は、ツバル、ナウル、パラオ、マーシャル諸島の4カ国となった。オーストラリアや米国は太平洋島嶼国と台湾の「断交ドミノ」を警戒し、経済協力や投資をテコに4カ国との関係強化を目指している。

　パラオとマーシャル諸島は米国の影響力が強く、台湾との関係を継続する可能性は高い。しかしナウルとツバルの外交方針については不透明感が漂う。現段階では台湾支持の姿勢を示しながらも、経済情勢や政局次第では態度を一転させる可能性も残っている。

　ナウルでは中国に批判的だったワガ前大統領が8月の選挙で落選し、対中政策の転換が懸念されていた。しかしエミニア新大統領は12月に台湾を訪問し、両国関係の深化と発展に強い意欲を見せている。またツバルでも9月の総選挙後の議会で行われた首相選出投票で、台湾支持派のソポアンガ首相が敗れ、ナタノ元副首相が新首相に選出された。ナタノ氏の台湾に対する姿勢は未知数で

あったが、コフェ外相は11月、米系メディアのインタビューに応え、台湾支持の立場を明確に示した。さらに同外相は台湾と外交関係を維持しているマーシャル諸島、パラオ、ナウル3カ国との連携を強化していく考えも打ち出している。

ソロモン諸島、中国と国交樹立

ソロモン諸島の国会は19年4月、新首相にソガバレ元首相を選出した。ソガバレ首相は5月末、新政権が最初の100日間で取り組む問題の一つとして「中国問題に関する包括的評価」を掲げており、対中国交正常化に向けて本格的に動き出すのではないかとの見方が強まっていた。

西側諸国はこれに対して、台湾との関係を維持するようソガバレ政権の説得に動いた。オーストラリア、ニュージーランドの政府要人が相次いで訪問し、インフラ整備を中心とした経済協力を約束した。さらに米国もインフラ投資を約束していた。ペンス米副大統領は9月の国連総会にあわせてソガバレ首相との会談を行う予定だったが、同首相が9月上旬に台湾断交を発表したため、この会談は立ち消えとなった。

ソガバレ首相は10月初旬に北京を訪問し、習近平国家主席、李克強首相ら中国政府要人との会談を行った。両国は経済と技術協力、教育、自治体相互の協力など複数の協定のほか、中国の「一帯一路」構想で協力する覚書にも署名した。ただしこれら協定の詳細は明らかになっていない。

ソロモン諸島が中国との国交を樹立してから約一カ月後、中国系企業「チャイナ・サム・エンタープライズ・グループ（中国森田企業集団）」がソロモン諸島のツラギ島とその周辺の島々を75年間にわたり賃借する契約を地元政府とのあいだで結んでいたことが明らかとなった。オーストラリアや米国は、中国が経済的な手段を餌に南太平洋島嶼地域に影響力を拡大しようとしていることに、強い警戒感を表していた（「モリソン首相、11年ぶりにソロモン諸島訪問」も参照）。

ソロモン諸島政府のムリア司法長官は10月末、中国系企業による島全体の賃貸契約について、違法であるとの判断を下したことを明らかにした。司法長官の声明によれば、ツラギ島を管轄する地元政府には交渉権限はなく、中央政府の権限を侵害しているとのことであった。また相手側の中国系企業もソロモン諸島

の外国投資法で定められた「外国資本」として登録されていないことも明らかになった。海外企業による投資案件は司法長官の審査の対象となるが、投資のスケジュールなど投資の詳細が曖昧で、審査も経ていないとしていた。

中国系企業による島全体の開発計画に対しては、住民の間でも不安が広がっている。当初は投資を歓迎する声が上がっていたが、報道を通じて合意内容が明らかになるにつれ、権利関係の詳細や中国系企業の投資計画など詳細の公表を求める動きが強まっていった。開発計画に反対するグループの間では、司法長官の判断に一定の評価を与えつつも、中国側の意図に対する不安と疑念が燻り続けている。

キリバスも中国との国交樹立

キリバスが19年9月、台湾と断交し、中国と新たに国交を結ぶことが明らかになった。台湾外交部の声明によれば、キリバスが台湾に対して外交関係を断絶するとの通告を行い、台湾側は即日断交したという。台湾外交部の呉部長（外相）によれば、キリバスは民間航空機の導入にあたり、台湾からの商業ローン方式を嫌い、航空機の贈与を申し出た中国との関係構築を選んだという。

ソロモン諸島がこのわずか数日前に中国との国交樹立に踏み切っており、南太平洋島嶼国の2カ国が相次いで台湾との外交関係を解消することとなった。中国は9月下旬、キリバスとの国交樹立セレモニーを米ニューヨークの国連代表部で行い、国際社会に積極的にアピールしている。

マーマウ・キリバス大統領は20年1月初旬、中国を訪問し、習近平国家主席と首脳会談を行った。中国がこの時期にマーマウ大統領を招待したのは、1月11日に投票される台湾総統選挙を意識したものだと言われている。中国・キリバス両国は中国の「一帯一路」構想に関する協力文書に署名した。それに加え、中国が漁業、観光、インフラ整備などの分野を通じてキリバス経済を支援することで合意した。

しかしキリバスで4月、総選挙が行われた結果、親中派のマーマウ大統領を支持する与党連合の獲得議席が過半数割れを起こした。選挙結果を受けて、6月に大統領選挙が行われる予定である。野党は台湾との外交関係の復活を強く求めており、大統領選への立候補が取り沙汰されているベリナ議員は、対中国交を

めぐる対立から与党を離脱した経緯を持ち、台湾との断交に懐疑的であると言われている。中台との関係が大統領選挙の重要な争点の一つとなる。

米国、中国によるコンパクト諸国接近を警戒

米国は太平洋島嶼地域における中国の影響力拡大に対抗すべく、米国とのあいだで「自由連合盟約（コンパクト）」を結んでいるパラオ、マーシャル諸島、ミクロネシア連邦（コンパクト諸国）との関係強化を図っている。コンパクト諸国は、米国と「自由連合盟約（コンパクト）」を結び、米国からの財政支援を受ける代わりに、国防・安全保障上の権限を米国に委ねる取りきめを結んでいる。

トランプ米大統領は19年5月、パラオ、マーシャル諸島、ミクロネシア連邦の大統領をホワイトハウスに招き、首脳会談を行った。米大統領が3カ国首脳を同時に招待するのは異例である。8月初旬にはポンペオ氏が米国務長官として初めてミクロネシアを訪問し、コンパクト諸国首脳との会談を行っている。

日本も米国と連携して、関係強化を目指している。河野外相は8月、コンパクト諸国とフィジーの4カ国を訪問し、インフラ整備や海洋監視能力の強化、津波対策などの分野での支援強化を約束した。日本の外相が太平洋島嶼国を訪問するのは、1978年の倉成正氏以来32年ぶりのことである。

こうしたなかミクロネシア連邦のパニュエロ大統領は12月、中国を訪問し、習近平国家主席との首脳会談を行った。ミクロネシア連邦はコンパクト諸国では唯一中国と国交があり、「一帯一路」構想にも参加している。中国は貿易・投資・インフラ整備支援などをテコに関係強化を図るが、これらはミクロネシア連邦と米国のコンパクトが切れる23年に向けた動きの一環と見なすこともできる。

パプアニューギニアのオニール首相が辞任、マラペ新首相が誕生

パプアニューギニアのオニール首相は19年5月末、辞任を発表した。数々のスキャンダルや疑惑によってオニール首相への国民の不信感が高まっており、しかも政権運営をめぐっても閣僚や与党議員の離反が相次いでいた。オニール首相は辞任会見で、政治的安定を最優先して辞任を決意したと語った。

後任首相にはマラペ前金融相が就任した。オニール氏は辞任会見でチャン元

首相を後継指名していたが、与党からマラペ氏を推す声が上がり、議会で圧倒的支持を得て首相に選出された。

　マラペ首相の誕生によって液化天然ガス（LNG）プロジェクトに遅れが生じる可能性が出ている。同首相は金融相時代、外国企業によるガス田開発に反対していた人物である。マラペ首相は演説で「私には資源関連法を改正する権利がある。わが国のために資源を最大限に活用したい」と訴えており、日本企業の子会社も参画する「PNGLNGプロジェクト」の拡張計画に関連して、財務条件について再交渉する考えを示している。

ブーゲンビル自治州で住民投票実施、独立支持98%

　パプアニューギニアのブーゲンビル自治州で独立の是非を問う住民投票が実施された。開票結果が19年12月上旬に発表され、住民の97.7%が独立に賛成の票を投じたことが明らかとなった。ただし法的拘束力はなく、この結果を基に中央政府と自治州が協議を行い、双方が合意した内容をパプアニューギニア議会が審議することになる。

　同自治州ではおよそ10年以上にわたって内戦が展開されてきた。中央政府と独立を求める住民グループとの闘いで、双方から約1万5,000人の犠牲者が出たと言われている。オーストラリアとニュージーランドの仲介で内戦は1998年に終結し、01年にパプアニューギニア中央政府と現地住民とのあいだで和平協定が結ばれた。この結果、05年には自治州が発足している。今回の住民投票はこの和平協定に基づくものである。

　ブーゲンビルが独立した場合、経済的自立やそれを可能とする産業の発展には海外からの支援が欠かせない。中国が独立後の港湾、空港、橋、幹線道路などのインフラ整備に早くも関心を寄せているとの報道もある。しかも同自治州南部には世界有数の埋蔵量を誇るパングナ銅鉱山があるが、紛争によって操業停止状態となっており、再開には莫大な費用がかかる。オーストラリアや米国は、中国が資金援助や投資で攻勢をかけるのではないかと警戒を強めている。

（獨協大学教授／平和・安全保障研究所研究委員　竹田いさみ）

（獨協大学教授／平和・安全保障研究所研究委員　永野隆行）

「War Cry」と「Waltzing Matilda」にみる国民意識の醸成 —オセアニア国家における音楽芸術に示された誇りとプライド

2019年、日本で開催されたラグビーワールドカップでは、世界中の強豪チームが来日し、日本代表とともに、各地でそのスピードとパワーに溢れたプレーを見せてくれた。オセアニアのチームもその一つであるが、なかでも彼らを象徴するものとして、試合の前の「War Cry」と呼ばれる戦いの雄叫びが観客から注目された。「オールブラックス」として知られるニュージーランド代表の「ハカ」、フィジー代表の「シンビ」、トンガ代表の「シピタウ」、サモア代表の「シバタウ」は、いずれも勇敢な戦士たちから発せられる歌と力強い踊りであり、これを見るだけでも十分に会場を訪れる価値がある。ラグビーは英国から伝わったものであるが、南太平洋の先住民族の誇りである歌や音楽と結びついて、単なるスポーツに留まらず、国民のプライドを表象するものにまで成熟させていったのだ。

「War Cry」の実演が許される4カ国以外にオセアニアから参加したもう一つの強豪国があることをお忘れではないだろうか。「ワラビーズ」と呼ばれるオーストラリア代表である。彼らの場合、試合前に観客とともに歌う有名な曲がある。「Waltzing Matilda」だ。

オーストラリアの国歌は「Advance Australia Fair」であるが、この曲に関しては国民からは地味であるとか2番を知らないなど、いささか不評である。オーストラリアでは同曲が1984年に正式に国歌となるまでは、公式な行事の際には様々な曲が歌われていた。なかでも、旧宗主国である英国国歌「God save the Queen」とともに頻繁に歌われていたのが、この「Waltzing Matilda」である。歌詞の内容は「貧しい放浪者が羊泥棒を働き、警官に追いつめられて沼に飛び込む」という明るい内容ではないが、権威にたてつく無法者であっても、自由に生きようとする放浪者の心意気が、英国の流刑地として出発した同国で生きる人々の共感を呼んだのだろう。ラグビーを含め国際的な舞台では国歌の後、国民が肩を組んでこの非公式国歌を合唱する。その迫力はライバルであるニュージーランド代表による「ハカ」を圧倒し、時には相手への敬意を逸していると注意されるほどだ。

外交は決して政治的な交渉の場でのみ行われるものではない。オリンピックやワールドカップを機とした人的交流を通して、人々の歴史や文化を知り、理解し合うという民間外交という視点を推進させていくことも重要である。試合前や表彰式の際に、各国の人々が築き上げてきた文化の象徴でもある音楽に注目してみるのもいかがであろう。

黒崎岳大
東海大学講師

略語表
年　表

（2019年4月～2020年3月）

ACSA	Acquisition and Cross-Servicing Agreement	物品役務相互提供協定
ADMM	ASEAN Defence Ministers' Meeting	ASEAN 国防相会議
AFP	Australian Federal Police	オーストラリア連邦警察
AGO	Australian Geospatial-Intelligence Organisation	オーストラリア地理空間情報機関
AI	Artificial Intelligence	人工知能
AIFFP	Australian Infrastructure Financing Facility for the Pacific	太平洋諸島地域のためのオーストラリア・インフラ融資ファシリティ
AIIB	Asian Infrastructure Investment Bank	アジアインフラ投資銀行
ANZ	Australia and New Zealand Banking Group Limited	オーストラリア・ニュージーランド銀行
ANZUS	Australia, New Zealand, United States Security Treaty	太平洋安全保障条約
AOIP	ASEAN Outlook on the Indo-Pacific	インド太平洋に関する ASEAN アウトルック
APEC	Asia-Pacific Economic Cooperation	アジア太平洋経済協力
ARF	ASEAN Regional Forum	ASEAN 地域フォーラム
ARIA	Asia Reassurance Initiative Act	アジア再保証推進法
ARMM	Autonomous Region in Muslim Mindanao	イスラム教徒ミンダナオ自治地域
ASD	Austorarilan Signals Directorate	オーストラリア通信電子局
ASEAN	Association of Southeast Asian Nations	東南アジア諸国連合
ASF	African Swine Fever	アフリカ豚熱
ASIO	Australian Security Intelligence Organisation	オーストラリア情報機関
ATACMS	Army Tactical Missile System	陸軍戦術ミサイル・システム
AUSTRAC	Australian Transaction Reports and Analysis Centre	オーストラリア金融取引報告・分析センター
BDN	Blue Dot Network	ブルー・ドット・ネットワーク
BIMSTEC	Bay of Bengal Initiative for Multi-Sectoral Technical and Economic Cooperation	ベンガル湾多分野技術協力イニシアティブ
BLA	Baloch Liberation Army	バローチスタン解放軍
BLF	Baloch Liberation Front	バローチスタン解放戦線
BRI	The Belt and Road Initiative	「一帯一路」構想
BRICS	Brazil, Russia, India, China, South Africa	新興5カ国
CBP	Continuous Bomber Presence	常駐運用
CCTV	China Central Television	中国中央電視台
CCW	Convention on Certain Conventional Weapons	特定通常兵器使用禁止制限条約
CFO	Chief Financial Officer	最高財務責任者
CICA	Conference on Interaction and Confidence-Building Measures in Asia	アジア相互協力信頼醸成措置会議

CLCS	Commission on the Limits of the Continental Shelf	大陸棚限界委員会
COC	Code of Conduct	南シナ海における関係国の行動規範
COVID-19	Novel Coronavirus Disease 2019	新型コロナウイルス感染症
CPEC	China-Pakistan Economic Corridor	中国・パキスタン経済回廊
CSIS	Center for Strategic and International Studies	米国戦略国際問題研究所
CSTO	Collective Security Treaty Organization	集団安全保障条約機構
CVID	Complete, Verifiable, Irreversible, Denuclearization	完全かつ検証可能で不可逆な非核化
DFE	Dynamic Force Employment	動的戦力運用
DMO	Distributed Maritime Operation	分散型海洋作戦
DMZ	DeMilitarized Zone	非武装地帯
DOC	Declaration on the Conduct	南シナ海における関係国の行動宣言
DTT	Defense Trilateral Talks	日米韓防衛実務者協議
EABO	Expeditionary Advanced Base Operations	遠征前進基地作戦
EAEU	Eurasian Economic Union	ユーラシア経済連合
EAS	East Asia Summit	東アジア首脳会議
ECRA	Export Control Reform Act	輸出管理改革法
EDCA	Enhanced Defense Cooperation Agreement	防衛協力強化協定
EEZ	Exclusive Economic Zone	排他的経済水域
EU	European Union	ヨーロッパ連合
FAO	Food and Agriculture Organization of the United Nations	国際連合食糧農業機関
FOIP	Free and Open Indo-Pacific	自由で開かれたインド太平洋
FSB	Federal Security Service of the Russian Federation	ロシア連邦保安庁
GAO	Government Accountability Office	米国会計検査院
GDP	Gross Domestic Product	国内総生産
GPR	Global Posture Review	世界規模での米軍の態勢見直し
GPS	Global Positioning System	全地球測位システム
GSOMIA	General Security of Military Information Agreement	軍事情報包括保護協定
HIMARS	High Mobility Artillery Rocket System	高機動ロケット砲システム
ICAO	International Civil Aviation Organization	国際民間航空機関
ICBM	Inter-Continental Ballistic Missile	大陸間弾道ミサイル
ICJ	International Court of Justice	国際司法裁判所

ICT	Information and Communication Technology	情報通信技術
IISS	International Institute for Strategic Studies	英国国際戦略研究所
IMF	International Monetary Fund	国際通貨基金
INF	Intermediate-range Nuclear Forces	中距離核戦力
IOC	Initial Operational Capability	初期運用能力
IoT	Internet of Things	モノのインターネット
IPSR	Indo-Pacific Strategy Report	インド太平洋戦略報告書
IRNSS	Indian Regional Navigation Satellite System	インド地域航法衛星システム
IS	Islamic State	イスラム国
ISAF	International Security Assistance Force	国際治安支援部隊
ISR	Intelligence, Surveillance and Reconnaissance	情報・監視・偵察
IT	Information Technology	情報技術
ITU	International Telecommunication Union	国際電気通信連合
JBIC	Japan Bank for International Cooperation	日本国際協力銀行
JCPOA	Joint Comprehensive Plan of Action	包括的共同作業計画
JICA	Japan International Cooperation Agency	国際協力機構
JOGMEC	Japan Oil, Gas and Metals National Corporation	石油天然ガス・金属鉱物資源機構
KAMD	Korea Air and Missile Defense	韓国型ミサイル防衛
KMPR	Korea Massive Punishment and Retaliation Strategy	大量膺懲報復（韓国型大量反撃報復作戦）
LAWS	Lethal Autonomous Weapons Systems	自律型致死兵器システム
LNG	Liquefied Natural Gas	液化天然ガス
LRHW	Long-Range Hypersonic Weapon	長射程極超音速兵器
LTTE	Liberation Tigers of Tamil Eelam	タミル・イーラム解放の虎
MDA	Maritime Domain Awareness	海洋状況把握
MDO	Multi Domain Operation	マルチドメインオペレーション
MERS	Middle East Respiratory Syndrome	中東呼吸器症候群
MFO	Multinational Force and Observers	多国籍軍・監視団
MILF	Moro Islamic Liberation Front	モロ・イスラム解放戦線
MLRS	Multiple Launch Rocket System	多連装ロケットシステム
MNLF	Moro National Liberation Front	モロ民族解放戦線
NATO	North Atlantic Treaty Organization	北大西洋条約機構
NCA	National Command Authority	国家戦略総司令部
NCW	Network-Centric Warfare	ネットワーク中心の戦い
NDA	National Democratic Alliance	国民民主連合
NDS	National Defense Strategy	国家防衛戦略

NED	National Endowment for Democracy	全米民主主義基金
NGO	Non-governmental Organizations	非政府組織
NPA	New Peoples Army	新人民軍
NPR	Nuclear Posture Review	核体制見直し
NPT	Treaty on the Non-Proliferation of Nuclear Weapons	核不拡散条約
NSCAI	National Security Commission on Artificial Intelligence	米国人工知能国家安全保障委員会
NSS	National Security Strategy	国家安全保障戦略
NTJ	National Thowheed Jamath	ナショナル・タウフィート・ジャマアット
OCHA	(UN)Office for Coordination of Humanitarian Affairs	(国連)人道問題調整事務所
ODA	Official Development Assistance	政府開発援助
OPEC	Organization of the Petroleum Exporting Countries	石油輸出国機構
OPIC	Overseas Privated Investment Corporation	米国海外民間投資公社
OPIR	Overhead Persistent Infrared	赤外線早期警戒衛星
OSK	Operational Strategic Commands	統合戦略コマンド
PALM	Pacific Islands Leaders Meeting	太平洋・島サミット
PCR	Polymerase Chain Reaction	ポリメラーゼ連鎖反応
PIF	Pacific Islands Forum	太平洋諸島フォーラム
PIPS	Pak Institute for Peace Studies	パキスタン平和研究所
PKO	United Nations Peacekeeping Operations	国連平和維持活動
PMS	Peace (Japan) Medical Services	ピースジャパンメディカルサービス
PNG	Papua New Guinea	パプアニューギニア
PRT	Provincial Reconstruction Team	地方復興チーム
QR	Quick Response	QR
QUAD	Quadrilateral Security Dialogue	日米豪印4カ国協力枠組み(戦略対話)
RCEP	Regional Comprehensive Economic Partnership	東アジア地域包括的経済連携
RISAT	Radar Imaging Satellite	全天候型レーダー地球観測衛星
SAARC	South Asian Association for Regional Cooperation	南アジア地域協力連合
SAREX	Search and Rescue Exercise	捜索・救難共同訓練
SARS	Severe Acute Respiratory Syndrome	重症急性呼吸器症候群
SCM	Security Consultative Meeting	米韓安全保障協議会議
SCO	Shanghai Cooperation Organization	上海条約機構

SDF	Syrian Democratic Forces	シリア民主軍
SLBM	Submarine-Launched Ballistic Missile	潜水艦発射型弾道ミサイル
SMA	Special Measures Agreement	特別協定
SNS	Social Networking Service	ソーシャル・ネットワーキング・サービス
SRBM	Short-range Ballistic Missile	短距離弾道ミサイル
SSBN	Ballistic Missile Submarine Nuclear-Powered	戦略ミサイル原子力潜水艦
START	Strategic Arms Reduction Treaty	戦略兵器削減条約
THAAD	Terminal High Altitude Area Defense Missile	終末高高度防衛ミサイル
TICAD	Tokyo International Conference on African Development	アフリカ開発会議
TPP	Trans-Pacific Partnership	環太平洋パートナーシップ
UMNO	United Malays National Organization	統一マレー人民組織
UN	United Nations	国際連合
UNIDO	United Nations Industrial Development Organization	国際連合工業開発機関
UNODC	United Nations Office on Drugs and Crime	国連薬物犯罪事務所
UPA	United Progressive Alliance	統一進歩連合
USAID	United States Agency for International Development	米国国際開発庁
USSF	United States Space Force	米国宇宙軍（軍種）
USSPACECOM	United States Space Command	米国宇宙軍（統合軍）
VFA	Visiting Forces Agreement	訪問部隊地位協定
VR	Virtual Reality	仮想現実
WADA	World Anti-Doping Agency	世界アンチ・ドーピング機関
WFP	World Food Programme	世界食糧計画
WHO	World Health Organization	世界保健機関
WMD	Weapons of Mass Destruction	大量破壊兵器
ZTE	中興通訊	中興通訊／ZTE

年表 (2019 年 4 月～ 2020 年 3 月)

日本
2019年4月
2 日　シナイ半島への陸上自衛隊派遣決定。
4 日　新元号、「令和」に決定。
17 日　日・フィリピン防衛相会談、東京で開催。
19 日　日米安全保障協議委員会、米国のワシントン D.C.で開催。
5月
2 日　日・ベトナム防衛相会談、ベトナムのハノイで開催。
2 日　安倍首相、日朝首脳会談の無条件開催を目指す意向を表明。
3 日　日米印比共同巡航訓練実施 (9 日まで)。
10 日　米豪軍との実動訓練「サザン・ジャッカルー」、オーストラリアで実施 (6 月 14 日まで)
19 日　日仏豪米 4 カ国の初の共同訓練「ラ・ペルーズ」、インド洋で実施 (22 日まで)。

各国・国際情勢
2019年4月
1 日　米・フィリピン合同軍事演習「バリカタン」実施 (12 日まで)。
3 日　香港立法会で「逃亡犯条例」改正案が審議入り。
11 日　北朝鮮、最高人民会議第 14 期第 1 回会議開催。
12 日　マレーシアと中国、「東海岸鉄道」の建設凍結解除、工事再開で合意。
21 日　スリランカ、コロンボ等の教会、ホテルで連続爆発事件が発生。250 名以上が犠牲。
21 日　インドネシアの大統領選挙 (17 日実施)、現職のジョコ氏が当選。
24 日　ソロモン諸島国会、新首相にソガバレ元首相を選出。
25 日　露朝首脳会談、ウラジオストクで開催。
25 日　第2回「一帯一路」国際協力サミット、中国の北京で開催(27日まで)。
5月
4 日　北朝鮮、新型短距離弾道ミサイル発射。20 年 3 月までの間、14 回にわたり、弾道ミサイルを発射。
12 日　パキスタン、39 カ月間で 60 億ドルの IMF 財政支援に合意。
15 日　アジア文明対話大会、中国の北京で開催。
16 日　トランプ米大統領、安全保障上の脅威がある外国企業の通信機器を民間企業が調達することを禁じる大統領令に署名。
18 日　オーストラリア連邦議会選挙で、モリソン首相率いる与党保守連合が勝利。

日本		各国・国際情勢	
20日	韓国政府に対し、日韓請求権協定第3条2に基づく仲裁付託を通告。	21日	トランプ米大統領、パラオ、マーシャル諸島、ミクロネシア連邦の大統領をホワイトハウスに招き、首脳会談を開催。
20日	日米豪韓共同訓練「パシフィック・ヴァンガード 19 - 1」、実施（22日まで）。	23日	インド総選挙（4月から5月にかけて7回に分けて投票実施）、モディ氏率いる与党インド人民党が勝利。
25日	トランプ米大統領夫妻、国賓として訪日（28日まで）。		
30日	第4回日露外務・防衛閣僚協議、東京で開催。	29日	パプアニューギニアのオニール首相、辞任。後任首相にマラペ前金融相が就任。
31日	高級事務レベルによる日米豪印協議、タイのバンコクで開催。	31日	シャングリラ・ダイアローグ、シンガポールで開催（6月3日まで）。
6月		**6月**	
3日	米豪軍との実動訓練「タリスマン・セイバー 19」、オーストラリアで実施（8月21日まで）。	1日	米国防総省、「インド太平洋戦略報告書」を発表。
10日	日露捜索・救難共同訓練、ウラジオストクで実施（15日まで）。	3日	米韓国防相会談、合同軍事演習「フリーダム・ガーディアン」終了で合意。
12日	安倍首相、イランのローハニ大統領とテヘランで会談。翌日、最高指導者ハメネイ氏と会談。	5日	中露首脳会談、ロシアのモスクワで開催。
13日	日本企業保有のタンカー、オマーン湾で攻撃。	5日	トランプ政権、インドを一般特恵関税制度から除外。
20日	地元自治体説明資料のイージス・アショアに関する調査報告書の誤りが判明。	6日	サンクトペテルブルグ国際経済フォーラム、ロシアで開催（8日まで）。
26日	日仏首脳会談、東京で開催。	8日	モディ印首相、第2次政権の初外遊でモルディブ、スリランカを訪問（9日まで）。
26日	日・ASEAN 乗艦協力プログラム、護衛艦「いずも」艦上で実施（30日まで）。	9日	香港で103万人が抗議デモ（16日には200万人へ）
28日	G20大阪サミット、開催（29日まで）。	13日	上海協力機構首脳会議、キルギスのビシュケクで開催（14日まで）。
29日	三井物産と石油天然ガス・金属鉱物資源機構、ロシア北極圏 LNG に参画。	15日	アジア相互協力信頼醸成措置会議第5回首脳会議、タジキスタンのドゥシャンベで開催。
		20日	米軍の無人偵察機グローバル・ホーク、ホルムズ海峡上空で革命防衛隊によって撃墜。

日本

各国・国際情勢

	各国・国際情勢
20日	中朝首脳会談、北朝鮮の平壌で開催。
22日	ASEAN 首脳会議、「インド太平洋に関する ASEAN アウトルック」採択。
30日	米朝首脳会談、板門店で開催。

7月

日本
16日　ハガティ駐日米大使、辞任。
18日　機雷戦訓練および掃海特別訓練など、日米印共同訓練実施（30日まで）。
23日　竹島領空におけるロシア軍早期警戒管制機の領空侵犯および韓国軍機による警告射撃に対し、厳重抗議。

7月

	各国・国際情勢
3日	中国の海洋調査船「海洋地質8号」、南沙諸島のベトナムの排他的経済水域で、海底資源調査を実施。
15日	第1回中国・アフリカ平和安全フォーラム、中国の北京で開催。
16日	タイ、3月総選挙の結果を受け、第2次プラユット政権発足。
17日	米国、F-35戦闘機のトルコへの売却凍結。
22日	パキスタンのカーン首相、トランプ米大統領と会談。
23日	中露の爆撃機、日本海、東シナ海の公海上空で初の合同空中哨戒飛行実施。
24日	中国、国防白書『新時代的中国国防』を4年ぶりに発表。

8月

日本
2日　日本、韓国を貿易管理上の優遇措置を適用する「ホワイト国」から除外。
5日　河野外相、外務大臣として32年ぶりにコンパクト諸国とフィジーの4カ国を訪問（9日まで）。
7日　日米防衛相会談、東京で開催。
10日　日中戦略対話、軽井沢で12年以来の開催。

8月

	各国・国際情勢
2日	中距離核戦力（INF）条約、失効。
5日	ベトナム、欧州連合と「枠組み参加協定」を締結。
6日	インド、ジャンムー・カシミール州の自治権を剥奪、連邦直轄地に分割。
13日	太平洋諸島フォーラム、ツバルのフナフティで開催（16日まで）。
18日	米国防総省、INF条約失効後初となる地上発射型巡航ミサイルの発射実験を実施。

日本	各国・国際情勢
18日　陸上自衛隊中央音楽隊、ロシア国際軍楽祭「スパスカヤ・タワー」に初参加（9月3日まで）。	20日　米国、台湾にF16‐Ⅴ戦闘機66機（総額約80億ドル）を売却する旨を発表。
21日　日中韓外相会議、中国で開催。	21日　モリソン豪首相、海洋安全保障イニシアティブへの参加発表。
22日　韓国政府、日韓GSOMIAの終了を表明。	28日　第7回アフリカ開発会議、横浜で開催（30日まで）。
23日　北朝鮮公船とみられる船舶、水産庁の巡視船に小銃で威嚇。	29日　中国とフィリピン、海洋資源の共同開発に関する政府間組織の発足で合意。
25日　日豪首脳会談、フランスで開催。	29日　北朝鮮、最高人民会議第14期第2回会議開催。
9月	**9月**
5日　日露首脳会談、ウラジオストクで開催。	2日　米・ASEAN海軍合同訓練、ベトナム南部カマウ省沖で実施（6日まで）。
9日　台風15号、関東地方上陸。	4日　香港、林鄭月娥・行政長官が「逃亡犯条例」改正案撤回を正式に発表。
11日　日豪共同訓練「武士道ガーディアン」、千歳基地で実施（18日まで）。	4日　第5回東方経済フォーラム、ロシアのウラジオストクで開催（6日まで）。
11日　第4次安倍再改造内閣発足。	16日　ソロモン諸島（16日）とキリバス（20日）、台湾と断交。
26日　QUAD4カ国による初の外相会談、米国のニューヨークで開催。	16日　ロシアで多国間軍事演習「ツェントル2019」開催（21日まで）。
26日　日米印共同訓練「マラバール2019」、実施。	28日　アフガニスタン大統領選挙実施（現職のガニ大統領当選、翌2月18日発表）。
	初旬　オーストラリアで全国的規模のブッシュファイア。
10月	**10月**
7日　北朝鮮漁船、漁業取締船「おおくに」と衝突し沈没。	1日　中華人民共和国建国70周年祝賀大会、中国の北京で開催。
9日　ミン・アウン・フライン・ミャンマー国軍司令官、安倍首相へ表敬。茂木外相と会談。	2日　北朝鮮、新型の潜水艦発射弾道ミサイル1発を発射。

日本		各国・国際情勢	
12日	台風19号、関東、甲信、東北地方に上陸。大規模な河川氾濫。	5日	米朝実務協議、スウェーデンのストックホルムで開催。
15日	インド陸軍との実動訓練「ダルマ・ガーディアン2019」、インドで実施（11月5日まで）	9日	第2回印中非公式首脳会談、インドのチェンナイで開催。
18日	日印共同訓練、インドのアルジャンシン空軍基地で実施（10月22日）	9日	中国・ソロモン首脳会談、北京で開催。ソロモン諸島、「一帯一路」構想で協力する覚書に署名。
22日	緒方貞子氏、逝去。	13日	米国、シリアから米軍部隊の全面撤退を指示。
22日	即位礼正殿の儀、挙行。	20日	第5回中韓戦略対話、中国の北京で5年ぶりの再開（22日まで）。
25日	防衛白書2019年版発表。	21日	第3回中国・太平洋島嶼国経済発展フォーラム、サモアのアピアで開催。
		23日	インドネシア第2期ジョコ政権、発足。
		26日	米軍急襲作戦により、イスラム国の最高指導者バグダーディー氏、死亡。
		28日	中国共産党19期中央委員会第4回全体会議が北京で開催。
		28日	第18回非同盟諸国首脳会議、アゼルバイジャンのバクーで開催。
11月		**11月**	
4日	ロス米商務長官、米豪日が主導する、インフラ開発の国際基準を促進する「ブルー・ドット・ネットワーク」計画を発表。	4日	米国務省、「自由で開かれたインド太平洋」報告書発表。
16日	第6回拡大ASEAN国防相会議、日ASEAN防衛担当大臣会合、二国間会談等、タイで開催（18日まで）。	4日	ASEAN首脳会議および関連首脳会議、東アジア首脳会議、東アジア地域包括的経済連携首脳会議など、タイのバンコクで開催。
17日	河野防衛相、日ASEAN防衛担当大臣会合で、「ビエンチャン・ビジョン2.0」を提唱。	4日	インド、東アジア地域包括的経済連携交渉からの離脱表明。
20日	日豪防衛相会談、東京で開催。	7日	有志連合による「センティネル（番人）作戦」、ホルムズ海峡を中心に開始。
22日	韓国、日韓GSOMIAの破棄通告の効力停止を日本に通告。	13日	BRICS会議、ブラジルのブラジリアで開催（14日まで）。

	日本
22日	G20愛知・名古屋外務大臣会合開催（23日まで）。
30日	日印外務・防衛担当閣僚協議、インドのニューデリーで開催。

12月

3日	トランプ大統領、駐留米軍経費負担増を要求。
4日	中村哲医師、アフガニスタンで銃撃され死亡。
11日	戦闘機F-2の後継にあたる「将来戦闘機」のコンセプト案、自民党国防部会幹部会に提示。
14日	河野防衛相、第19回ドーハ・フォーラム出席、日マレーシア防衛相会談を実施。
20日	安倍首相、19年ぶりに来日したイランのローハニ大統領と会談。
23日	日中首脳会談、中国の北京で開催。
24日	日中韓サミット、中国の成都で開催。日韓首脳会談が引き続いて開催。
27日	政府、海上自衛隊の中東派遣を閣議決定。

2020年1月

11日	安倍首相、サウジアラビア、UAE、オマーンを歴訪（15日まで）。

	各国・国際情勢
17日	スリランカ大統領選、野党候補のゴタバヤ・ラージャパクサ氏が大差で勝利。
20日	第2回世界海上保安機関長官級会合、東京で開催（21日まで）。
22日	第4回「1＋6」円卓対話会、中国の北京で開催。
25日	ベトナム国防省、10年ぶりに『国防白書』を発表。
29日	スリランカのラージャパクサ大統領、モディ印首相と会談。

12月

2日	中露を結ぶ初のパイプライン「シベリアの力」、運用開始。
5日	シリア北東部からの米軍部隊の撤退完了。
9日	米紙ワシントン・ポスト、入手した内部報告書を「アフガニスタン・ペーパーズ」と題して公表。
12日	マレーシア、大陸棚限界確定を国連大陸棚限界委員会に要請。
12日	モディ政権、市民権法改正。インド各地で抗議活動発生。
13日	ミクロネシア連邦のパニュエロ大統領、習近平国家主席と会談。
20日	米国、宇宙軍を創設。
31日	中国当局、「原因不明のウイルス性肺炎」の発症を初公表。

2020年1月

3日	米軍、イランのソレイマニ司令官に対する攻撃作戦を実施、殺害。

日本	各国・国際情勢
14日　日米韓外相会談、米国のサンフランシスコで開催。	6日　マーマウ・キリバス大統領、習近平国家主席と会談。
16日　日本国内で初めて新型コロナウイルス感染者確認。	8日　イラン、イラク西部のアルアサド航空基地へ連続的な弾道ミサイル攻撃。
16日　海上保安庁とインド沿岸警備隊との合同訓練、インドのチェンナイ沖で実施。	11日　台湾総統選挙、蔡氏が史上最多817万票以上を獲得し再選。
19日　日米安全保障条約調印60周年記念レセプション、東京で開催。	14日　中国海警局船、マニラ港に初の入港、フィリピン沿岸警備隊と合同救助訓練。
20日　米海軍主催、固定翼哨戒機の多国間共同訓練「シードラゴン2020」参加（31日まで）。	15日　米中、貿易協議「第1段階の合意」に署名。
25日　陸上自衛隊の水陸機動団と米軍の実動訓練、沖縄周辺で実施（2月13日まで）。	15日　プーチン露大統領、年次教書演説で改憲方針表明。
31日　日米豪共同訓練、「コープ・ノース20」、グアム島などで実施。	16日　ロシア新首相に、ミシューチン氏就任。
	20日　習近平国家主席、新型コロナウイルス対応で重要指示。
2月	**2月**
15日　日米韓外相会談、ドイツのミュンヘンで開催。	11日　ドゥテルテ大統領、外務省に、米・フィリピン間の訪問軍協定の破棄を指示。
27日　中央アジア5カ国に対する国境管理能力強化のための無償資金協力に関する書簡の交換。	17日　中国海軍艦艇、南沙諸島コモードアー礁近くでフィリピン軍艦に火器管制レーダーを照射。
	13日　韓国、国務総理を本部長とする中央災難安全対策本部立ち上げ。
	24日　マレーシアのマハティール首相、辞任を宣言。
	25日　米印首脳会談、インドのニューデリーで開催。
	25日　米国とアフガニスタン反政府武装勢力タリバン、カタールのドーハで和平合意締結。

日本
3月
6日　韓国外交部長官、日本による入国制限に対し抗議。
6日　東京ディフェンス・フォーラムの開催延期決定。
13日　ハドソン研究所のワインスタイン所長、駐日米大使に任命。

各国・国際情勢
3月
6日　NPT発効50周年。
13日　パキスタンすべての国境線封鎖を発表。
25日　インド全域でロックダウン。
25日　ニュージーランド、国家非常事態を宣言。

大型クルーズ船「ダイヤモンド・プリンセス」船内で医療活動に当たるため、陸自の衛生科隊員（右側迷彩服）からブリーフィングを受ける防護服を身に着けた自衛隊の隊員ら（2020年2月7日）

海外からの帰国者を宿泊施設に移送した後、消毒作業を行う自衛隊員ら（2020年3月30日、成田空港で）＝防衛省提供

第1部　展望と焦点

展望
　西原正（平和・安全保障研究所理事長）
焦点1
　細谷雄一（慶應義塾大学教授／平和・安全保障研究所研究委員）
焦点2
　小林泉（大阪学院大学教授）
焦点3
　鈴木一人（北海道大学教授／平和・安全保障研究所研究委員）
焦点4
　宮田律（現代イスラム研究センター理事長／平和・安全保障研究所研究委員）

第2部　アジアの安全保障環境

第1章　日本
　佐野秀太郎（国家戦略研究所主任研究員）、[コラム]安藤裕康（国際交流基金
　理事長）
第2章　米国
　村野将（ハドソン研究所研究員）、[コラム]齋藤嘉臣（京都大学准教授）
第3章　中国
　浅野亮（同志社大学教授／平和・安全保障研究所研究委員）、佐々木智弘（防衛
　大学校准教授）、土屋貴裕（京都先端科学大学准教授）、小原凡司（笹川平和財
　団上席研究員）、三船恵美（駒澤大学教授）、福田円（法政大学教授）、[コラム]
　渡辺紫乃（上智大学教授）
第4章　ロシア
　袴田茂樹（青山学院大学名誉教授／新潟県立大学名誉教授／平和・安全保障研
　究所研究委員）、名越健郎（拓殖大学海外事情研究所教授）、河東哲夫（Japan-World
　Trends 代表）、常盤伸（東京新聞外報部次長）、小泉悠（東京大学先端科学技術
　研究センター特任助教）、[コラム]河東哲夫
第5章　朝鮮半島
　伊豆見元（東京国際大学教授／平和・安全保障研究所研究委員）、平田悟（防衛省）、
　瀬下政行（公安調査庁）、[コラム]磐村和哉（共同通信社編集委員兼論説委員）
第6章　東南アジア
　木場紗綾（公立小松大学准教授）、[コラム]田子内進（在インドネシア日本国
　大使館参事官／政務部長）
第7章　南アジア
　伊藤融（防衛大学校准教授／平和・安全保障研究所研究委員）、溜和敏（中京大
　学准教授）、笠井亮平（岐阜女子大学南アジア研究センター特別研究員）、長尾
　賢（ハドソン研究所研究員）、宮田律、[コラム]平林博（元駐インド日本国大使）

第8章　中央アジア
　宮田律、［コラム］宮田律
第9章　南西太平洋
　竹田いさみ（獨協大学教授／平和・安全保障研究所研究委員）、永野隆行（獨協
　大学教授／平和・安全保障研究所研究委員）、［コラム］黒崎岳大（東海大学講師）

（掲載順、敬称略）

編集後記

　この42号は、インド太平洋地域の安全保障環境に関して、2019年4月から2020年3月までの1年間の動向の分析を中心としており、あわせて各章で扱えないけれども重要なテーマを＜焦点＞として扱ったものです。今号は、原稿を書く時期が新型コロナウイルスのパンデミックと重なり、各執筆者は急遽その国際関係への影響を加えて考察する必要に迫られました。27人の執筆者にとくにお礼を申し上げます。

　各章の＜コラム＞の今号のテーマは＜外交と音楽＞で、各国（あるいは地域）は外交を効果的に展開するにあたって、音楽をどのように使っているかについてのエッセイです。ここでも限られたスペースの中で表された9人の執筆者の豊かな知識と経験に敬意を表します。

　この年報とは別に、当研究所のホームページ（http://www.rips.or.jp）のRIPS' Eye というコラムで、現在の政治、安全保障に関する短い論考を掲載しておりますので、是非合わせてご覧いただければ幸いです。

2020年6月

一般財団法人　平和・安全保障研究所

理事長　西原正

西原正監修

コロナが生んだ米中「新冷戦」
変質する国際関係

年報［アジアの安全保障 2020-2021］

発　行　令和2年8月10日

編　集　一般財団法人　平和・安全保障研究所

　　　　〒107-0052 東京都港区赤坂1-1-12
　　　　明産溜池ビルディング8階
　　　　TEL 03-3560-3288（代表）
　　　　http://www.rips.or.jp/

担　当　秋元　悠

装　丁　キタスタジオ

発行所　朝雲新聞社

　　　　〒160-0002 東京都新宿区四谷坂町12-20
　　　　KKビル3F
　　　　TEL 03-3225-3841　FAX 03-3225-3831
　　　　振替 00190-4-17600
　　　　http://www.asagumo-news.com

印　刷　シナノ